上海社会科学院法学研究所学术精品文库

生态环境法治实施

评估体系与实证考察

何卫东　著

 上海三联书店

国家社会科学基金资助项目

总　序

　　上海社会科学院法学研究所成立于 1959 年 8 月,原名"政治法律研究所",是我国成立最早、规模最大、最早招收研究生的地方社科系统法学研究机构。

　　法学所的历史可以追溯到 1952 年由原圣约翰大学、复旦大学、南京大学、东吴大学、厦门大学、沪江大学、安徽大学等 9 所院校的法律系、政治系和社会系等合并组建成立的华东政法学院,1958 年华东政法学院并入上海社会科学院,翌年成立了上海社会科学院政治法律研究所。彼时上海滩诸多法学大家汇聚于斯,潘念之、齐乃宽、浦增元、张汇文、卢峻、周子亚、何海晏、丘日庆、徐开墅、徐振翼、肖开权、郑衍杓、陈振国、李宗兴、程辑雍等均在各自领域独当一面、各领风骚。1984 年,东吴大学上海校友会也正式在上海社会科学院注册成立,成为东吴法学的精神传承,一时颇有海派法学的大气候。

　　1979 年复建后,"政治法律研究所"正式更名为"法学研究所"。作为南方地区的法学理论研究重镇,在中国社会经济快速发展的浪潮中,法学所勇立潮头,不断探求中国特色社会主义法治的发展规律,解决我国改革开放和现代化建设中的现实问题。法学所在法理学、公法学、国际法学、刑法学和民商法学等领域为国家法治建设鼓与呼,在新时期法学学科建设、民法通则制定、港澳回归、浦东开发等重要历史性事件进程中均作出了重大贡献。

　　进入新世纪,随着国家科研方针政策的转型以及各大高校法学研究的崛起,社科院系统的体制模式受到重大挑战,加上老一辈学人的隐退,法学所也开始了二次创业的征程。近年来,法学所通过"内培外引"大力加强人才梯队建设,引进和培养了一批在国内有影响力的中青年学者,特别是一批青年才俊陆续加入,他们充满朝气,基础扎实,思想活跃,承载着法学所的未来与希望。通过不断提高学科队伍建设、夯实智库研究基础,法学所得以进一步加强和形成了"经济刑法""租借·租借地等特殊地区研究""刑事法创新学科""法治中国及其上海智库实践智库""比较法学""生命法学""党内法规""青少年法学"等多个优势学科和特色研究团队。如今的法学所安立于古典而又繁华的淮海中路的静谧一角,立足上海,面向全国,以"国家高端智库"和院"创新工程"为平台,坚持学科建设和智库建设双轮驱动,在法学研究领域焕发出新的生机。

为弘扬学术精神、传播学术成果、传承学术血脉,我们策划了"上海社科院法学所学术精品文库"。法学所科研人员的重要理论成果和学识智慧,将收入本文库,以期学脉绵延,薪火相传,续写法学所的当代辉煌篇章。本文库主要由两部分组成,一部分是法学所科研人员的重要学术专著,另一部分是法学所青年学术沙龙系列。前者秉持学术为本、优中选优的原则,遴选并最终确定出版的著作,后者是对法学所学术品牌青年法学学术沙龙的整理。在条件成熟时,本文库也将陆续整理出版老一辈法学所专家的代表性作品。

文章千古事,希望纳入文库出版的作品能够不负学术精品之名,服务国家法治建设与社会发展,并能够历经岁月洗礼,沉淀为经世之作。

是为序。

上海社会科学院法学研究所所长、研究员、博士生导师

姚建龙

2020 年 7 月 30 日

目　　录

前　　言

　　改革开放 40 多年来,我国经济建设取得持续飞速发展,但同时生态环境形势却越来越严峻。由此又为我国生态环境法治带来良好的发展机遇。似乎存在这样的状况,环境与经济、社会之间难以调和的矛盾恰是生态环境法治发展的动力,这种冲突越激烈,生态环境法治建设发展的就越迅速。可以说,生态环境法律的出现、发展和法治体系的不断完善在很大程度上就是生态环境问题越来越成为经济、社会发展的制约性因素造成的。生态环境法治的首要目标是保护环境、造福人民,首要原则是围绕首要目标追求实现经济、社会和环境协调发展。无论是坚持经济建设为中心,发展是硬道理的发展权优先主义,还是强调环境人权者,或是要求尊重自然规律、尊重其他生命的生态中心主义,最终都是要求建立和推动完善的环境法制体系,要求建立高效的环境法治体系,朝着生态文明的方向迈进。这似乎成为一个规律。

　　法治虽不是推进生态文明建设的唯一动力,但在实现生态文明战略中它具有举足轻重的地位,发挥着必不可少的作用。为了实现可持续发展目标,建立健全我国生态环境法治体系,形成高效的生态环境法治实施体系不仅地位重要、意义重大,应当是当前生态环境法治建设的关键工作之一。建立健全社会主义法治体系必然要求有高效的法治实施体系。这就需要首先了解法治实施有效性的基本状况,查找分析影响法治高效实施的主要障碍与原因。通过查明法治实施的影响因素判断其是否高效,是构建法治实施评估体系的目的和任务,也是生态环境法治实施体系评估体系的任务。科学有效的生态环境法治实施评估能够比较客观地分析生态环境法治实施的成效，能够有助于研判生态环境法治实施体系和生态环境治理等方面存在的问题。

生态环境法治实施评估关注的主要不是对法治体系所有方面的评估，也不是生态环境法律体系是否合法合理问题，而是生态环境法律的实施成效是否实现了预期目标。换句话说，我们视线的聚焦点在于生态环境法实施的"是"而不是"应当"。本书研究的重点是如何建构我国所有与生态环境法治体系或法律规范实施成效的评估体系，其中严格执法和全民守法是主要方面。本书从法治评估着手，在对法治实施评估进行研究的基础上，提出生态环境法治实施评估的优选模型—"压力-状态-应对（响应）"（PSR）框架。在这一模型框架下，对生态环境法治实施语境下的评估指标体系建构问题进行了比较深入的研究，如在对法治评估、生态环境法治评估等领域基础理论和国内外实践分析介绍的基础上，探讨了生态（保）法治实施评估的相关指标系统建立、评估模型框架设计等问题，研究目的在于试图构建系统评估生态环境法治实施有效性的框架体系，以便对生态环境法治实施状况进行初步判断。事实上，本研究是在以前生态环境立法评估的基础上开展的。2014年以后，法治建设、法治评估成为法学研究热点话题，我们研究的方向也从立法后评估逐渐转向对法治建设评估。

本书较多采用了数据分析、量化评估等研究方法，导致文中图表较多，可能会给阅读理解带来不便。将定性分析和定量分析两种方法结合使用是法治评估较为恰当的模式选择。定性分析可以发挥逻辑分析优势，借助理想思考，达到比较理想的研究深度；而定量分析利用量化模型，对客观数据进行分析可以比较容易找寻数据背后规律，并有助于从整体上把握事物全貌。在一个过程完整的评估程序中，设计创建的评估框架体系应当经过实证检验，再进行修改完善并最终成为具有一定较为广泛指引性的评估样板方案。由于多种因素，本书没有纳入多地区间的实证比较研究内容，仅在上海市若干地区开展公众生态环境法治实施的守法情况调查。

受研究能力、时间、资源和技术条件等方面的限制，本书的研究必然还有许多遗漏和不足的地方。比如,出于对生态环境法治实施纷繁复杂关系的判断和研究能力现实的考虑,本次研究和所得的一些见解是建立在对理想状态条件的分析,或是采用预设简化的假定条件,或只对法治实施评估中比较重要的部分展开研究,以便减少复杂性带来的压力和结果不确定性。再加上许多评估所需客观数据信息的缺失或难以获取,很多时候评估分析不得不依靠主观判断,这肯定会降低研究成果的客观性、实用性、现实性。不过在某种意义上讲,本次关于生态环境法治实施评估体系研究的创新探索,对完善我国生态环境法律评估理论与实践,解决我国生态环境法治实施有效性不足问题及建立健全我国生态环境法治体系可以提供一定参考价值。

由于本书实证研究时间跨度较长,研究成果进展是伴随评估体系研究的全过程,而并非按照更为理想的先设计形成评估体系然后展开印证性测试,有效考察评估体系的科学性、实用性和准确性。为了真实反映研究认知的逐渐展开与形成过程,本书后半部分纳入了相关实证研究,以为研究成果分析的佐证。

引言　我国生态环境法治实施体系

一、法治与社会主义法治体系

1. 法制、法治和法治体系。

法治是相对于"人治"这一治国的理论、原则和方法来说的。法治强调依"法"治理而非由"人"治理，其含义是，社会治理是按照现行法律的要求而不是按照某个(些)人的意志进行的。虽然我国古代即有了"法治"的用法[①]，而且先秦时期法家主张以法治国，认为法治相对于人治更稳定，但这种权力制衡、法律救济观点并不被认为是现代法治观念的真正思想起源。古希腊哲学家亚里士多德将"普遍服从"和"良法"作为有关法治思想的两大核心内容。他在《政治学》中指出："法治应包含两重意义：已成立的法律获得普遍的服从，而大家所服从的法律又应该是制订得好的法律"[②]。近代有关法治的代表观点认为，法治是对公民扩权状态和政府缩权状态的确认与保障。[③] 法治是政府在其所有行动中都受到事先制定和颁布法律规则的约束，这些规则使人们有可能明确知晓执法、司法等国家机关在一定条件下将如何实施其强制性权力，由此公众可以做出自己的行为判断和选择。

作为实现公平高效管理的基础，法律必须具有普遍性、公开性、稳

---

① 《晏子春秋·谏上九》："昔者先君桓公之地狭于今，修法治，广政教，以霸诸侯"。
② ［古希腊］亚里士多德：《政治学》，吴寿彭译，北京：商务印书馆，1965年版，第199页。
③ 参见邓伟钧：《真假法治》，香港天窗出版社，2016年版，第8页。

定性、前瞻性、明确性、一致性、操作性等特性。虽然法律的目的原本是出于维护统治阶级的利益需要，但它同时也要求把合法合理性与社会共识连接在一起。唯有得到普遍认同的法律规则才能保证遵守执行效率，才会得到真正有效实施。现代法治理念存在两个主要但又不完全兼容的发展趋势：一方面，人们对法律程序合法性的重要性日益增长，另一方面，人们对法治的道德要素的认识也在不断提高。在法律中，有关道德因素价值的认知应当是，即使经过完全合法合规程序起草制定的"恶法"，因其宗旨或内容明显不公，则不应当属于法，即恶法非法。真正权威有效的良法善治无不是兼顾了法治与道德的因素，因为恶法必然不如良法那样能够稳定有效地得到普遍落实。在国际法层面，法治的概念可以借用联合国秘书长在关于冲突中和冲突后社会的法治和过渡司法报告的观点："对联合国而言，法治概念指的是这样一个治理原则：所有人、机构和实体，无论属于公营部门还是私营部门，包括国家本身，都对公开发布、平等实施和独立裁断，并与国际人权规范和标准保持一致的法律负责。这个概念还要求采取措施来保证遵守以下原则：法律至高无上、法律面前人人平等、对法律负责、公正适用法律、三权分立、参与性决策、法律上的可靠性、避免任意性以及程序和法律透明。"①

基于以上分析，法治应当以人民群众利益为前提和基础立法，同时以严格依法管治国家为核心，以制约权力为关键的社会管理机制、社会活动方式和社会秩序状态。制定良法并有效实施（善治）是法治的两大基本要素。法治观念认为法律具有至高无上的权威，任何组织和个人都不能凌驾于法律之上，国家统治权的行使要以法律为依据。法治的内涵，不单是要求所有人民守法，更侧重于法律对政府权力的控制和拘束。从法治的外延看，它涉及立法、执法、司法和守法四大方面。因此，法治不仅包含形式意义上的法律制度及其施行，更侧重实质意义上的法律至上的理念。

---

① United Nations Security Council（2004），S/2004/616，para. 6.

在我国,与法治观念相对应的还有"法制"概念。法制指的是统治阶级按照自己的意志,通过政权机关建立起来的、由国家强制力保证实施的法律和制度。法制侧重于形式意义上的法律制度,包括全部法律以及立法、执法、司法、守法和护法等方面的各项制度。在"法治"与"法制"的关系认知上,李步云教授认为,关于法制与法治的区别可以概括为三条:首先,法制是法律制度的简称,法律制度是相对于一个国家的经济、政治、文化、军事等制度来说的,而法治从来都是相对于人治来说的,没有人治就无所谓法治,相反亦然。其次,法律制度包括民法、刑法等一套法律规则以及这些规则怎么制定、怎样执行和遵守等制度;法治与人治则是两种对立的治国理念和原则,即国家的长治久安不应寄希望于一两个圣主贤君,而关键在是否有一个良好的法律和制度,这些良好的法律还应得到切实的遵守。再次,任何一个国家的任何一个时期,都有自己的法律制度,但不一定是实行法治。[①] 从本质上讲,法治讲究良法之治,而法制则只要求严厉依法办事。从形式上看,法治是国家处于依法治理的一种状况。法制的重点在于法的一系列规矩、准则及与此相关的准则,它和人治并不敌对。法制能够存在于奴隶的、封建的、资本主义的和社会主义的任何的等社会形态之中,而法治只能存在于民主政治的社会形态中。法制与法治的联系主要表现在法制是法治的基础和前提条件。当代社会需要的是法治,而不是单纯的法制。

法治体系是指法治运转机制和运转环节的全系统,法治体系包括立法体系、执法体系、司法体系、守法体系、法律监督体系等,由这些体系组成的一个纵向的法治运转体系。这个法治运转体系是一个动态的过程,包括法律的制定、实施、监督、实现、发挥作用、反馈等阶段性过程的接续。

2. 我国社会主义法治体系。

在党的十八大报告中,党中央根据我国形势的发展和变化,作出了"全面推进依法治国"的重大决策和战略部署。党的十八届四中全会指

---

① 参见李步云:《二十年改一字从刀"制"到水"治"》,《南方都市报》,2008 年 4 月 1 日。

出，"全面推进依法治国，总目标是建设中国特色社会主义法治体系，建设社会主义法治国家。这标志着我国法治思想已经从"法制体系"向"法治体系"深化和发展。党的十九大报告把全面推进依法治国的总目标和坚持全面依法治国提升为新时代中国特色社会主义核心思想和基本方略，明确提出法治国家、法治政府、法治社会要一体建设、相互促进，提出两个一百年交汇期决战全面小康深化依法治国实践的新要求和基本任务，提出到 2035 年基本建成法治国家、法治政府和法治社会的战略目标。由此可见，我国所要建立实现的法治是依法治国、依法执政、依法行政的全面推进，其包含了科学立法、严格执法、公正司法、全民守法四层含义。也就是说，我国社会主义法治体系应当由完备的法律规范体系、高效的法治实施体系、严密的法治监督体系、有力的法治保障体系所构成。①

（1）法律规范体系。法律规范体系，或称法律体系，通常是指由一国全部现行法律规范分类组合为不同法律部门而形成的有机整体。② 形成完备的法律规范体系，首先是要加强重点领域立法，增强法律法规的系统性，解决因体系性不强导致的法律规定在逻辑与价值取向上的冲突；其次是重视发挥立法对改革和经济社会发展的保驾护航作用，使改革于法有据，使改革始终在法治轨道上进行；再次要改进立法体制，健全立法机关主导、社会各方有序参与立法的途径和方式，拓宽公民有序参与立法途径，去除立法部门化，使立法真正成为凝聚社会共识、调整利益分配的过程，使立法更好地体现广大人民的利益和社会公平正义。

（2）法治实施体系。在新时代的历史进程中，中国特色社会主义法治道路的拓展必然要建立在高效的法治实施体系基础之上。形成高效的法治实施体系，必须在党中央的坚强领导下，广泛动员全体人民和全部社会组织的力量，共同建设法治实施体系，并使之高效运行。同

---

① 本书采取狭义法治观念，未纳入党内法规体系概念。
② 《中国大百科全书·法学卷》，北京：中国大百科全书出版社，1984 年版，第 84 页。

时,还必须加强行政和司法两大方面的建设。就行政执法而言,是要科学使用有限的执法资源,完善各级政府行政执法管理,有效解决多头执法问题,提高执法和服务水平,建设高素质的执法队伍。就司法而言,要优化司法职权配置,完善司法管理体制和司法权力运行机制,建设公正高效权威的司法制度和确保法律有效实施的司法体系。

(3)法治监督体系。法治监督体系是中国特色社会主义法治的重要保障。集中统一、权威高效的法治监督体系,就是在党的统一领导下,坚持依据宪法和法律的法治原则,多种监督方式分工负责,互相协调,实现党内监督与国家监督、党的纪律检查与国家监察的有机统一。法治监督体系要体现为人民的监督,通过制度化、规范化、程序化实现党、政、群联合监督的有机统一,发挥监督合力,是实现法治监督体系的制度路径。

(4)法治保障体系。法治保障体系包括法治正常运转所不可或缺的各种保障条件,如法治队伍、法治经费、技术因素等刚性约束条件。法治保障体系既是法治体系的重要组成部分,又是法治体系中最为基础的部分。新时代中国构建的法治保障体系,是以法治思维和法治方式为核心加强和改进党的领导,以尊重和运用法治发展规律为核心优化法治机构效能,统筹推进立法体制改革、行政执法体制改革和司法体制改革,为优化法治机构效能提供有力法律制度保障;建设法治工作队伍,推进法治理论创新;繁荣法治文化,使中国特色社会主义法治成为我国广大人民群众的社会生活方式,使公民信仰法治、坚守法治,成为社会主义法治的自觉遵守者、忠实践行者和坚定信仰者。

二、生态环境法治实施体系

在应对生态环境问题的有效治理体系中,生态环境法治地位显著,构成了生态环境治理的基础。生态环境法治赋予政府机构采取行动的权力,为公民提供了通往绿色正义的途径,并为企业的可持续行为设定了公平的框架。生态环境法治为解决环境理论和实践之间的差异提供框架,是实现可持续发展目标的关键。① 生态环境法治不只是仅由相对静态之法律规范组成的生态环境法律体系。生态环境法治是承载经济、社会、环境与和平等可持续发展四大支柱的重要平台。② 生态环境法治中的科学立法为严格执法、公正司法和全体守法提供了依据和路径;执法和普法为公众培养良好生态环境意识和形成全面守法局面创造条件;公正司法对规制依法行政、保障公众合法权利提供了有力保障;公众全面守法反过来又促进形成高效生态环境法治体系和良好生态文明成果。这其中的执法、司法和守法构成生态环境法治实施体系。从这个意义上说构建履行法律规定的高效法治实施体系对生态环境治理至关重要。

1. 生态环境问题的法治应对。

(1) 生态环境问题是人类改造环境、创造文明过程中对生态环境产生的不利影响。在人类社会文明发展的进程中,生态环境问题这个特殊的副产品随着我们改造自然、征服自然能力的不断提升而越来越成为社会发展的阻力,从这个意义上可以说人类社会的发展史也是生态环境问题的演进史。生态是指地球生命系统中所有生物的生存状况,以及这些生物之间及其他与周边自然环境的依存关系。生态环境问题是人类生存环境和生活环境出现不利于人类的变化,以至于威胁到人类的生产和生活。按照生态环境问题发生发展原因与人类活动是否存在关联划分,生态环境问题可以分为原生生态环境问题和次生生态环境问题。其中次生生态环境问题属于生态环境法治调控的对象。即生态环境法治体系建设的目的是为了应对次生生态环境问题的发生和加剧的不利后果,以法律实施方式应对生态环境破坏和污染现象。原生生态环境问题和次生生态环境问题往往难以截然分开,它们之间总是存在一定程度的因果关系和相互作用。不当人为因素的作用极可能加大自然灾害发生的几率和危害的后果。在人类文明之初的农耕文

---

① UNEP (2019), *Environmental Rule of Law: First Global Report*, p. xi.
② 参见 UNGA 2015, *the 2030 Agenda for Sustainable Development*。

明时期,刀耕火种等落后的农业生产方式造成的水土流失、森林砍伐和荒漠化是人类对环境的第一次重大冲击。比较突出的例子是古代美索不达米亚两河流域因不合理的农业开垦和灌溉后来变成了不毛之地,我国黄河流域也曾经是森林广布、土地肥沃的地区而今却变成不适宜人居的黄土高原。如果说农业文明时期生态环境问题对人类的不利影响只是小尺度范围和短时间内的自然资源破坏,人类的应对措施只需通过封山育林、轮伐轮种、或至多是向其他地方迁徙即可以恢复自然环境、解决早期的生态环境问题,那么自工业革命以来的环境污染和大尺度生态破坏等生态环境问题则对人类的生产和生活都构成了巨大的威胁,已经严重影响了人类社会的存在与发展。工业革命时期的一系列发明和技术革新大大提高了人类社会的生产力,石油、煤等矿产资源大量开采使用,化工原料的开发、核能的利用,社会生产力不断提高,人类改造自然能力提升。同时,城市生产与生活的便利性使城市人口持续膨胀,各类工业企业聚集,汽车保有量大幅增加,城市范围燃煤量和燃油量消耗剧增,结果导致城市空气污染、水污染、固体废弃物污染等现代环境污染问题越来越严重,20世纪发达国家先后出现"八大公害事件"即是典型事例。

应对日益严峻的环境形势,单纯依靠技术手段已经无济于事。20世纪70、80年代以来,生态环境问题不再是单纯的环境污染或资源破坏问题,而是影响更广、危害更深远的全球性生态环境问题和区域性生态环境问题。无论是气侯变暖、臭氧层破坏、酸雨、生物多样性减少,还是资源能源短缺、森林锐减、土地荒漠化、垃圾成灾、有毒化学品污染等当代生态环境问题,都已经不仅仅是清除"三废"、治理污染的一个技术问题,也不仅仅局部自然资源破坏的生态问题,它是一个广泛涉及社会、经济、政治、文化、国际关系和法律等诸多方面的全局性问题,需要全体人类社会的共同努力与合作,需要各国政府、公众一起行动,广泛采取政治、行政、法律、经济、技术、教育等多种手段积极应对。其中最重要的一个应对措施就是法律,就是制定法律规范,依靠法治的力量缓解人类活动对生态环境施加的压力。

（2）生态环境保护纳入法治轨道。法治的一切根源来自立法，生态环境法治也同样取决于相关法律体系的制定颁布、执行、裁决和遵守状态。生态环境法治以公平、清晰和可实施的法律规范体系为前提，以执法、司法和守法等为主要落实环节，使生态环境价值观与法治价值观实现有机结合。生态环境法治具有多层次含义，首先，它是指权力机关制定适用于自然资源开发利用保护与环境污染防治领域的完备的法律体系；其次，这个法律体系对其管辖范围的所有法律关系主体都产生约束力；再次，这个法律体系得到高效贯彻执行；最后，在其适用范围内的所有法律关系主体都全面遵守着这些法律规定。

生态环境法治在具体表现上应具备的特点是：①法律规定公平、合理、明确。生态环境法治中的公平原则要求所有个人和实体，包括政府，都应遵守法律并对其负责，并要求透明地管理和执行法律；法律为生态环境保护法律关系各方主体设定的权利义务内容合理，基本能保持各方权益平衡；明确清晰的法律规定能够使人理解和认同法律的含义，清楚法律赋予人们在生态环境保护中的权利和义务。重要的一点在于法律要明确划分生态环境监督管理体制，以保证法律得到有效执行。这在我国生态环境立法中已表现得非常明显。②知情权、参与权和诉诸司法救济权不缺位。知情权、参与权和诉诸司法救济权三项"获取性"权利是生态环境法治系统下主体权利的基本构成部分。在生态环境法律法规的制定实施全过程都应当确保公众拥有知情权。公众健康生活与生态环境资源关系密切，促使他们具有浓厚的参与相关社会、经济和环境活动的动机，监督环境法律的落实执行。知情权是公众有效参与环境保护的基础。环境信息，包括环境污染状况信息，以及其他生态环境方面的信息可使公众了解是否存在环境不利状况，是否存在环境违法违规活动，以及是否能够和如何参与环境保护。公众参与环境决策可以丰富决策者的信息量，可以增强执行力和降低环境纠纷发生率，它有助于获取公众对法治实施的支持和守法合规自觉性。诉诸司法意味着公众在合法环境权益受到侵害的时候可以向法院、仲裁等司法机关申请权利救济。这既有助于保护其他各种"获取权"，也有利于增强环境法的执行能力。③政府官员问责制权责相当。生态环境部门是现代生态环境治理体系的主导，也是影响公众感受生态环境法治的主要政府机构。生态环境行政主管部门等行政机关诚信守信形象和问责制等约束性制度措施对树立生态环境法治权威，有效促进生态环境法治建设具有非常强的积极意义。国内外政府管理实践表明，透明度和问责制是建立清廉政府、防治官僚腐败的重要工具。公平公正的行政执法过程和执法结果不仅可以提升公众对政府执法部门权威性、公信力的认可度，而且有助于培养合规守法的社会文化氛围。这在生态环境领域也一样。我国生态环境工作实践中建立的政府官员环境离任审计制度已经对推进政府领导在生态环境保护上的自律性和自醒性等方面发挥了良好作用。④行政管理体制科学合理。生态环境资源管理涉及多个政府管理部门。长期以来，生态保护、环境管理、自然资源利用等领域行政监管部门职能交叉重叠问题突出，无论对政府执法工作还是对行政相对人都造成诸多困惑，降低了生态环境法治实施效果。高效生态环境法治实施体系首先要求建立起科学合理和明确具体的管理职责划分系统，精简机构，协调管理任务目标，综合执法，减少管理体系内耗。⑤环境司法机制公正及时。解决生态环境纠纷的司法机制是生态环境法治的最后一道保障。公正的争端解决与执行机制，可以减少环境侵害受害人的损失，使生态环境侵权人得到应有的制裁。及时迅速的司法救济途径还可以提高公众对司法程序和社会主义法治的信心。⑥生态环境权利义务核心。在生态环境领域，立法赋予主体适当的权利既是宪法和人权的要求，又是实施和执行环境法律政策的强大动力来源。这种赋权无论对政府有关生态环境机构还是企业、社会组织和个人都是适用的。立法制定清晰明确的行政监管体制，授予行政机关明确具体的执法权限，使有关执法机构在实际工作中能够顺利有效地开展生态环境执法；立法确认公众的环境知情权、参与权和获取救济权，可以使公众有理有利有节地行使环境权利，维护自身环境权益，并由此实现保护公众健康和生态环境的法治目标。

与生态环境法治相关联的概念还有环境治理和环境法治。严格说来，"环境"与"生态"这两个概念具有较多重合性。例如，在生态学上认为"环境"是影响生态系统发展的各种生态因素（环境条件），包括气候条件、土壤条件、生物条件、地理条件和人为条件的综合体。在环境科学中则采用人类环境概念，认为它是环绕在人群周围的空间及各种自然因素总体。但不论视角如何，承认"生态"与"环境"内容共通性基本上是合理的。只不过人们在使用"环境"概念时多把人作为事务的中心，而使用"生态"术语时更关注生物及其生境。因此，虽然生态环境法治和环境治理有着比较密切的联系，但它们在目标和范围上均有所不同。生态环境法治的重点是确保遵守和执行环境法，环境治理包括与制定和执行涉及有关环境决策（特别是生态环境法治实施）方面的更广泛的目标和方法。与此类似，环境法治是重在对污染控制、资源开发利用方面法治化，而生态环境法治除上述内容外，还突出强调对生态系统的法律保护。生态环境法治体现出强烈的"生态系统整体观"和"主客一体哲学观"。从环境法治转向生态环境法治是我国环境保护法治建设发展的趋势。生态环境法治要求法治理念的基础要进一步强化生态环境一体化理念，在环境保护中融合生态观，使法治建设不仅遵循社会规律，也遵循自然规律；反对绝对人类中心主义，做到人与自然和谐相处，实现人类社会的经济社会和环境实现可持续发展。归纳起来，我国生态环境法治建设是在生态环境领域实现法治化，以建立统一的生态环境法治体系。即建立起完备的生态环境法律体系、高效生态环境实施体系、严密生态环境监督体系和有力的生态环境保障体系。

第一章　法治评估理论与实践

　　21 世纪初以来,法治评估逐渐在我国立法领域探索和推广起来。从启动的时间节点划分,法治评估大致可分为检验立法质量、实施效果的立法后评估和论证立法必要性、可行性、制度成本效益的立法前评估两类。2008 年全国人大常委会将"立法后评估"写进工作报告,2015 年中共中央、国务院印发《法治政府建设实施纲要(2015—2020 年)》,提出"通过开展立法前评估等方式,健全立法项目论证制度。"目前立法前评估、立法后评估已成为我国法治政府建设中的重要方面。为了有效开展法治实施评估体系研究,本章以梳理归纳法治(实施)评估理论与实践为目标,对法治评估基础概念、国内外法治评估实例和法治实施的根本目的等问题进行研究。

第一节　法治评估理论基础问题

一、基本概念

　　评估是借助一定的标准、程序和方法,由一定的组织或个人对评估客体的价值大小或高低、趋势或发展的评价、判断、预测的活动,是人们认识、把握事物或活动的价值或规律的行为。[1] 评估活动实际上是评

---

[1]　许安标:《立法后评估初探》,http://www.npc.gov.cn/npc/c221/200909/76b496b066-c64f64a97b4fba3e10b96f.shtml,(2018 年 1 月 2 日访问)。

定某物的价值或对其进行仔细评价估算,使抽象事物具体化、属性化、可描述化和度量化,即评估的实质是将某些事物(评估对象)与特定标准进行比较。从评估目的看,评估类别可分为"形成性"评估与"总结性"评估。形成性评估是"系统地收集和分析信息以做出判断,通常是关于一项活动的有效性,效率和/或适当性的判断。"①形成性评估旨在帮助开发或改进程序,创新或评估的重点;而总结性评估集中于判断计划的效果或有效性。"有效性"是某物达到其目的或产生预期的结果。在法治评估中,"有效"与效率是不同的,前者指法治对经济社会环境发生影响,产生一定的后果;后者主要从成本效益(投入产出)角度考察法治的功效比。形成性评估往往发生在程序的开发阶段,总结性评估则发生在程序结束时或执行程序后的审查阶段。评估种类还能依照时间进程区分为"过程"评估和"结果"评估。在过程评估中,评估者要系统地观察和研究程序,考察干预正在评估的内容中实际发生的事情。成果评估主要是对计划、实践、创新、干预或政策达到其既定目标的程度进行测量考评。关于法治评估的概念,学界并无公认的说法。有人认为"法治评估是指特定主体在法治进程中,通过评估、评价或测量等基本方法,对法治的运行状态和发展水平设定相应的评价标准,对法治进行事实判断和价值判断,为法治的路径选择、风险防范和决策参考提供依据。"②也有人把法治评估总括为一种对现状的评价,其价值在于对法治建设的指引、引导,还有人把法治评估仅局限于法治量化评估的范畴。③ 法治评估或法治评价是借助专门设计的研究方式方法对法治建设某一方面或若干方面进行分析探索的研究范式,它将抽象混沌的法治状态通过直观形式予以客观描述,科学反映获取法治体系运行的真实状况,以便为准确研判和后续有效改进法治建设提供基础。此处的法治建设某一方面或若干方面即是评估对象,它们通常某一法律规范

---

① Australasian Evaluation Society, *Guidelines for the Ethical Conduct of Evaluations* (AES, Canberra, 2002), p. 3. Available at http://www.aes.asn.au.(2015年11月访问)。
② 黄辉:《法治评估的范畴:内涵、价值和类型》,《江西社会科学》,2018,38(04):169—176。
③ 参见汪全胜:《法治评估主体的模式探析》,《法治研究》,2015(02):108—118。

（制度）或法治体系中的某一子体系或内容。法治评估的性质是法治相关主体对照既定目标标准对法治运行情况的审视检讨。评估主要涉及三个直接目的：一是研判法律实施后是否促进实现立法目标，二是厘清行政监管机关的执法责任义务，三是为健全完善法治建设提供重要线索。法治评估目的多是通过对具体指标开展的考量研判，以调查法治目标是否得以实现。法治评估活动所欲实现的目标既有宏观抽象的概念，也有具体实在指标形式。在法治评估中，评估目的决定着评估工作的方向、方法、原则和指标体系等全部内容。作为法治评估研究法学研究方法之一种，其目的是为了完善和提高法治建设水平，其形式与一般法律研究具有较大差异性。法律研究的通常范式主要落脚于对法律内涵和法律程式阐述分析，而尽管法治评估也应归属此范畴，但它具有更强的既定目的性，往往涉及测试评价及立法修法建议方面的信息。

二、法治评估分类

关于我国法治评估分类问题，各家有各说，没有完全公认一致的分类方法和结果。如有人按照主体分类说、进路分类说、内容分类说、方法分类说等多种类型划分法治评估类型，[①]将法治评估分为政府型和社会型、全面性和局部性、定量和定性，以及制度性进路评估和价值性进路评估等类别。也有人根据评估对象数量把法治评估分为单部法律评估与法律体系评估。在这种分类方法下，单部法律规范评估是对某一部法律规范的运行状况进行考察，法律体系则是更广泛地着眼于调查若干法律规范集合（法律体系）的影响。单部法律规范评估可以是仅针对该法律规范中的某一方面制度规定或某一具体法律条款的实施状况评估，例如对《环境保护法》中的固体废物防治规定或"按日计罚"条款的评估。或者，也可以针对该法律规范的实施整体效果进行评估。

---

① 参见李朝：《法治评估的类型构造与中国应用——一种功能主义的视角》，《法制与社会发展》，2016，22（05）：5—20。

法律体系评估的评估对象是同一法律领域的法律规范，或者具有共同或相近调整对象、立法目的的法律规范集合。如对生态环境法律体系实施情况的评估。当然这种法律规范集合的评估也可以聚焦于其所属领域中的某一个具体方面，如对我国生态环境基本法律原则中的预防原则进行评估。在大多数情况下，单部法律规范评估或法律规则的单项评估是法律评估的基础，法律规范集合评估多以集合内各个法律规范评估成果组合而成。因此，专注于单部法规评估或单项评估是法律评估的基本单元。法治评估也能够以较为简明的主体客体划分。按照法治评估主体可以分为国家机关官方主导类评估和社会第三方自主类评估，其中官方主导类中又可以根据实施执行主体分为国家机关自行评估类和委托其他专业机构或与其他机构合作共同实施类；按照评估客体或评估对象分类可以大致分为对法律规范（或其中的法律原则或法律制度）评估和法治体系评估两类。这其中又可以进一步细分，如根据对这些评估对象不同的评估目的分为立法性评估和实施效果性评估等，甚至在细分出来的类型中还可以限定范围。如在立法评估中又再分为四种类型：一是适当性评估，即帮助决策者确定是否需要制定或修订法律，并使其与法治建设优先事项保持一致，以及是否应维持现有立法的评估活动；二是效率评估，即评估如何使用投入来获得给定的产出（例如，立法是否有效地将公共资金用于法治目的）；三是有效性评估，即探寻程序上是否正在实现立法的法治目标；四是自身评估，它对评估过程本身进行评价（例如，评估实践是否专业，是否会产生影响管理选择的报告）。实际上效率评估和有效性评估可以混合为成本效益评估类型。当然以上对立法评估的分类同样不是统一的分类结果。所有这些对法治评估的分类虽然对于梳理不同评估类型各自最佳适用范围和评估方法等具有一定意义，但有些分类方式对法治评估实践意义不是很明显。我们倾向于根据法治评估模式的三个核心要素（法律规则、守法行为和结果）对"法治评估"类别进行划分，也许更准确地说，这种划分方法更偏重的是对法治实施评估分类的标准：

（1）执法监管评估。即评价执法人员履行法律监管职责的情况。

例如,调查生态环境部门执行环保法规的环境监察情况,执法检查或行政处罚的次数与金额。此类评估可以衡量一定行政管辖区域内监管执法方面各相关工作的执行程度。通过比较执法实际情况与理想执法目标的差距,能够为执法监管机关提供有用的执法反馈信息,但它不能回答执法监管到底在多大程度上对改变人们遵法行为或发生结果产生了实际作用。

(2)守法行为评估(合规性评估)。有时候"评估"是以人们的守法行为为研究对象的。如在对禁止直接向水体排放废水规则的立法后评估中,一般需要研究水环境监督管理中各方主体的履职、守法和违法的具体情形,由此得出是否该立法规定及其实施中存在"违法成本低、守法成本高"现象或执法监督规定可操作性差等问题。有时,这类(守法)行为类评估研究又被称为"合规性评估",其目的是判断法律关系主体的行为是否符合法律规定要求。

(3)最终结果成效评估。在法治实施评估中,对法治实施最终成效进行评估的意义要高于合规性评估。因为,法治实施中各方行为不当甚至不合法并不必然发生违法后果,而法治实施中最令人关注的是实际发生的结果。现实中环境违法事件引起社会关注的根本原因在于发生了严重的环境污染或生态资源破坏后果。在对以违法结果为犯罪构成要件的刑法规则评估中这种情况表现得更加突出。在生态环境法治实施以后的环境状况结果评估中,无需考虑法律规范的具体实施状况,也不牵涉行为合规性问题,它就是单纯对生态环境领域的事实进行实证研究,如评估范围内生态资源破坏和环境污染水平的变化程度、执法监管的成本和收益情况等。在最终成效评估中,如有必要还可以按照结果的程度指标和实际成因两大特征作进一步区分评估。

以上三种不同评估各有其特点,也各有其关注的重点。本书所探讨的生态环境法治实施评估体系大概可归属于最终结果成效评估范畴。在我国法治评估中,实践意义比较突出的还有立法后评估。所谓立法后评估是指法律施行一段时间后,通过向立法机构、执法机构及社会公众、专家学者等调查了解情况,采用定量分析、成本效益计算等多种方式,对法律的实施绩效进行分析评价,按照一定的评价指标对法律规定进行评估,比较全面、准确地把握法律的实际运行状况。这种评估类型对于提高立法技术、优化立法程序、提高立法质量和水平具有积极意义,可以为立法部门修改、废止法规提供重要的依据。特别是在我国法律体系逐渐完备,各社会领域基本有法可依的背景下,提高立法质量成为一个越来越重要的问题。

三、法治评估方法

1. 法治评估常用方法。

国内外法治评估中现已广泛使用了多种方法论和方法。一般认为层次分析法、德尔菲法、统计调查法和绩效评估法是使用的比较多的几种方法。其中,层次分析法主要用在多个指标间布置不同层级,实现递进结构分析;德尔菲法用于确立各个指标的权重,该法在国内法治评估中使用最多,后文还将专门予以介绍;统计调查法是法治评估最基本的方法,用以收集各种能够反映法治现象的事实材料和问卷数据。这里简要介绍一下我国法治建设评估中另一个基础的评估方法——绩效评估法。绩效评估法通过衡量法治建设目标的实现程度,并检测阻碍或促进这一目标实现所涉及因素,旨在判断制定的法律政策规定和执行程序是否正在朝着既定目标顺利地推进。绩效评估还可以表明某特定法律政策制度措施与实现预期结果间的程度性因果关系。即将既定程序的成效与其预期目标进行比较,并且/或者将目标是否需要根据程序的完成情况进行调整。根据调查结果,可以提出更改法律政策或制定新法的建议。此评估方法对决策者的参考作用最大,但完成起来也最困难,因为该方法信息需求量巨大,并且执行此过程复杂程度所需要的信息获取和处理能力都对评估者提出了极高要求。

在法治量化评估中,还经常会用到量化值加权函数法。该方法用于各个数据的计算,可分为两种类型:一种是线性加权函数,另一种是几何加权函数。在指标聚合的理论中,线性计算法适用于存在互补关系的指标；几何计算法适用于相互之间不可补偿、彼此独立的指标。[1] 本书中也都或多或少地使用了这些评估分析方法。另外，在具体项目评估中，评估者一般使用的具体的调查研究手段有专家学者座谈、问卷调查、利益相关者访谈、案例研究和结果观察。

2. 法治量化评估是数学分析方法的法学研究应用。

数学分析方法是运用数学方法对影响决策判断的因素进行量化处理以获取决策数量关系的一种分析方法。原本利用数学概念和语言创建数学模型以描述分析某一系统对象的数学分析方法主要是在物理、化学、生物等自然科学和人工智能、计算机科学等工程学科等领域广泛运用。"数学模型"为"对一个现存（或被建构的）系统本质的表述，以能以有用的形式表示出此系统的知识来。"[2]根据特有的内在规律，做出必要简化假设，并运用适当的数学工具构建出来的数学模型可以初步揭示事物发展的规律，其为人们探索、推测未知事物或未来可能发生的事件，以事先做好应对准备提供了可能性。因此，该方法后来逐渐扩展到经济学、心理学、社会学等社会科学领域。在法学研究创新动力的激励下，国内外法学学者已经尝试以法学理论和统计资料为基础，综合运用数学、统计学与计算机技术，以建立数学模型为主要手段，来进行法学量化研究的情况，这是完全不同于传统的法解释学、规范分析方法、法价值分析、逻辑分析等法学经典研究方法。法治量化评估是我国法治评估新近的特色。在党的十八届三中、四中全会将法治建设指标体系正式纳入全面深化改革和"法治中国"建设的总目标的法治新时代精神引领下，我国法治量化研究开始从理论向制度设计乃至实施迈进。法治指数、法治建设指标体系、法治评估方法等理论研究成果丰富，中国法治发展报告、中国法律发展报告、中国法治政府评估报告、司法文

---

[1]　参见 Michaela Saisana and Andrea Saltelli, *Rankings and Ratings：Instructions for Use*, in Hague Journal on the Rule of Law, volume 3, issue 02, Sep. 2011, pp. 255 - 256。

[2]　Eykhoff, Pieter *System Identification：Parameter and State Estimation*, Wiley & Sons, 1974, p. 24.

明评估报告、中国法治实施报告等各类法治评估报告相继推出。[①] 法治的数学量化研究范式已经在蓬勃发展之中。

四、法治评估的意义

　　法治实践难免会发生偏离既定目标或在实现目标方面存在不合理的情形。法治评估通过科学合理方法建构的指标体系了解法治建设的状况状态，并由法治预期目标的实现情况考察法治实施有效性，还可以认知法治目标广泛、深入、有效地达成的路径规律。法治评估获取的结论可以为立法者、决策者明了法治体系的运作轨迹、调控方向，并采取具有针对性的、可行性的对策措施，这能为今后制订修法计划或新的立法计划提供参考线索，因此它对法治实施和未来立法修订都可以产生直接有益帮助。以法治评估中常见的立法评估为例，立法评估是判断科学法律体系的重要工具，而科学立法建立的法律体系又是高效法治实施体系的基础。立法评估综合运用法学研究和评估理论，对法律或法律的某(些)条款进行系统和客观的评估，可以帮助法治建设领域的决策者实现以下目标：一是获取立法目标的针对性和优先度信息(立法针对性)；二是测评立法实施是否达到既定目标(即立法有效性)；三是确定是否有更优的法制措施和手段实现这些目标(即立法效率性)。此外，更加宏观层面的立法评估还能够为国家和地方行政管理部门提供有益的信息基础，帮助他们改善法律实施绩效，尤其在法治能力建设环节可以协助立法机关和政府部门决策和确定优先事项，从而提升政府履职尽责水平。立法评估可作为评估法治绩效的一种关键工具，为监管执法部门、公众和其他利益相关者提供一种有效的考评方法。

---

① 参见张文显：《量化法治：从理论设计向制度实施迈进》，《检察日报》，2019年12月28日，第3版。

第二节　国内外法治评估研究与实践

评估分析是一项专业性强、知识要求高与广的研究技能。国内外在评估相关学术研究和工作实践中已积累了大量文献资料和操作指引。现实中各国有关公共卫生、教育等领域的评估开展较多,也取得了比较明显的效果。在法律(法治)评估领域,国内外同样也已经进行了一些理论探索,有了许多颇为成功的实操案例和研究成果。国际上现阶段具有最大影响力,专门以法治为评估对象的当属世界正义工程(The World Justice Project,以下简称 WJP)定期发布的法治指数(Rule of Law Index)。由于法律文化传统和法治建设实践模式不同于我国国情,所以国外一些法律评估指标、评估模型和理论并不完全适用于我国。2009 年起,我国官方主推的以法治政府评价指标体系为代表的量化法治评估取得了不少成果,国内学界则更早就开始了法治评估的探索,如 2006 年袁曙宏教授首次提出"法治政府指标"设想,余杭法治指数是国内第一个法治指数的实践案例。由于理论方法的不同,国际法治评估多采取指数法评估,我国法治评估则重在构建评价指标体系。我国法治评估研究与实践的成果表现出自己的特色和取得的经验,对具有中国特色社会主义法治体系发展与完善提供了有益支持。

一、国外法治评估实践

国外法治评估研究较多表现为指数研究,其核心由法治指标构建和法治指标测度两部分组成。虽然国际上各法治指数有着相似的名称,但具体测度的指标内容却存在着不同程度的差异。与之形成鲜明对比的是,有关法治指数的测度方法较为统一。指标测算的方法主要可归纳为官方数据折算法(Official Statistics,简称 OS)、普通人群调查法(General Population Poll,简称 GPP)和专业人群调查法(Qualified Respondents' Questionnaire,简称 QRQ)三种。因为这三种方法各有优劣,故目前国外法治指数测评基本都在不同程度上将几种方法结合运用,从而增加指数的权威性与可信度。国际法治评估代表性成果主要有前面提及的 WJP 法治指数和世界银行的治理评估指标。以下重点介绍 WJP 法治指数。

WJP 法治指数是基于对一百多个国家和地区内的家庭与专家的法治体验开展的调查分析,通过考察超过 120,000 个家庭和 3,800 个专家的调查统计结果来衡量世界各地日常生活中法治的经历和看法。WJP 法治指数通过围绕 8 个主题组织的 44 项指标评估绩效,这些指标包括:对政府权力的限制、廉洁、开放性政府、基本权利、秩序与安全、监管执法、民事司法和刑事司法。评估数据主要用于为政府决策者、社会组织、学者、公众、企业和法律专业人士等在政策改革、制订规划计划和加强法治建设等方面提供参考信息。虽然国内对该指数有不同看法,但其至少在开放性政府和行政执法两大评价指标系列上可以提供借鉴参考。开放政府(法治指数的因素 3)主要测评政府信息公开共享责任和促进公众参与公众政策审议。它衡量的是政府是否有效公开了基本法律和有关合法权利方面的信息,并对政府发布信息的质量、依申请公开信息、公众参与机制等进行评估;作为评估指数项下之二的监管执法指标(法治指数的因素 6)是用于衡量公平有效地开展行政执法程度的指标。健全的执法评估来自有效执行法律法规和行政规定,排除外部因素对执法干扰,行政诉讼救济及时,遵守正当程序等方面。该执法指标既没有评估政府选择性监管活动,也没有考虑特定监管活动适当性问题,而主要主观法律的实施和执行方式。WJP 法治指数编制的具体步骤参见表 1-1。[①]

---

① 参见 https://worldjusticeproject. org/our-work/research-and-data/wjp-rule-law-index-2020/methodology(2019 年 12 月访问)。

表 1-1　WJP 法治指数的编制步骤

1. WJP 与各国学者、从业人员和社区负责人协商,制定法治指数的 9 个要素和 47 个子要素的概念框架体系。
2. 指数团队根据指数概念框架,起草由五份调查表组成的一组调查表,将这些调查表分发给专家和公众。
3. 每个国家平均挑选 300 多名当地专家参与问卷调查。
4. 民意调查公司与指数团队协商试点测试,然后启动调查。
5. 指数团队将调查问卷发送给当地专家,并与他们保持持续互动。
6. 指数团队收集数据并将其映射到具有全球可比性的 44 个子因子上。
7. 指数团队采用五步法进行打分:
(1) 对问卷调查项目进行述职编码;
(2) 通过汇总若干专家和/或公众的问卷答案得出该国的原始分数;
(3) 标准化处理各国原始分数;
(3) 将标准化处理后的分数纳入下一子因子体系和简单平均化因子体系;
(5) 得出标准分数(四舍五入到小数点后两位)和最终排名。
8. 对数据进行一系列测试以确定可能的偏差和错误。
9. 进一步精细化分析以评估数据结果的统计可靠性。

二、国内法治评估实践与研究探索

党的十八届三中全会强调"建立科学的法治建设指标体系和考核标准",之后实务界和理论界都开始围绕法治评估等开始实践和研究探索。

1. 政策法制鼓励引导下的评估实践。

在法治评估议题下,各方评估开展了以绩效评估为主要形式的各种评估实践。从目前的评估手段来看,我国在实践中主要存在"中央文件确定指标体系""地方政府量化指标评估"和"第三方机构评估"三种方式。① 如 2009 年国务院出台旨在规范量化法治实践的《关于推行法治政府建设指标体系的指导意见》。该文件设计了政府职能转变和行政管理方式创新等 8 项一级指标及其下 50 项二级指标。在这一文件

---

① 沈开举:《完善法治政府建设评估体系》,《法制日报》,2019 年 3 月 1 日,https://theory.gmw.cn/2019-03/01/content_32585703.htm(2019 年 3 月 14 日访问)。

的指引下，广东、深圳、苏州等地纷纷出台法治政府建设指标体系，探索建立法治政府评价指标体系。我国法治政府指标似乎多以行政管理视角基础构筑，这与国外法治指数相比较明显缺少了权力拘束、腐败遏制和基本权利等方面的指标系列。①

除政策文件外，国家和各地还以立法后评估为法治评估重点方向进行了专门立法和相应法治评估实践。如 2010 年原国土资源部发布我国第一个专门规范立法后评估活动的部门规章——《国土资源部规章和规范性文件后评估办法》，此后各地也先后出台地方立法后评估办法。如《厦门市规章立法后评估办法》《苏州市规章立法后评估办法》《广州市人大常委会立法后评估办法》《无锡市规章立法后评估办法》《广西壮族自治区政府规章立法后评估办法》《上海市规章立法后评估办法》《桂林市人民政府规章立法后评估办法》等。在法治评估实践中，一些地方建立了实操性的法治评估指标体系。如北京、上海、浙江、四川和香港等地已经开始推行相应的法治指标评估项目。2005 年香港特别行政区推出了法治指数，2007 年浙江余杭正式实施了《"法治余杭"量化考核评估体系》。四川省更是于 2020 年 4 月推出了全国第一个全省性的市县一体法治建设指标体系——《四川市县法治指数》，它是一套系统、完整的法治建设评估办法，该法治指数从党的集中统一领导、宪法法律实施、地方立法质量、法治政府、公正司法、法治社会、法治监督与保障 7 个方面进行设计，分为 7 个一级指标，18 个二级指标，73 个三级指标。②

2. 国内法治评估研究。

2006 年，袁曙宏教授提出了客观指标和主观指标综合组成法治政府指标体系的设想。③ 同年，浙江大学钱弘道教授主导设计了"法治余

---

① 参见张宝生、郑飞：《世界法治指数对中国法治评估的借鉴意义》，《法制与社会发展》，2013 年(06)。

② 参见 http://www.sc.xinhuanet.com/content/2020-04-27/c_1125911299.htm(2020 年 5 月 1 日访问)。

③ 参见袁曙宏：《关于构建我国法治政府指标体系的设想》，《国家行政学院学报》，2006 (04)。

杭"量化评估体系。此评估体系包含一个"法治指数"、四个"评估层面"和九张"调查问卷"。稍晚一些的还有一批著名法学学者也在法治评估领域取得令人瞩目的成就。例如，2016 年 4 月，中国人民大学等单位发布的《中国法治评估报告 2015》是中国本土的第一份全国性法治评估报告。该报告以四级指标体系为基础，采取问卷抽样调查方法，把我国法治指标分为法律规范体系、法治实施体系、法治监督体系、法治保障体系、党内法规体系和法治效果指标 6 个一级指标，设立五个档次的法治发展水平分级。另外，还有《司法文明指数指标体系》（张保生）由 10 个一级指标 36 个二级指标组成，可用于展现我国司法文明建设的状态和状况，《法治评估创新及其在中国的应用研究》（朱景文）把法治评估内容合理解构为法律化指数、执行指数、监督指数、透明度指数等几个部分，以及自 2015 年起即每年发布的《中国法治政府评估报告》（中国政法大学）等。

三、生态环境法治评估探讨

国外生态环境法治评估理论与实践研究开展较早也较为普遍，但国内研究时间较晚，成果也相对较少，而且大多数研究文献都是阐述、分析或解释生态环境法律或法律制度，评估相关生态环境法治实施的成果不多，评估整个生态环境法律体系有效性的研究更少。

1. 国外部分代表性生态环境（法治）评估报告。

（1）《环境法治—全球首份报告》（Environmental Rule of Law-First Global Report）。这是 2019 年联合国环境规划署发布的第一份全球环境法治状况评估报告。该报告指出在过去 40 年，尽管全球环境法和相关机构蓬勃发展，但执法不力的全球趋势加剧了环境威胁。[①] 这一报告阐述了近几十年来各国环境法欣欣向荣之态为何却无法阻却国际环境污染加剧和生物多样性丧失及气候变化等生态环境恶

① 《全球首部环境法治状况评估报告发布》，《中国环境报》，2019 年 2 月 1 日，第 4 版。

化之势。报告指出环境法治若不能得以加强，则享有健康环境的基本人权将无从实现；导致执法不力的因素包括政府机构之间协调不佳、机构能力薄弱、获取信息渠道不通、腐败和公民参与受限等。

（2）《环境法治指数》（Environmental Rule of Law Index）。这是世界正义工程于2017年编制的一个针对五个国家的"环境法治指数"试点项目。该试点项目研究了环境法治的九个因素，包括行政和司法执法与程序，以及在特定议题领域（如水和废物管理）的合规与执法。[①]

（3）《评估和改进可持续性法律的框架》（Framework for Assessing and Improving Law for Sustainability）。此报告是世界自然同盟（IUCN）在2016年发布的一份关于生态环境法治评估方法研究报告。其内容包括一个评估法律原则在四个层面上的执行情况的框架：工具、制度、行为和结果，以及对巴西、新西兰、中国、澳大利亚和南非等六国有关生态环境法治进行评估的案例研究。

（4）《千禧年生态系统评估报告》（Millennium Ecosystem Assessment）。[②] 这是2005年发布的一份汇集了全世界超过1000名生物学家智慧的分析和总结地球生态系统的评估报告。其目的旨在评估生态系统变化对人类福祉所造成的后果，为必须采取行动来改善生态系统的保护和可持续性利用从而促进人类福祉，奠定科学基础。评估结论指出，人类活动对全球生态系统的生物多样性有着严重的影响，导致地球的环境恢复力和生物承载量都明显地减少了。[③]

表1-2是国外一些环境治理（法治）评估报告的简要信息。

---

① 参见 https://worldjusticeproject.org/our-work/wjp-rule-law-index.（2018年11月2日访问）。

② *Millennium Ecosystem Assessment 2005*. Ecosystems and Human Well-being: Synthesis. Island Press Washington DC.

③ *Millennium Ecosystem Assessment 2005*，Ecosystems and Human Well-being: Synthesis. Island Press Washington DC, pp. 6 - 19.

表 1－2 国外部分环境治理(法治)指数与数据信息表

指数名称	发布机构	数据类型	数据说明
环境民主指数	世界资源研究所	保护环境决策三大支柱的法律状态：透明度、公众参与和正义，75 个法律指标(联合国环境署巴厘准则) ●规定范围 ●规定效力(相应可执行法律权利) 24 个评估实施/实践补充指标(不影响法律指标得分)	70 个国家 国家层面 法律指标在三点量表上进行定性评分，但标准旨在降低主观性 实践指标以三分制进行定性评分
环境政策严格度	经济合作与发展组织	严格空气污染政策 税收，贸易计划，信托基金，标准，研究与开发补贴经济政策的严格程度(柴油代理) 税收，退税计划，硫含量(排放限值标准)	基于主要和辅助数据 "大多数经合组织国家" 评估时间段：1990s—2012 未评估执行力
环境绩效指数	耶鲁大学	按目标或类别划分的指标： ●环境卫生(空气质量，水卫生，重金属)，生态系统生命力(生物多样性和栖息地)，森林，渔业，气候能源(排放)，空气和水资源，农业(污染物管理)	180 个国家 注重结果
环境法治指数(试行)	世界正义工程	衡量环境法治的两类 9 个因素： ●总体法律和程序(获取信息，公众参与，行政执法和程序，司法执法和程序) ●环境合规(空气质量气候，采矿开采，废物管理，水，生物多样性和林业)	数据是基于主观感知 针对少数国家的多年努力—尝试(该项目处于试验阶段)
法治指数	世界正义工程	以下 8 个主题： ●对政府权力的限制 ●廉洁 ●开放性政府 ●基本权利 ●秩序与安全 ●监管执法 ●民事司法 ●刑事司法	113 个国家 家庭和专家调查(主要是原始数据) 高度相关，但不注重生态环境

2. 国内生态环境评估实践。

我国生态环境评估工作主要表现在生态文明建设目标考核方面。2016年，为了加快绿色发展，推进生态文明建设，规范生态文明建设目标评价考核工作，中共中央办公厅、国务院办公厅印发了《生态文明建设目标评价考核办法》；国家发展改革委、国家统计局、原环境保护部、中央组织部印发《生态文明建设考核目标体系》和《绿色发展指标体系》，作为生态文明建设评价考核的依据，从而形成了"一个办法、两个体系"，建立了生态文明建设目标评价考核的制度规范。其中《生态文明建设考核目标体系》由资源利用、生态环境保护、年度评价结果、公众满意程度和生态环境事件五大目标类别的23个子目标构成；《绿色发展指标体系》包括资源利用、环境治理、环境质量、生态环境、增长质量、绿色生活、公众满意程度等7个方面的变化趋势和动态进展，共56项评价指标。全国各地也先后制定出台了地方版生态文明建设目标考评方案文件。这些政策的贯彻落实有助于了解各地区生态文明建设进展情况，可以为解决突出环境问题、加大生态系统保护力度、改革生态环境监管体制等重点任务，提供了宝贵依据。此外，为了实现打赢污染防治攻坚战，确保生态环境质量总体改善，使生态环境保护水平同全面建成小康社会目标相适应，中办、国办于2020年4月印发了《省（自治区、直辖市）污染防治攻坚战成效考核措施》，并附有定性方式表达的《省（自治区、直辖市）污染防治攻坚战成效考核指标》。2019年3月，最高人民法院发布的《中国环境司法发展报告2017—2018》提出了中国环境司法发展指数，建立了由5个一级指标、15个二级指标和67个三级指标构成的指标体系。2015年《环境保护法》实施以来，学界围绕该法实施效果开展了不少实证性评估，如《新〈环境保护法〉实施情况评估报告（2016）》（王灿发）利用广泛调查获取的详细数据和事实，对《环境保护法》贯彻宣传、重点环境管理制度与措施实施、企业环境守法、《环境保护法》实施面临的问题和挑战等进行了评估分析。

第三节 法治实施有效性评估

一、"有效性"是法治实施评估的根本目标

　　法律是确认人们权利义务、调整社会关系的行为规范,它通过建立强制性、鼓励性等规则,规制人们在生产生活中的行为模式,由此作用于经济、社会、环境、文化等方面,产生相应的影响后果。在对"法律政策实施的状况如何"设问的背后,其假设条件是该法律政策产生效果,也就是说,法律政策能够改善不理想不合适的现实状况。评估法律必然涉及法律改变人们行为及对社会现实影响情况进行研究,必然包含调查了解发现法律实施带来各种正面和负面影响,如法律的规制对象在法律实施前后有什么不同,法律实施导致影响政府、企业甚至个人行动策略决策活动的其他条件(例如绩效成本、技术革新或经济增长)发生了什么变化,等等。因此,从微观角度讲,法律实施效果评估的根本目标是判断每一法律的实施效果与其立法目的的切合程度。由此而言,不同立法目的法律的实施效果各有不同的评估视角。从宏观角度讲,具有相似立法目的、管辖范围、措施手段、法律制裁后果等的一系列法律规范所构成的整体法律体系,亦可以藉各微观评估结论,概括出具有一定共性的宏观评估结论,此即形成了对某法律体系的法治实施评估结论。另外,评估具体法律规定的有效执行与该法律产生合乎立法目的的实效或曰具有法治实效的含义并不相同,前者考察法律(无论善法恶法)条款是否被完全执行,后者则还要分析判断是否实现了立法目的(如保护生态环境、促进可持续发展),是否产生良好社会效果。当然,前者是后者的基础和重要方面,很难想象在没有有效执行法律条款的基础上能够取得良好的法治实效。因此,合理有效评估法律规定是否被有效执行应当是评估法治实施效果的一个进阶路径。立法生效后法律规制对象一段周期范围的表现结果是法治实效的另一个重要考评

对象。在基于可信之数据化统计分析上，也许会得到具有趋势性的量化结论，由此可作为法律（体系）的法治实施效果。从简化考评法治实效出发，可以只以这两方面（法条得到严格执行和实现立法目的）作为评估法治实效的视角。基于对法治实施"有效性"的分析，法治实施有效性评估大致可以认为是判断法治实施是否实现了其预定目标。对应我国社会主义法治建设和生态环境法治建设的理论与政策要求，我国法治实施体系有效性表现为通过法的运行，实现了达成高效的国家治理这一目标。具体可包括：①制度效果方面：法律制度有效、管用；②客观后果方面：切实保障人民共享经济、政治、文化、社会、生态等各方面发展成果；③公众主观感受方面：切实拥有更多、更直接、更实在的获得感、幸福感、安全感。[①]

二、法治实施效果的多维价值选择

如果说法治实施效果取决于政策、法律、执法、司法和守法的质量、能力与绩效，环境治理各方参加者的素质、愿望和能力，以及经济社会文化条件等多方因素，那么法治实施效果也是从多方面体现出来的，并非表现为单纯的一面。即法治实施具有多维性，其效果具有多因一果性和多因多果性。所以法治评估就应从多方面分析着手：既要以最终成效为主要考量因素，也要适当关注法治实施产生的广泛影响，包括对其他领域（如经济、社会）的正反影响。评估法治实施是直接与法治体系（法制体系）有效性、成本效益、公平等因素关联的，在这些效果价值中，通常评估关注的侧重点是"有效性"价值标准，其他的诸如"效率"、"公平"等价值放在次要位置，或在评估影响效率的程度上会涉及考虑效率性等价值标准。这不仅从评估便利性原则考虑，更主要是从我国加快加强建设法治体系的重点目标出发的。就生态环境法治评估而

---

① 参见江必新：《全面提升法治实施质效加快推进法治中国建设》，《法制日报-法制网》，2019年4月3日。

言,我国不容乐观的生态环境形势,更是需要将生态环境法治建设的焦点放在实施有效性上。"有效"的简明含义就是有助于实现立法目的,能够产生预期结果。国外有学者认为,所有对生态环境保护法律或生态环境法律体系有效性的评估在本质上都是基于价值判断。[①] 价值判断的确能够在测评法律或法律制度,或更准确地说是在测评法治体系实现预期法治目的成效方面发挥重要作用,因为它在很大程度上解决了评估生态环境法律体系有效性所涉及的价值尺度。在生态环境法律颁布实施后,应主要由环境质量数据、主要污染物减排量、生态资源容量等客观性评估证据而非法律关系主体的各类主观感受信息决定这些立法目标是否实现。不过各方主体的主观因素在生态环境法律体系中仍然可以发挥一定的作用,例如在企事业单位、公众积极参与生态环境活动,推进协调经济、社会与环境关系方面。但即便如此最好还是主要依靠客观标准评价法治实施状态,如把大气环境质量或水体环境质量监测数据作为评估的客观标准,用作评价大气或水体方面生态环境法律实施的效果。

从法律的公正性、透明性和适用性等视角看,开展法律评估需要对法律的有效性以及立法目标实现情况等进行评估。在评估生态环境法律的时候,生态刑事犯罪处罚等情况不宜作为评估的主要方面。评估生态环境法律有效性的唯一逻辑标准是它怎样实现生态环境目标。这个目标通常体现为某种具体的、可测量的环境效果,如区域范围内污染物达标排放率、企业万元工业总产值综合能耗等。当生态环境法治评估证据表明被评估对象确实在正面推进其既定生态环境目标,且未对其他生态系统造成不利影响,这种情况下可以得出生态环境法治(法制)的响应是有效的评估结论。随着我国生态环境领域信息公开制度的不断推进,以及环境监测能力的加强,评估者能够越来越便利地获取各类具体和量化的环境信息数据资料,这为客观评估生态环境法律有

---

① 参见 Birnie P and Boyle A, *International Law & the Environment* (2nd ed), Oxford University Press, Oxford, 2002, p. 9。

效性创造了非常有利的条件。

三、法治实施有效性的归因问题

判断法治实施有效性的一个重要问题是如何确定测评获取的结果主要是可归属于评估对象实施所引发的规律性结果，而非是其他原因或偶发事件引发的不可重复性结果。有效性不仅涉及评估目的是否已实现，而且还涉及被评估对象是否是导致测评结果的主因。尽管开展评估的原因有很多，但首要理由是要了解被评估对象是否达到了预期的结果，即被评估对象是否是导致测评结果的原因，以及测评结果与预期结果是否一致。因此，要评估法治实施的有效性，不仅有必要确定法治实施是否实现了预期的结果，而且还必须确定被评估对象是否是这些结果的直接或间接原因。有时候，表面看法治实施效果似乎良好，但在对最终效果做进一步因果归因分析调查后可能发现评估结论并不尽然。法治实施评估的效果需要对因果关系方面的关键问题进行深入调查。例如，法治实施是否有效改善了最终结果？是否导致成本和负面影响增加？这些导致最终结果变化的原因问题是理解法治建设作用的基础。当然，在一些特殊情形下，某些法治评估可以忽略因果问题，不去了解或关注法治建设所带来的某种实际影响，仅凭对外部环境状况的考察也能够研判出任务是否实现或取得"可接受的"满意程度。只要情况有所改善，法治实施就是效果好的，无须在意改善发生的具体理由。不过，为了以后能够同样再一次重现这种成就，或者能够在类似问题上也取得相似的成功，就必须了解法治实施取得良好效果与法治建设之间的关系。但这也恰恰是法治评估中最困难的部分。事实上，确立被评估对象与预期结果之间的客观性、必然性因果关系是许多评估研究都需要解决的关键性难题之一。虽然常识性认知和逻辑判断的方法对确定现实世界中评估所面临的这种复杂性因果关系有帮助，但还是很难完全解决评估对象实施与观测结果之间直接因果关系的可归因性和必然性问题。在法治实施评估中，需要高度重视法治实施与所测评结果之间的必然性和规律性问题。曾有学者提出了确立相关因果关系的三种基本方法：反事实推理、因果机制追踪、对比分析。[①] 反事实推理通过比较该评估对象实施后发生的后果与如其没有实施会发生后果两种状态，以测评其实施的有效性；因果机制追踪包括设定某种机制，通过这种机制可以推测分析评估对象的实施是否有效；比较分析实际上是一种研究策略，它是对多个案例研究的结果进行比较对照，以找出可归因于已确定原因或因素的相关性。建立因果联系的此三种基本方法都涉及建立因果关系的这一概念过程，它们的逻辑基础是建立在评估对象与所测评结果之间具有内在归因性的可信因果关系。"追踪因果机制"的技术强调了建立因果关系的这一概念过程，不过另两种策略也涉及这一过程。

确立评估对象与所观测到的结果性变化之间存在因果关系应同时满足三个条件。首先，该变化后果是在评估对象实施后方才观测到的；其次，将该变化后果归因于评估的实施是合理可信且合乎逻辑的；第三，除评估对象实施因素外，无其他原因可合理地解释该变化后果。此三个条件看似简单明了，但实际上在生态环境法治实施评估中常见的情形是：相关信息不充分、生态环境问题复杂、同时存在多个具有相似预期结果的法律、政策等干扰因素。评估研究中往往很难满足因果关系的第三个要素，因而也就无法将观察到变化的原因单一归因于此特定的评估对象。在这种情形下，评估生态环境法治实施有效性就很可能不得不依赖于观察若干关键性环境客观指标数值的正负变化情况。但同样地，试图将这些可观测数值变化归因于某部法律（体系）的实施实际上也会面临挑战。在对生态环境法治实施问题的评估研究中，将生态环境法律体系与保护生态环境、维护公众健康和促进可持续发展等法律目标之间建立起明确的因果关系是一个核心问题，也是一个复杂的问题。因为生态环境法律体系不过是生态可持续发展总体政策体

---

① 参见 Zürn, n 153, p. 637. Underdal, n 36; and Helm and Sprinz, n 36, *recommend the counterfactual approach*。

系中的一个子系统，该子系统由庞杂的、具有各种功能性的制度措施等具体法律规定组成。即使是不考虑环境后果的科学不确定性、环境认知充分性和法治实施滞后性等困难，也很难确立法律体系与所观测、观察到变化之间的因果关系。虽然观测到的变化与作为整体的生态环境法律体系（不是各组成部分）之间建立因果关系可能更简单，但是由于其他因素（例如技术进步和公众意识提高）的变化，也会使这种因果关系变得模糊和复杂。这种复杂性在本书第三章主推的环境状况报告压力-状态-应对（响应）模型中可以得到一定化解，因为人类活动的所有变化（包括由环境法治实施引起的变化）都是对环境压力和环境状态之应对的一部分。在此模型中，评估研究的关键是整个法治应对实施的有效性，而不仅仅是相关生态环境法律制度体系的有效性。由于生态环境法律制度界定了生态环境法律行为准则和环境影响的标准，并且实现生态环境目标的责任最终在于既定之法律制度，因此如果未能实现这一目标就可以被看作是法律制度实施效果不好。鉴于此，尽管将生态环境法律体系与促进生态环境结果之间建立正向因果关系依然很难，但却可以把未能实现某种生态环境目标归咎于相关生态环境法律（体系）的失败。也就是说，确定生态环境法治实施对于实现生态环境具有有效性，要比批评该法律体系未能有效推进生态环境保护的困难大。导致这种差距的原因就在于查找所观测变化的事实原因难度大，而推定引发这种变化的执行法律和履行行政职责不力结论则比较简单。总而言之，尽管开展评估的工作有很多，首要着眼点还是研判被评估对象是否达到了预期的结果。

综上，尽管证明法治实施是否有效推进了法治目标是一项复杂而艰巨的任务，但依然可以通过一定方式来解决。一是在对问题和解决方案进行系统而透彻的研究的基础上，通过专业判断来解决；二是通过变通方式处理，即虽然很难或不可能获得法治实施正在实现其目标的正面证明，但可以通过证明不存在归因于该体系问题而导致目标未实现的负面证据来解决。如果法治实施以后并未出现法治目标改善结果，那说明该体系确实存在问题，即便问题的引发是由于执法、司法或守法等法治实施体系以外的其他原因造成的。毕竟不管怎样,在法律体系已经相对完备的情形下,作为法治实施这个大概念而言还是难咎其责的。

四、影响法治实施有效性的外部因素

法律规范中的条款规则、行为模式和处理结果等基本要素构成法律生效运作模式的核心。从法治体系的作用机制看,法治实施的最终效果是法治系统动态运行的结果,与立法、执法、司法和守法都有关联。我国社会主义法治体系是与法律体系、法治实施体系、法治监督体系和法治保障体系等密切相关的。但实际上多因多果才是法治实施效果的正常状态,无论是原因还是最终结果,都不仅限于法治实施因素和有效性效果。按照此判断,在评估法治实施效果的时候,不仅要考虑法治体系的预期结果,也要考虑其他外部因素带来的其他副作用影响。从单部法律规范有效性评估看,一部法律规范的实施效果只是相关现象因果关系链中的一部分,如果其他影响因素(包括其他法律规定)严重抵消或干扰了该法律的作用,那么即使该法律规范的实施的确明显改变了社会行为范式,也可能不会导致立法调整问题最终结果发生太大变化。例如,地方大气污染防治立法虽然可能对减少其适用范围内污染物的排放量(法治实施的中间结果)发挥了一定的正面作用,但由于空气流动性特点,如果周边其他省市地区不采取共同的空气污染控制措施,那么区域大气污染问题很难有明显改观(最终结果)。类似地,如果某地污染防治立法实施的直接效果不理想,也完全可能由于与法治无关的其他原因,导致生态环境状况出现好转的最终结果。比如生态环境立法以外因素引起的区域产业结构调整、经济景气周期、污染转移等原因,同样会改善当地的空气质量,展现出大气环境明显改善的属于大气污染防治法所预期的最终效果。所以"法治实施是否有效"牵涉非常复杂的原因,在评估中需要高度留意可能影响结果的其他因素。

第二章　生态环境法治评估：从立法后评估到法治实施评估

法治本是动态的概念，它随着国家经济社会和政治条件的变化而不断发展演化，生态环境法治同样如此。在我国生态环境法治建设向前发展过程中，不可避免地会不时遇见各种难题、各种阻碍。为了克服这些困难，需要不断地回顾检讨、评估生态环境法治建设状况，提出具有建设性对策意见，排除困难，拓步向前。本章在探讨生态环境法治评估一般性基本问题基础上，对生态环境法治的两个不同层面——立法与法治实施，进行法治评估研究。

第一节　生态环境法治评估

自 20 世纪 70 年代以来，我国生态环境的法律制度体系和治理体系一直保持良好稳健的发展状态。从早期的环境法制体系到新近的环境法治体系，从环保靠政府理念到现代多元环境治理体系，从政府直控型管理模式到广泛利用经济技术宣传教育等多种管理手段，从点源控制、浓度控制思想到源头控制、全过程控制和总量控制，从强化行政管理到注重市场手段和公众参与，从城市中心主义、环境污染为主控制到生态环境红线、美丽乡村建设，从环境保护与经济社会相协调到环境优先原则，从经济建设为中心到生态文明建设等"五位一体"战略，以及从统一管理分工负责管理体制到统一防控监管职责组建生态环境部，所有这些都反映出这些年来我国生态环境法治建设前进的足迹。

一、生态环境法治评估的原则、目的和类别

1. 生态环境法治评估原则。

生态环境法治评估是将生态环境法治体系有效性置于其法律体系的实施周期内进行考察判断。在生态环境法治（实施）评估中，必须坚持一些基本的评估原则，这些原则对于制定科学有效评估方案，保障评估工作按计划有效率地顺利开展，及时完成合格的评估报告具有重要意义。

（1）科学性原则。评估结论的可靠性基础来自评估方案的科学性和评估过程的严谨性。法治评估科学性原则指运用科学的方案、遵循科学的程序、本着科学的态度，力争得出科学可靠的结论。首先，在评估调查目标的选择上注重科学性，排除评估方向设置随意性，不宜机械地将其他评估对象的关注问题或评估目的进行简单套用；其次，评价指标体系也要建立在科学设计之上；再次，评估的程序也应确保科学性，对可能的偏差要采取科学方法予以纠偏；对采集的数据信息进行科学处理，有所取舍。科学性是评估结论的可靠保证，也是评估结论令人信服的外在表现。

（2）典型性原则。每次法治评估都各有不同的评估对象，也有着不同的评估目的等要求。因此，在设计评估方案、确立评估指标体系构建评估框架模型时，必须考虑该次评估的具体情况，依照评估规律采用最具代表性的计划安排，使之体现出评估要求的典型特性，反映评估对象的独特个性。在法治实施评估中贯彻典型性原则，需要找准评估对象的特点、评估目的的核心和测评的关键指标，优化评估计划和实现途径，通过开展必要可行评估活动，事半功倍完成评估任务。

（3）便利可行性原则。又指可操作性原则，包括客观可行和主观可能。前者是指评估方案要符合客观现实条件，不存在不肯克服的实际障碍；后者指评估者自身具备完成评估的能力。便利可行性原则在

评估中主要考虑四方面因素，即经济成本上是否可负担、时间上是否来得及、数据信息获取上是否可得和人力资源上是否称职。但在遵循可行性原则的时候也要防止为了降低评估难度修改评估方案使其无法满足科学性、典型性等其他原则要求。

（4）民主性原则。或称公众参与原则。法治评估工作的目的是为了探究法治在社会实践中的真实状况，是为了了解相关法律关系主体对于法治实施的感受，这必然涉及对大量受访者的调查和访谈，必然要依靠社会公众的广泛参与。在此过程中，保障公众能够通过座谈会、问卷调查等形式反映其对评估对象的意见建议，避免相关调查意见完全都是来自少数政府机关和部分专家学者的观点，这是十分必要的。注重公民的充分参与和意愿的自由表达是完成评估任务、实现评估目的的有效路径。公众参与原则同时也是生态环境法治的基本原则之一，所以对生态环境法治实施有效性进行评估也应当坚持这一原则。在坚持落实这一原则要求时，除一些特殊情形外，评估全过程应当保持公开透明，对数据获取不带有任何偏见，并尊重受访者的隐私和尊严，原汁原味反映调查收获。

在生态环境法治评估原则中，科学性原则是法治评估的可靠性保障，典型性原则是法治评估的可用性基础，便利可行性原则是法治评估的制约性条件，民主性原则则是执法评估的有效进路。这些原则彼此间互相作用、互相影响，共同保障法治评估研究能够沿着正确方向顺利推进。

2. 生态环境法治的评估目的与类别。

几乎所有法治评估的目的都同时涉及评估对象的立法目的和当次评估活动的专属评估目的。这两个目的虽有一定关联，但并不必然重合。立法目的是法治建设的基础，它影响着立法的指导思想、法律内容，以及立法实施等法治建设的各个方面。生态环境法治评估目的根据法治评估需要不同而各有不同。如以有效性为评估目的法治实施评估是为了查明法治实施是否最终产生正面效果，这其中当然涉及立法目的，即预期立法目的是否通过法治实施得以实现。我国经历改革开放以来 40 多年经济高速发展,已经进入积累性生态环境问题的频发期。资源消耗过大、环境污染严重、生态系统退化的形势十分严峻,特别是大气、水、土壤污染导致的环境问题集中显现。我国生态环境立法的主要目的和任务就是要从源头上遏止环境污染与生态破坏,保障公众健康,使经济发展与环境保护相协调,以满足人民群众日益增长的对美好生活环境和生态环境空间的需要。因此,生态环境法治评估必然要与此方面的立法目的相吻合,必然要考量法治实施对这些目的的实现情况。除此之外,生态环境法治评估不可能脱离环境质量改善目标,因为所有这些立法目的都离不开改善环境质量这个根本目标。环境质量是在一个生态空间内,生态环境的总体或某些要素,对人群的生存和繁衍以及经济发展的适宜程度。① 环境质量的度量是根据环境质量标准对环境进行评价所得出的结果。环境质量优劣直接影响人体健康和生态系统平衡。

　　虽然在生态环境法治评估实践中存在多种评估类别,但归纳起来,不外乎三类：一是实施成效评估,即对法治(法律)实施的结果或效果进行评估;二是法治实施流程评估,即根据各种评价指标对法治实施流程本身的价值进行评估,其评价指标体系可包括应对性、协调性、合法性、领导力、参与性、效率、代表性、公平性、整合性、实用性和多元性等;三是生态环境执法体制机制评估,这是一种在宏观层面的体制机构框架内评估流程的运作方式和结果,简言之,其评估的是影响结果、结构、流程、构造和阐述含义的"体制机制架构"。在以上这三类评估中,对实施成效评估最适合评估生态环境法治政策层面的效果。这种评估涉及实现生态文明、科学发展的生态环境法律制度有效性,也是最值得关注的一种评估类别。

二、生态环境法治评估的影响因素

　　法治实施效果高低受制于法律(体系)与其实施环境(条件)之间的

---

① 参见 360 百科 https://baike. so. com/doc/5689172-5901869. html(2018 年 8 月访问)。

"契合度"。法治实施的环境条件可体现于三个方面：第一是法治实施的自然环境条件，第二是法治实施的社会、经济、文化和政治因素等人文条件，第三是包括法律（体系）在内的生态治理体系的运行条件。全面分析生态环境法治实施的影响因素，从整体上考量环境治理体系，对科学合理评估生态环境法治的有效性至关重要。因为综合考虑生态环境法律体系与其他机制（包括市场手段或社会行动）之间的相互作用和协调促进，比单独依靠法律体系的效果更加周全，也比单纯评估生态环境法律体系实施效果更加接近客观现实。然而，法律体系只是现代环境治理体系的一个部分。2020 年 3 月中办国办印发的《关于构建现代环境治理体系的指导意见》指明了环境治理体系是包括领导责任体系、企业责任体系、全民行动体系、监管体系、市场体系、信用体系、法律法规政策体系的组合系统。[①] 可见，贯彻执行生态环境法律体系的生态环境法治实施除了要适应前述自然环境条件、人文条件和法治体系自身运行条件以外，还要接受来自以上领导责任等众多体系发展建设条件的挑战。受限于如此诸多条件限制，尽管我国生态环境法律体系已经基本完备，我国建成高效生态环境法治建设与实施依然任重道远。需要注意的一点是，在评估生态环境法治实施的时候，不应当把我国生态环境法治体系割裂于中国特色社会主义法治体系，把生态环境法治建设脱离我国社会主义法治体系的建设。生态环境法律体系与其适用范围内其他法律体系也存在密切的依存关系。例如，行政法体系中的依法行政理念，行政强制、行政许可、行政处罚等规定直接影响着生态环境法治实施体系中的严格执法；民法体系中民事侵权救济、自然资源产权制度、绿色原则，以及刑法体系中的职务犯罪、生态犯罪等对生态环境法治实施中的公正司法和公众守法都具有相当重要的影响。

[①] 参见中共中央办公厅　国务院办公厅印发《关于构建现代环境治理体系的指导意见》，http://www.gov.cn/zhengce/2020-03/03/content_5486380.htm（2020 年 3 月 10 日访问）。

三、生态环境法治评估数据收集

生态环境法治评估是一项十分复杂的工作，不仅准确界定法治实施所产生的真实客观效果很困难，而且评估中对象多、信息量大，一些评估信息难以获取或获取成本高昂，这对生态环境法治评估都是不小的挑战。特别是为了使评价指标体系更具针对性、实用性，在法治评估的操作过程中，评估者总会试图使指标体系满足"管用"的标准，期望指标（如效果指标）体系能够按照法治的具体内容和评估目的要求进行更完整的体系化和精细化构建。在如此情形下，评估者必然要扩大信息收集渠道来源，或在关键信息缺失时充分利用变通性和替代性信息资料，以减少或避免因信息不足而导致评估结果偏差。评估结论的可信度不仅在于评估模型设计和推理分析方面，准确可信的数据更是包括生态环境法治评估在内的所有法治评估，甚至一切评估的生命线。基于此，生态环境法治评估必须尽量采集权威机构发布的数据，如此方能增强评估结果的说服力。当前，得益于政府信息公开、执法全过程公开、环境监测数据信息公开、企业环境信息公开等信息公开制度措施和生态环境监测硬件设施建设的加强，生态环境法治评估各类信息数据的可获得性已经较过去有了很大提高，这使得生态环境法治评估方案、指标体系选择的自由度较以往已经大幅提高。我国生态环境法治评估所需信息来源通常包括国家和地方政府生态环境部门定期正式公布的各类环境状况公报、报告，国家和地方年度政府工作报告，以及各类环境统计年鉴等数据性资料。

在认可近些年来我国环境信息公开、公众参与取得了长足进步的同时，也不可否认我们的各类生态数据信息仍未充分公开，概括性定性信息偏多，专业定量性数据信息隐晦难懂，相关数据涉及商业秘密以及数据获取途径线索有限等问题依然存在，这些问题制约了我国生态环境法治实施评估工作顺利推进。缺乏足够可信且有效的生态环境数据，就无法对生态环境法治实施情况做出科学准确判断，也就难以对改进和完善生态环境法治建设提出有针对性的对策建议。考虑到客观现实情况，我们不得不对评估框架体系进行一定调整，在评价指标系统中尽可能合理利用可得性、易得性的数据信息。但是，对现有可得数据信息开展的搜集梳理归类工作也不容易，因为这些数据的来源广泛，既包括各类环境状况公报、生态环境年度工作报告、环境年鉴、企业社会责任报告、新闻报道、国家环境履约报告等众多公开信息渠道，也包括一些暂时未公开的内部材料或需经申请公开的信息资料。同时，这些海量资料中涉及有关评估指标的信息很有可能并非直观表现出来，而是潜藏在这些资料中需要进行专业分析提取梳理加工的。另外，同类数据对比分析中有时候也会碰到数据来源资料的统计口径、指标表达等发生改变，导致评估者难以对不同年度相关数据进行有效纵向比较，因而也就无法据此实现纵向评估分析。这一方面是由于法律政策调整导致信息分类情况变化，另一方面也与信息公开制度的认知和实施水平有关。例如《上海市生态局政府信息公开工作年度报告》在 2015 至 2019 年间，有关栏目信息、信息处理方式等一直有调整，导致数据统计分析困难。

四、生态环境法治实施成效的评估分析方法

法治评估领域较常用的成效分析方法是推断因果关系的观察比较法，其基本原理是研究评估对象实施带来的结果表现变化，通过比较对照观测到的这种后果差异情况，分析推断评估对象的实施效果。对结果差异的观察研究主要从时空两大维度进行：时间前后差异和地域差异。即法治实施前后效果的时间纵向差异比较和同一时段不同区域法治实施效果的横向差异比较。对这两个差异作比较分析进而解读法治实施成效均存在偏差风险。在纵向比较下，随着时间的不同，法治原因以外的其他条件情况可能会发生变化，这会影响法治评估结论；在横向比较下，不同地区法治实施的经济社会文化等条件不同，这也可能干扰法治实施评估工作。为了防止法治实施评估过程中这些干扰因素，可

以借鉴卫生防疫疫苗研发中采取的动物实验、临床盲法试验等排除其他混杂因素对疫苗效果干扰的措施。

　　情景分析预测法、成本效益分析法、立法目标法、受众主观情绪调查法、风险防控效果评估法和社会影响评估法等方法也有助于减少生态环境法治实施评估分析中外来干扰因素对评估结果的影响。情景分析预测法是基于分析过去一段时间周期生态环境变化趋势和机制，然后将这种变化趋势和机制运用到对未来生态环境状况的预测中。此预测法机理部分是依靠对历史数据或演进规律的推断，还有部分是基于预测模型的假设，故其主要适用于对近期和明确地区的预测判断。成本效益分析法是评估项目总成本与收益的一种有用分析工具，其基本出发点是法治活动与其他决策一样都要建立在成本效益分析之上，需要考虑法规规定的"性价比"，不切实际的严苛立法不利于经济、社会和环境效益的同步实现和协调发展。当法治实施涉及成本支出以及对人员、环境和社会产生易于货币量化衡量的经济收益时，使用此方法效果较好。立法目标法主要用于研判立法实施初期的潜在影响。由于立法目标是定性的而不是定量的，因此该法对目标的评估可表明法律政策是否会对预期目标产生积极或消极贡献，以及这种贡献的程度（以环境质量结果为依据）。受众主观情绪调查法是表达受访者偏好的一种调查方法。它可以了解人们对法治实施的主观看法和满意度。这种调查方法对未来完善法治体系，提升公众认可度和满意度有帮助，其具体实现方式包括发放调查问卷、多场次座谈会和深度访谈等。风险防控效果评估法能涵盖各种形式的生态环境类法律评估，如污染事故防控评估以法治实施对与意外事故有关的环境风险防范效果进行评估，危险化学品监管评估则以法治实施对化学品扩散和使用的风险降低或化解的评估。在生态环境事故风险防控评估中，一般需要评估法治实施前后的事故后果及发生概率变化，在危险化学品监管风险评估中，主要考量法治实施以来危险化学品带来的风险性质、大小的改变程度。社会影响法评估包括分析、测评法治的预期和非预期社会后果（积极和消极的）以及这些法律强制措施对生态环境保护带来的变化，该评估法比较适用于预见和衡量法律政策对其适用对象的影响。以上是对一些法治评估分析方法的简要介绍。这些方法各有其使用价值，通常应根据实际情况灵活组合运用。

第二节　生态环境立法后评估

立法是法治实施的前提，但并不是多有立法都能成为法治实施的有效保障。唯有科学立法、建立与法治实施相关的制度和机制才能为高质高效的法治实施奠定坚实法制基础，离开此基础法治实施无从谈起。因此，强化法治实施必须要与完善立法工作相衔接，将法律规范实施中发现的问题反馈于立法机构，维护法治体系健康发展。改革开放40多年中，我国初期阶段法治建设主要以数量型为发展方向，立法工作比较强调填补法律空白，注重建立法律体系。随着规范性法律文件的不断增多，新旧法律之间、不同主体制定的法律之间不可避免地出现摩擦和冲突，还有部分法律文件因不适应时代发展的要求，已在现实生活中产生了不好的负面影响。立法质量不高和法治实效不显著成为我国法治建设中比较突出的问题。我国生态环境法律体系化过程也同样如此，虽然前些年我国生态环境法律体系已基本完备，但法律规范"够多不够用""没有大用"的情形依然存在。此问题原因相当部分是由于立法质量不高。近几年我国将提升立法质量作为完善我国法律体系的重点，立法后评估正是检测与提升法律质量的一项有效方法。为此，2015年修订的《中华人民共和国立法法》第63条规定："全国人民代表大会有关的专门委员会、常务委员会工作机构可以组织对有关法律或者法律中有关规定进行立法后评估。评估的情况应当向常务委员会报告。"

一、生态环境立法后评估指标体系

立法后评估的关键环节是建立适当的评估指标体系,立法评估研究的关键内容当然也是制定评估指标体系。不同评价指标系列构建的立法评估指标体系直接决定着评估工作方向、过程、手段和工作量大小,也决定了评估结论是否可信、是否科学、是否符合实际。建立科学合理的生态环境立法评估指标体系,应尽可能考虑多方因素,客观全面地反映法律规范实施的效果。

1. 生态环境立法评估指标体系的考虑因素。

在确立生态环境立法评估指标体系时,必须考虑各方面的因素,对法规所设定各项制度的合法性、合理性、科学性和立法技术等做出基本评价。设立评估指标体系的指导方针首先当然要体现建设社会主义法律体系的一般要求,考察法律的针对性、实效性和操作性,消除法律规范中存在的"不一致、不适应、不协调"的地方,以保证中国特色社会主义法律体系的"统一、科学、和谐"。在此基础上,生态环境立法评估指标还有以下需要考虑的因素:

(1)生态环境保护的专业性要求。在确定生态环境立法评估指标时,需要考虑的一个重要方面是体现生态环境法律的专业特殊性。生态环境立法在性质、地位和任务方面具有自身特点。作为危机应对法,生态环境立法的评估指标,除了立法后评估共享评估指标以外,专业特色性也是衡量生态环境立法质量的重要标准。

(2)法律评估具体目的。立法后评估的不同目的决定了需要采用的具体指标。例如,以法规清理为目的的后评估,必然以下位法是否符合上位法、法制是否统一、法律体系内部是否协调作为评估的主要指标;以修订法规为目的进行的后评估则需要将法规的适应性、可操作性和实施效果等作为评估的主要标准。

(3)区分不同评估对象的特性。环境与资源保护法是一个范围相当广泛的法群,既有污染防治法,又有自然资源保护法,根据不同调整对象又可分为大气、水、土壤、噪声、废弃物、放射性物质、野生动植物、森林、草原等专门的单项性立法，因此在选择评估指标的时候，要根据评估对象的不同特性进行调整取舍，不宜一刀切。

（4）评估工作可行性。立法评估是一项密切联系实际的法律分析工作。如果建立的评估指标体系脱离了现实可行性，盲目地求多求全则必然影响工作效率，有时候甚至无法取得预期成果。因此，确立评估指标时应当充分注意具体工作要求，考虑是否具备现实的调查评估条件，数据采集的可能性、全面性和客观性，评估工作的人力、物力和时间成本，进行定性或定量分析的难易程度等因素，尽量做到评估指标项目选择适当、内涵明确、表述简洁、重点突出。

2. 生态环境立法后评估指标体系的设计路径。

（1）后评估指标体系标准的若干理论观点。在立法后评估指标体系理论研究中，对于评估指标有不同学说，如三标准说选择合目的性、合法性和技术性为指标体系构建要旨，四标准说把法理标准、价值标准、实践标准和技术标准作为指标设计方向，五标准说则以效率标准、效益标准、效能标准、公平标准和回应性标准作为指标体系基础。这些理论学说是研究确定生态环境立法后评估指标体系的重要理论依据和参考对象，各有其合理性和适用性。但是，理论的探讨与实践的操作毕竟存在一定差距。虽然有些评价指标在理论上非常有意义，然而真正操作起来十分困难，要受到各种客观物质条件制约。因此，有必要通过考察立法后评估实践，归纳和总结其运用指标体系的具体情况，从而在理论重要性和现实可行性之间找到平衡。

（2）生态环境立法后评估的指标选项。基于立法后评估理论和环境与资源保护法理论，同时结合业已开展的法治评估实践，推荐生态环境立法后评估的主要评价指标应纳入以下指标：

① 合法性指标。合法性指标主要考察法律规范的制定是否超越立法权限、是否符合法定程序、整体或部分条款与上位法是否存在抵触。从更广的意义上讲，相同位阶法规之间的不协调也是影响立法质量的重要因素。因此可将立法协调性一并放在合法性中进行评估。

② 合理性指标。"立法内容的合理性主要表现为合规律性和合利益性。"合理性标准是指法律规范是否适应经济社会发展的需要,法律制度设计的目的是否正当,权利义务的设置是否符合公平公正原则,是否符合社会的公序良俗,法律责任与违法行为的性质、情节、社会危害程度等是否相当等。对立法进行合理性评估,是立法后评估中非常重要的一部分。

③ 实效性指标。评价立法实效性的主要目的在于考察法规在实施过程中所产生的社会效果,也就是立法者所设计的制度在现实中所实现的程度,即社会公众对法规的认同度,法规与社会经济发展的关系,各项规定的实施效果是否实现预期的立法目的,经济效益和社会效益的实现程度等。

④ 专业性指标。专业性主要是基于立法规范所调整领域专业对象的不同而产生的。在每一部立法中,专业性都会有不同程度的体现。生态环境立法的专业性评估,主要从综合性生态环境法和作为被评估立法调整对象的专项环境问题两方面考察。即该法律规范是否遵守环保优先协调发展、预防为主综合防治、公众参与和环境责任等生态环境法律的基本原则,以及是否根据所调整专项环境问题的特点做了相关科学规定。

⑤ 可操作性指标。法的可操作性,又称为法的可行性,即执法机关能否依据法规所设定的各项制度措施在社会生活中得以实现立法目的以及实现的效果问题。法的可操作性是影响立法质量的一项重要标准。生态环境法作为危机应对法,法律条款的可操作性具有更为重要意义。

⑥ 规范性指标。规范性指标主要是对立法技术进行评估。立法技术是指立法活动过程中所体现和遵循的有关法律的制定、修改、废止和补充的技能、技巧规则的总称。立法技术对立法质量以至对于立法的实施,包括执法和守法具有直接影响。除了这六项评估指标以外,在立法评估中还可以有成本效益性、社会认同性等指标。但完成这些评估指标所需条件较高,时间经济成本都比较大,有效的评估结果不容易

取得,可通过变通的调查分析相关环境信访统计情况大致了解立法的社会效果、社会认同等实现情况。如果在信访统计中涉及有关环境问题多,那么很有可能该法律的社会效果和社会认同情况不好。

总之,根据具体立法评估目的,可以从以上指标系列中挑选有针对性的评估指标组成生态环境立法后评估指标体系,实践中依照详略程度不同的评估需要确定不同评估指标构成简化或标准的生态环境立法后评估指标体系。

二、生态环境立法后评估探讨

1. 生态环境立法后评估中的定性分析与定量分析。

在生态环境立法后评估研究中,既有建立在实地考察、现场访谈、文献分析等方法之上,以逻辑推理、归纳分析方式为主对社会现象进行定性分析的研究范式,也有以经验测量、统计分析和建立模型等概率论、社会统计学领域方法为基础的定量分析范式。定性分析和定量分析是从不同的角度,在不同的层面,用不同的方法对同一事物的"质"进行研究。由于指导思想和操作手段不同,它们有可能将研究的重点放在"质"的不同侧面上。[①] 定性分析主要依赖于研究者个人的主观经验和理论思辨,而定量分析方法多在更宏观层面进行大规模的社会调查和政策预测,故定量分析的基础是海量数据,这是其优势,但也是其弱点。实际上,定性分析与定量分析之间是彼此互通、相互补充的,定量分析中包含有定性分析的基础,定性分析中也可以有量化手段。以下用两个不同的评估案例结论展现这两类研究的差异。

(1) H市生态环境地方性法规后评估(定性分析)。选取 H 市已经实施四年时间以上的一些地方生态环境法规作为评估对象,以合法性、实施效果、可操作性等少数评估指标构成简化评估指标体系,以定

---

① 杜伦芳:《论社会科学研究定量与定性方法结合取向》,《渤海大学学报(哲学社会科学版)》,2011,33(01):76—79。

性分析方式进行简要的立法后评估,试图初步了解 H 市这些年来各项环保立法的大致情况。经分析,H 市的一些生态环境立法在经过多轮次清理之后在合法性方面基本不存在问题,只有少数高龄立法因对应上位法发生巨大变动,而地方实施性法规因立法修订修正"生产力"的客观制约,尚来不及及时进行修订出现后天失调性合法性瑕疵;在法规实效性方面,一些立法存在管理部门之间监督管理协调困难、执法手段不足,守法效果差,法律规则与现实情况不适应等问题;可操作性差可能是 H 市生态环境地方立法的主要问题之一,也是影响地方环保类法规实施效果的最主要因素,此问题主要有两类:一是法规规则与现实情况不符,过于理想化的条款没有现实可行性,相关执法工作根本无法进行;二是条款规定太原则抽象,缺乏程序性的具体操作性内容使相关规则沦为宣示性条款。故最终评估结论是较好。

（2）S 市四部地方性生态环境法规后评估指数（定量分析）。在此量化评估研究中,我们选择合法性、合理性、可操作性、规范性和专业性为后评估指标,对 S 市《环境噪声污染防治条例》《饮用水源保护条例》《S 市实施〈固体废物污染环境防治法〉的规定》《机动车排气污染防治条例》进行量化评估。每项指标按照 0—10 范围正向评分,评价最好得10 分,最差得 0 分。根据不同评价指标对评估目的的影响作用,分别对作为一般共享评价指标的合法性、合理性、可操作性和规范性,以及专业性指标按照两个不同系列评分加权:一般共享指标占总权重的0.6,专业性指标占 0.4。一般共享指标下的具体加权系数为合法性0.4,合理性 0.1,可操作性 0.3 和规范性 0.2。经专家组打分统计,获得 4 部法规最终评估指数,见表 2－1。由此不仅可以直观看出各法规的得分排序,而且可以清楚识别四部法规之间横向得分比和法规内部纵向得分比。

表2-1　S市四部地方性环保法规指数评估表

编号	法规名称	合法性 评分1	合理性 评分2	可操作性 评分3	规范性 评分4	一般指标 数据标准化（左四项评分标准化之和*0.6）	专业指标 评分	专业指标 数据标准化	后评估指数
①	《S市环境噪声污染防治条例》	6*0.4=2.4 一般：与本市《环保条例》等其他法相关法有一致不之处	5*0.1=0.5 较差：目的正当，强制管制性规定多，平等对待差，若干规律规则有抽象原则和导致无法操作、还存在一些条款文本结构有缺陷、条款还存在一些不合理地方。	4*0.3=1.2 较差：存在不合情况的规定语定模糊或少数用的最大问题是许多条款因规定得过于抽象导致原则和语言无法操作、条款还存在一些条文结构缺陷。	8*0.2=1.6 较好：法规名称统一，形式结构完整，结构逻辑较严密，语言表达总体准确。	5.7*0.6=3.42	5	5*0.4=2.0	5.42/一般
						较差：在体现环保优先协调发展、预防为主防治结合、公众参与等基本原则，以及环境责任和噪声防控对待性和科学性等方面都不理想。			

048

续　表

编号	法规名称＼评价指标	合法性 评分1	合理性 评分2	可操作性 评分3	规范性 评分4	一般指标数据标准化 左四项评分标准化之和*0.6	专业指标 评分	专业指标 数据标准化	后评估指数
②	《S市饮用水源保护条例》	2*0.4=0.8 差：与国家上位法、地方相关立法，以及地方现行行政政策和现实措施现实情况不适应之处非常多	6*0.1=0.6 一般：目的正当合理，管制规定多、平等对待差，法律规则有若干不合理地方。	6*0.3=1.8 一般：符合我国地方立法的一般标准，没有大问题但许多条款也没有具体可操作性。	8*0.2=1.6 较好：逻辑结构性和语言表达方面确性，规范性没有基本问题。	4.8*0.6=2.88	6	2.4 一般虽然法规中的规则在一定程度上反映了环保基本原则但是缺乏全面而明确的规定，调整对象的针对性和科学性等方面不错。	5.28/一般

续　表

编号	法规名称	评价指标				一般指标数据标准化	专业指标		后评估指数
		合法性	合理性	可操作性	规范性		评分	数据标准化	
		评分 1	评分 2	评分 3	评分 4	左四项评分标准化之和 *0.6			
③	《S 市实施〈固体废物污染环境防治法〉的规定》	$2*0.4=0.8$ 差：与国家上位法、地方相关立法及地方现行政策措施不适应之处太多。	$4*0.1=0.4$ 较差：目的基本正当合理，强制管制性规定多，平等对待差，法律规则有若干不合理地方。	$2*0.3=0.6$ 差：主要问题是条款因规定过于原则和抽象导致难以操作。	$2*0.2=0.4$ 差：逻辑结构的规范性和语言表达准确性方面存在若干不足。	$2.2*0.6=1.32$	2	0.8 差：在体现协调发展、预防为主、公众参与原则，以及调整对象的针对性和科学责任等基本原则，对等性等方面都不理想。	2.12/较差

续　表

编号	评价指标 法规名称	合法性 评分 1	合理性 评分 2	可操作性 评分 3	规范性 评分 4	一般指标 数据标准化 左四项评分 标准化之和 *0.6	专业指标		后评估指数
							评分	数据标准化	
④	《S 市机动车排气污染防治条例》	6*0.4=2.4	2*0.1=0.2	6*0.3=1.8	8*0.2=1.6	6*0.6=3.6	8	3.2	6.8/较好
		一般：法制与现实情况发生变化，具有一定不适应性。	差：强制性规定管多、平等对待差，法律规则有若干不合理地方。	一般：缺乏程序性规定，某些条款脱离实际。	较好：形式结构较为合理，个别条款逻辑结构不严密。		较好：体现协调发展，预防为主、环境民主等基本原则，在调整对象的针对性和科学性方面较为理想。		

注：评估指数分级标准系列（均不含起始数值），0—2：差；2—4：较差；4—6：一般；6—8：较好；8—10：好

2. 一种基于德尔菲法的生态环境立法后评估模型。

为便于相关部门在工作中能直观有效地测评生态环境立法的质量与实施效果，我们在定性分析基础上设计了一种定量分析方法，依据统计数据建立数学模型，并计算出评估分析对象的各项指标及其数值，再对指标数值进行分析。比较各种指标数值或将不同时期同一指标进行对照大致可反映立法质量的优劣、实施效果的好坏，从而为立法评估提供有用信息。此方法利用德尔菲法原理，并使用既定的生态环境立法评估指标体系与立法后评估理论，建立一种生态环境立法量化评估模型。

德尔菲法(Delphi method)是系统分析方法在意见和价值判断领域内的一种有效方法。在选择确定相关领域一定数量专家小组的基础上，由调查人员分别独立地与专家小组成员沟通，对于确定的评价指标体系，征询专家小组成员的判断意见，经过几轮征询后，使专家小组的评价意见趋于集中，最后做出比较符合客观情况的结论。德尔菲法被认为是最有效的判断预测法之一，是分析评估复杂事物的比较理想的方法。采用德尔菲法有两大关键点：一是专家的选择，二是对专家评估数据的统计处理。德尔菲法专家选聘应当从具备与评估对象有关的专业知识、有充足时间完成应答，同时具有责任感的本专业学者和经验丰富的实务专家中挑选，从而保证专家组具有合理的知识结构、适当的人数(一般10—20人，课题越重大复杂则专家组人数就越多)。一般认为15人以上的专家组得出的结果就具有足够可信度。在得到专家组各成员的评估数据以后还需要根据评价目的选择适当的数据处理和表达方案。

基于前期立法后评估定性分析研究基础，我们设计了一种简易便利的后评估数学模型，可用于初步量化评估某项环境法律规范的立法质量与实施效果。该模型由两个一级指标(一般指数、专业指数)和若干二级指标构成，并依不同的权重系数对其加权求和，得出评估指数数值。根据对我国生态环境立法实施效果研究，我们初步选择出若干评估指标，然后邀请来自立法机构和生态环境部门的专业人员，以及法学和环境科学研究领域学者十多位专家，协助确定各级指标赋值和权重系数由专家凭其学识和经验做出主观量化判定，经过与各位专家学者不少于两轮次以上电话、电邮、微信等方式单独沟通，最终从初选指标确定适宜的生态环境法律评估指标，并分别配置权重系数，由此设计确立量化评估模型。该评估模型由二个一级指标（一般指标、专业指标），以及一般指标下的合法性、合理性、可操作性和规范性 4 个二级指标构成，专业指标以下不再设二级指标，但考察标准以预防为主、协调发展、公众参与和环境责任四大生态环境法律基本原则为据。经评分后可以最终计算得出指数数值。[①]

具体指数模型为：$PAI = (\sum A_i W_i) * C + B_i * (1 - C)$

其中，PAI—后评估指数（Post Assessment Index）；

A_i—一般指标下的二级指标；

B_i—专业指标；

C——级指标权重系数；

W_i—二级指标权重系数；

i—二级指标序号，如 A_1 = 合法性，A_2 = 合理性等。

各层级指标分值均采取 10 分满分制，分值越大则正面评价就越高，各指标权重系数分别为：一般指标为 0.6、专业指数为 0.4。一般指标中的各二级权重系数为：合法性 0.4、合理性 0.1、可操作性 0.3、规范性 0.2；专业指数不作进一步评分。当然在实践中也可以根据评价目的或对象差异调整评估指标系列和各指标权重。例如对于制定年代长久的法律规范可以考虑在二级指标中增加适应性指标，在地方环境立法可以增加特色性指标。[②] 若评估目的考虑更多的是法律的专业针对性问题，则可以进一步建立其二级指标，并可以相应增加权重系

---

① 为减少评估工作量，专业性指标未设定二级指标，但专业性指标的考量因素主要围绕环境法律四大基本原则，即环境优先协调发展原则、预防为主综合治理原则、公众参与原则和环境责任原则。

② 对环境立法的实效进行评估比较困难。为了简化评估过程和评估方法，作为一个对环境立法进行初步评估量化模型，这里没有选用定性分析中的实效性作为一般指标下的二级指标。

数。经过我们实证调查研究发现①，一般指数应当比专业指数重要，因为生态环境立法首先要符合法律规范的一般要求，具备法律规范的基本要素；在二级指数中，合法性是评估对象存在的根本基础，所以它的权重系数应当最大；可操作性是影响生态环境立法实施效果非常重要的因素，故也应加大其权重系数。根据最终指数数值，把立法后评估结论分为好、较好、一般、较差和差五个等级，指数得分8分以上为好，6—8分为较好，4—6分为一般，2—4分为较差，2分以下为差。较好以上的结论意味评估对象质量较高、实施效果较好，而较差评价结论的法律意味着可能需要及时修订修改，甚至被废止。

在建立生态环境立法后评估指标体系基础上，通过设计合理的立法定量评估模型，既可以比较直观简便地获得被评价对象的总体评价结果，又可以只对各二级指标数值分别进行单项分析获得各不同专项的评价结论，从而了解评价对象存在的各方面具体问题。如合法性指标数值偏低说明评价对象在合法性方面存在问题，规范性数值低则说明立法技术不高。生态环境立法定量分析模型也可用于其他法律部门的定量评估，只是在评估时按照各部门法的基本原则修订专业指标的考量因素即可。我们曾利用此评估模型对我国沿海某城市的几部地方性生态环境法规的立法质量和实施效果进行法治量化评估，取得了较好的效果。②

法律并非万能。建立科学完善的生态环境法律体系不是生态环境工作的全部，也不意味着能够彻底化解生态环境问题。环境问题的源头与宏观发展规划、产业政策等决策层面的内容往往是联系在一起的，而生态环境的预防和治理成效也是与生态环境法治实施密切相关的。坚持以系统思想，严格执法、公正司法和全民守法，再结合其他领域手段采取综合性措施才有可能实现生态环境保护的终极目标。因此，有必要专门讨论生态环境法治实施评估问题。

---

① 参见第六章第一节"生态环境法治实施效果调查分析"。
② 参见第二章第二节"生态环境立法后评估"。

第三节　生态环境法治实施评估

从我国法治评估研究的发展走向看,研究趋势有逐渐从法治过程的立法标靶向法律实施转变的现象。生态环境法治实施评估的基础来自对生态环境法治实施这一评价目标的解析。生态环境法治实施评估是指各级政府自身或社会其他组织通过多种方式对有关生态环境的法治实施情况进行分析、比较、评价和测量。生态环境法治实施效果评估的最终目的是了解法律(体系)在实施中取得的成效和存在的问题,分析法治实施中的优缺点性质,得出对现行法规更全面、更科学的系统评价。通过厘清生态环境法治实施方面的问题缺憾与相应责任归属,可以较好地提升执法效率;通过研究加强生态环境法治实施成效,有助于提高生态环境司法对立法要求和环境权益保护新需求的回应①,解决环境司法专门化中生态环境法律规范缺位、适用性差,以及环境行政执法与刑事司法立法衔接不足等问题②;贯彻落实生态环境法治评估公开性、民主性原则,可以有效促进公众参与,对培育公众法治和生态环境意识都有好处。生态环境法治实施评估的结论也能为生态环境法律体系进一步修改完善提供重要参考意见和建议。因此,生态环境法治实施效果评估要立足于对现实的评估,同时收集对法规调整修订的意见和建议,以便更好的提升法规质量。生态环境法律法规实施评估是我国促进法治实施、提升法治效果的一个重要管理环节。对生态环境法治运行实施成效进行研究分析,有利于进一步完善我国生态环境法治体系建设。具体而言,对生态环境法治体系、实施过程与实施结果进行综合效益等方面的评价,可以科学有效检验生态环境法治实施成效。生态环境法治实施评估与立法后评估不同,前者关注立法以后实施阶

---

① 江必新:《环境权益的司法保护》,《人民司法(应用)》,2017(25):4—7。
② 参见周兆进:《环境行政执法与刑事司法衔接的法律省思》,《法学论坛》,2020,35(01):135—142。

段的效果,主要包括执法、司法和守法等方面的最终成效;后者主要关心法律体系建构与完善问题,它重点考察的是具体的法律规范(条款)目标从制定过程到执行环节出现的法律制定方面问题,对实施效果的关注度不如前者。当然两者之间还是有着比较密切的关系。考察生态环境法治实施问题不可能完全脱离客观存在的法律规定,不可能不研究立法质量对法治实施成效表现的影响,立法后评估也不可能只注重法律规定本身,合理性、实效性、可操作性等立法后评估指标都是与法律实施有关联的。立法后评估通过总结立法经验,发现立法存在的问题,可以为今后生态环境法律法规的改进、完善、变更和终结提供依据,必然也可以为生态环境法治实施提供直接支持,保障严格执行、公正司法和全民守法等法治实施内容顺利实现。

一、我国生态环境法治实施评估的主体模式

1. 法治评估主体分类。

传统上一般将法治评估主体分为官方主体和非官方主体两类。法治评估的官方主体包括人大、政府和司法机关。如人大关于立法效果的评估,政府关于法治政府的评估,法院关于司法公信力的评估,其主要内容是对自己所管辖的有关部门或下级机关的法治工作评价,通过建立一定的指标体系,评价法治建设所取得的成绩和不足,了解改革的进度,以利于改进工作。[①] 法治评估的非官方主体即是实践中所谓第三方法治评估。这类主体主要有官办科研院所或社会性科研单位。它们从第三方的视角了解法治状况,评价法治发展所达到的水平,为政府部门或其他单位提供法律政策咨询意见。

就目前状况而言,无论是官方主体还是非官方主体组织开展的法治评估均具有显著的利弊性。官方法治评估的数据和资料来源较为全面,对于改进工作有积极作用,但是难免犯指标不符合实际的错误,有

---

① 参见朱景文:《如何开展科学的法治评估》,《中国党政干部论坛》,2016,第61页。

时候评估甚至异化为宣扬"政绩"的工具。而学术性评估以独立第三方的立场能较好地开展客观公正的评估工作，但由于掌握数据和资料的有限性，特别是数据的不公开、不透明，做出的评价也难免有偏颇。如何把官方评估与第三方的评估结合起来，如何进一步加强官方所掌握的数据的公开性、可获得性，增强第三方评估的客观性，是我国今后法治评估中应该着力解决的问题。

2. 生态环境法治实施评估主体。

借鉴法治评估主体的传统分类，同时结合评估程序，我们认为生态环境法治实施评估的主体模式可以分为三种类型：第一种为决策主体，即作出生态环境法治实施评估决策的国家机关或组织；第二种是组织与实施主体，指根据生态环境法治实施评估的决策，负责具体组织和实施法治评估的组织或个人；第三种，一般参与主体，是指除法治决策、组织与实施主体以外，其他直接或者间接参与法治评估的国家机关、组织或者个人。实践中，第一类主体往往和第二类主体发生重合，可以将两者实施的评估称为内部评估，将第三类主体实施的评估为外部评估。表2-2是我国生态环境保护领域立法后评估的主体模式比较，虽然该表是生态环境立法后评估方面的主体信息，但仍然可以用作研究生态环境法治实施评估主体的参考。

表2-2　我国生态环境立法后评估主体模式比较表

时间	法律文件	制定主体	评估的组织与实施主体	评估的参与主体
2005	《海南省红树林保护规定》	海南省人民代表大会	海南省人大法制委员会、海南省人大常委会法工委	林业、海洋、环保等部门、社会公众
2005	《北京市实施〈中华人民共和国水污染防治法〉办法》	北京市人民代表大会常务委员会	市人大常委会法制办、市人大有关专门委员会、市政府有关部门	相关主管部门、社会公众

续　表

时间	法律文件	制定主体	评估的组织与实施主体	评估的参与主体
2007	《黑龙江省草原条例》	黑龙江省人民代表大会常务委员会	黑龙江省畜牧局	基层政府、各部门领导、行政执法人员、行政相对人、社会各界
2013	《贵阳市南明河保护管理办法》	贵阳市人民代表大会	贵阳市人大常委会	相关专委会委员、市人大代表成员、专家、市民代表
2015—2016	《中华人民共和国环境保护法》	全国人大常委会		《环境保护法》实施情况评估课题组（中国政法大学）

由表2-2可以看出，立法后评估的组织与实施主体一般是立法机关的组成机构或部门，或者是某一法律法规的主管部门。而一般参与主体则范围比较广泛，如立法的利益相关人、专家、社会公众等。事实上，非官方主体在法治实施评估中具有不容忽视的作用：一方面，针对普通公众的民意检测和对专家代表的问卷调查将作为基础数据资料，而这些数据资料皆是作为测定生态环境法治实施情况的重要参考和辅助性依据。另一方面，参与主体的质与量是影响评估结果公信力的关键。正如有学者说，一个国家或地区的法治指数公信力，"不仅取决于那个指数是如何评估出来的，更取决于是由谁来主持评估的"[①]。这就要求参与主体具有一定的代表性、全面性，否则评估结果将不具有可采性。

内部评估主体与外部评估主体有着不同的价值取向。"所谓价值

---

① 参见陈林林.法治指数中的认真与戏谑,浙江社会科学,2013(06).

取向是指一定的主体以某种价值观为指导，根据一定的机制标准，对价值目标进行价值选择和价值决策的行为倾向"[①]。内部评估主体在数据资料的收集和评估结果的应用等方面具有天然的优势，但其往往难以客观真实地评估自己，容易遭到公众质疑。外部主体则相对中立、评估结果相对客观，但它却普遍存在有效数据难以获取、评估结果难以得到有效采纳等问题。正如中国政法大学王灿发教授所言："由于本次评估活动系第三方开展的关于《环境保护法》实施一周年的评估，所以不能或者主要不能依赖于环保部门提供的数据来进行评估。因而在数据或信息的获取上，我们不得不依赖于互联网上公开的信息"[②]。因此，不同类型的评估主体价值取向具有一定的矛盾与冲突，但在生态环境法治实施评估工作中，仍应当重视内部评估主体与外部评估主体的有机结合，最大化地保证评估工作的客观性、中立性，增强评估结果的公信力。

3. 生态环境法治实施评估主体优化。

针对上述法治实施评估主体模式在运行中存在的问题，目前主要有以下几种主体优化设计模式。

第一，建立、健全独立的第三方评估主体制度。例如，世界正义工程建立的独立第三方评估主体做法具有较好借鉴意义。该模式的主体地位中立，配备经验丰富的评估人员，拥有熟练的评估技术，能够保证评估结果的客观与公正。从当前法治评估实践可以发现，高校科研机构可以发挥重要作用，并且能够扮演"第三方"的角色。如浙江省的余杭法治指数是委托浙江大学和中国法治研究院组织实施的，浙江省高级人民法院委托浙江大学开展阳光司法指数课题研究，并委托中国社会科学院法学研究所测评阳光司法。余杭法治评估较为成功的先例表明，生态环境法治实施评估也应该可以引入第三方评估机制，并进而在此基础上建立形成独立的高度专业化评估机构。

---

① 包国宪、冉敏：《政府绩效评价中不同主体的价值取向》，《甘肃社会科学》，2007(01)：103。
② 王灿发：《新〈环境保护法〉实施情况评估报告》，北京：中国政法大学出版社，2016年，第156页。

第二，建立专家库，选择适格的生态环境法治实施评估主体。建立以环境法学研究人员为核心的法治实施评估小组，同时应尽可能地吸收其他学科领域包括经济学、统计学、管理学、计量学、数学等权威专家。在建立了专家库的基础上，设计能够随机挑选与组合评估人员的机制，形成最终核定的专家小组作为具体实施评估工作的第三方。

第三，扩大公众参与，规范公众评估的权重。从世界正义工程与余杭法治指数评估中可以发现，注重公众参与是当前法治实施评估工作的发展趋势。人类在地球生物圈中扮演着重要的角色。在着力推进生态文明建设的今天，社会公众有权行使手中的环境知情权和参与权，因为他们对生态环境法治状况与法治水平的认识有着切身体会。有学者提出可以在顶层设计上对此予以规范，如（生态环境）综合法治指数评估，公众评估的权重占 35％；专项法治指数评估（如行政执法或司法适用方面），公众评估的权重占 20％。一方面，要激发公众参与评估的热情，一方面，要规范公众参与评估的权重。①

第四，建立委托民意测验机构进行公众法治状况调查制度。专业性民意调查机构属于中立第三方，且拥有先进的数据收集与整理技术，调查经验丰富，能够对不同的调查数据设计不同的调查方式等，能够高效地提供客观、可信的调查数据与结论。如零点调查、广州民意调查中心等独立民意调查机构。另外，各级政府统计部门中，一般也设有调查机构，也可以利用这些资源，以便在提高调查效率的同时，提高调查数据与结果的公信力。②

二、生态环境法治实施评估客体分析

法治实施评估的客体也称为法治实施评估的对象。在通常情况下，囿于评估技术水平、经费和时间的限制，要在短时间内对某一领域

---

① 参见汪全胜：《法治评估主体的模式探析》，《法治研究》，2015 年（02）：118。
② 参见汪全胜：《法治评估主体的模式探析》，《法治研究》，2015 年（02）：118。

中一系列法律原则、法律制度和法律措施等的实施情况进行全面的评估，是十分困难的，甚至是不可能的。从国内学者有关生态环境法律实施评估的文献中，可初步归纳出以下几类评估对象（客体）：

1. 法律法规宣传贯彻评估。

一般情况下，法律法规的宣传贯彻涵盖两个阶段，一是法律法规自颁布之日到生效之前，二是法律法规生效之后。生态环境法律实施宣贯评估并不局限于法律规范生效之后的评估，从某种意义上讲，法律规范颁布之后的宣贯工作更加重要。以 2015 年新修订的《环境保护法》宣传贯彻评估为例，评估者可将各地方、各部门、各单位、各团体组织和各新闻媒体对《环境保护法》颁布后的宣传贯彻情况作为生态环境法律实施评估的重要内容之一。在评估过程中，评估人员主要从配套法律、法规、规章、规范性文件、标准、规范的制定，对执法人员的培训，以及对公众的宣传教育等方面，通过数据统计和问卷调查反映新修订《环境保护法》的宣传贯彻情况。这给予的启示是：面对生态环境不断恶化、生态资源逐渐匮乏，加之社会公众对生态环境领域的法治现状了解甚少，更加凸显了生态环境法治教育的重要性，因此，可以尝试对《自然保护区条例》《野生动物保护法》《水土保持法》《森林法》《草原法》《渔业法》等单行法律的宣传贯彻情况开展评估工作，以期对日后相关法律法规和政策的立改废、行政执法、生态司法奠定良好基础。

2. 生态环境执法、司法评估。

生态环境管理措施由单个或者若干个规则性规范所组成，通常不会构成完整的规则系统。当然，有些管理措施在实施中规范越来越多，当规则性规范比较完整时，也会转化为管理制度。生态环境管理措施的有效实施是确保生态环境管理制度得以落实的重要保障。因此，设计和确立一套系统的评估指标来衡量生态环境管理措施的贯彻落实情况是十分关键的。

在生态环境保护司法方面，评估对象主要涉及生态环境公益诉讼制度的实施情况、生态环境行政复议和诉讼的情况、对生态环境犯罪案件的移送和制裁情况等。

3. 生态环境守法情况的评估。

在守法方面，可以根据守法主体的不同，区分为对企事业单位生态环境守法情况的评估和对公民个人生态环境守法情况的评估，还可以进一步细化为：(1)企事业单位、个人宣传学习、贯彻相关法律、规章和政策的情况；(2)根据先前设计的具体指标来评价企事业单位或个人的生态环境守法情况；(3)选取典型案例，深入剖析，从侧面反映守法现状。对于评估对象的选取要考虑到地域环境、法治水平、经济文化水平的差异。企事业单位可选择生态环境信息公开表现良好的大中型企业、遵守国家地方生态环境法律政策的合法合规企事业单位；个人，则选取影响重大，具有代表性的典型案例。

此外，生态环境法律制度实施情况有时候也是法治实施评估的重要对象。评估者可以在相关法律文件中选取具有代表性或典型性的生态环境法律制度，对其实施情况进行评估。

综上所述，法治实施评估实践对于推进法治建设、贯穿法治理念和法治思维、优化法治理论和知识传统起到了不可估量的作用，而梳理分析作为评估要素的主体与客体的各方面情况，对开展生态环境法治实施评估工作具有良好支持作用。政府主体主导的评估可以保证推进力度和资料获取能力，而独立第三方专业评估主体模式则可能使评估工作更加公正和高效。如果能将两者结合起来，在政府层面根据法治建设规划，有计划地委托、引导和支持第三方专业评估主体独立开展评估工作，就大概率地能够既克服官方评估主体的主观性，也克服了普通社会组织囿于数据资料难以收集所产生的尴尬局面。在评估的客体方面，需要注重对评估对象的分类和整理，区分法治宣传贯彻、生态环境监管政策制度与"放管服"改革措施，以及环境司法和全民守法等内容，并在此基础上结合评估指标等其他要素以实施具体评估工作。

三、生态环境法治实施评估面临的困难

生态环境法治实施评估关键在于对生态环境执法、司法和守法诸

系统的现实图景进行相对直观化的评估指标建构、处理和分析。在此评估处理分析方法和过程中，作为指标表征的数据信息是其中的核心要素。一般地，评估方法总是要求采用严格的经验性标准，以保障评估结论是基于演绎而非不太可靠的主观推测。虽然如前面所言国内外法治评估研究和实践已经有了比较丰富的成果案例，但是在生态环境法治领域，特别是生态环境法治实施方面的评估理论与实践进展都不突出。法律是旨在塑造行为以适应社会需求的社会治理工具，法律必须协调或管理多种价值和各方利益。环境治理发生于自然系统和社会系统交汇领域，其所作用对象既包括人类行为，又包括生态系统的活动，环境治理既要遵从社会规律又要服从自然规律，因而其本身是非常复杂和难以判别的。同样地，由于法律实施与社会、生态成效之间因果关系的不确定性，以及法律规制活动与本就难以测评的成效之间的时间滞后性，导致生态环境法治实施评估具有相当困难性。另外，生态环境保护法律治理中多种手段所追求的社会目的有时候表现出彼此之间不尽融合协调，如开发利用自然资源获取经济价值与保护环境维护生态价值难免冲突，由此引起的复杂性反映了现代社会中环境法律治理的多样性，简单直观的演绎分析法根本没法胜任有效推测的重任。环境法律治理有效性涉及多维且互相交织的因素，与社会认可度、经济能力、权利义务大小等因素都有关联。再加上法律与结果之间关系复杂，许多时候几乎不可能清晰辨识它们之间存在的客观因果联系。

为此，深入研究生态法治实施评估方法，构建科学合理的评价体系是非常重要的工作。一种比较公认的评估框架是国际上普遍采用的环境压力、状态与应对（PSR）模型。借鉴此模型，通过田野调查、文献研究、调查问卷统计、赋值指数法、大数据分析等方法对我国生态环境法治实施体系中的执法、司法和守法等方面进行定性分析和量化分析，可以为有效便利地评估我国生态环境法治实施提供一种新的思考线索。

四、生态环境法治实施有效性评估

如前所述,有效性是法治实施评估的重点。生态环境法治实施有效性评估问题也同样是研究重点所在。首先,生态环境对维护人民生存和生活质量具有极其重要的作用,这决定了生态环境法治体系在中国特色社会主义法治体系中具有至关重要的地位;其次,生态资源提供了经济社会可持续发展的基础,生态环境法治实施的有效性对保护生态资源提供了强力保障;第三,由于法律和环境科学的复杂性,以及环境问题的科学不确定性,导致不容易对生态环境法治实施的有效性进行科学合理评估,必须高度重视此方面研究工作;第四,我国生态环境法治评估的理论基础与实践探索都呈现出不足态势,与加强生态环境法治建设形势要求不相符;第五,对国家或地方生态环境法治体系的整体或特定部分有效性的评估可以为我国或地方生态环境决策提供重要参考。事实上,生态环境法治实施评估最重要的意义不仅在于准确判断法治实施的有效性,其客观科学的评估意义更多还在于其对未来生态环境决策的积极作用。这种生态环境决策主要体现在生态环境法治体系建设和政策体系完善两个方面。科学决策必须是基于四个流程阶段:问题涌现、出台政策与立法应对、政策贯彻与法治实施,以及政策监控与评估。

在过去 40—50 年中,"现代"生态环境法律在全球范围内得到了快速发展,我国的生态环境法律自 20 世纪 90 年代以来也取得了长足进步,生态环境法律体系不断健全完善。作为广义生态政策和计划流程中的一个重要阶段,生态环境法律体系的有效性或者生态环境法治体系必须不断应对变动不居的经济社会和生态形势。生态环境法治实施有效意味着其在保护生态防治环境污染方面产生的正向效果。法律规范在本质上是通过规范人们的行为达到预期的结果。即使是调整对象较简单的法律规范往往也包含着多个制度措施,产生多种影响后果。比之更加复杂、由法律体系、实施体系、监督体系和保障体系等构建的内容更加丰富的法治体系产生的影响后果更是难以估量。其中，必然包括立法预期实现的公共利益目的。生态环境保护领域的法治实施也会体现生态环境方面的公共利益目的。生态环境法律政策是应对人为因素造成外部不利环境状态的对策措施，以扭转生态环境不利局面，使其向好的方面转变。

　　当今世界的经济、社会和环境等领域的各种问题是由众多复杂的因果关系交织在一起的结果，法律规范恰是试图通过外部干涉措施打破和纠正这些不好的因果关系，从而解决经济社会和环境等领域的问题。了解和认知法律政策实施后外部环境状况的变化情况有助于了解生态环境法律规范导致的结果。以流域水环境污染问题为例，造成水体污染结果的原因除了自然因素以外，流域周边人们的各种生产活动和生活活动都与之有关联，都是水环境污染和破坏的来源，而人们的这些关联性水环境污染和破坏活动都是能够受法律规制的。为防治水体环境问题，可以从水体流域的多方位、多环节制定和采取包括各种立法规制措施在内的多种治理手段。在现有技术手段还无法实现污染"零排放"的前提下，环境污染、资源消耗在许多时候是经济社会有益活动（如产品生产）的必然现象。表现为经济社会发展过程中副产品的环境问题，是难以避免的客观存在。法律不能简单地对污染环境、资源消耗行为进行禁止封杀。因此，评估法治实施有效性也要有成本效益分析的理念，在法治建设与法治实施以实现预期目标的同时，不能引发其他严重后果，这才是真正有效的法治实施。

第三章 生态环境法治实施评估的
优选框架

  随着我国法治评估实践的发展,提效优化评估方法也已经成为我国政府部门、企事业单位、社会组织等进行绩效管理、提高工作实效的主要抓手。为进一步加强我国生态环境法治体系建设,不断提升我国生态环境法治实施能力,同样有必要借助评估手段,将法治评估作为测评增强生态环境法治实施效果的首选方法。在我国有关生态环境法律政策评估研究中,探讨分析应对环境问题挑战法律政策有效性方面的成果较少,或说我国生态环境法治应对的评估研究方法比较单一,既有成果主要是对现实存在问题的调查考证和归纳分析,对生态环境法律政策实施有效性(绩效)开展深度评估的材料不多见。人类活动的环境压力和环境状况的严峻形势,要求我们在生态环境法律体系基本完备的基础上,必须进一步提升生态环境法治的实施效果。探索科学合理的法治实施评估方法,是了解和提高生态环境法治实施效果的一项基础工作。本章围绕生态法治实施评估的优化方法、模型框架进行了探讨,并以提出优化模型框架对我国生态环境领域的压力、状态和应对情况进行了分析。

第一节　生态环境法治实施评估框架选择

一、法治实施评估方法应具备的品质标准

根据法治评估理论与实践,理想的法治评估方法应至少符合简单性、系统性、全面性、预测性和明晰性等五项品质标准。

1. 简单性标准。

简单性标准或称简单性原则是方法论的首要准则。简单性不是指其所印证对象的简单性,而主要是指所论述对象之逻辑线索与形态结构的简洁性。去除复杂的装饰可以让人一目了然直达观点的核心要害,能够大幅减低因认知偏差带来的谬误,也有利于维持研究方法的稳定性。作为常识性的认知,越是复杂的概念越容易因细枝末节的歧义导致整体结论的不可靠,正所谓"差以毫厘,谬以千里"。人类在其认识世界、改造世界的过程中,在不断感知外部世界的基础上,通过人脑感知了解外部客观世界,使其与人类内在主观世界充分交互作用,由此产生和发展出越来越缜密细致的思维能力,进而深化主体对客体的判断并由此修正和提高人类的行动效率。英国哲学家和神学家、唯名论者奥卡姆(1300—1350 年)认为,在逻辑论证中无须增加没有必要的假设,由此他提出要利用简单性作为形成概念和建立理论的标准。[①] 爱因斯坦从哲学认识论和科学方法论的角度提出了作为其科学方法论核心的"逻辑简单性"概念,"自然定律的简单性也是一种客观事实,而且正确的概念体系(scheme)必须使这种简单的主观方面和客观方面保持平衡。"[②]简单性原则是评判甄选科学高效理论的最佳参考条件。辩证唯物主义认为,科学理论的逻辑简单性是自然界的和进性和统一性

---

① 参见鲁兴启:《论科学美学研究中的"简单性"范畴》,《浙江大学学报(社会科学版)》,1993(03):52—60。

② 许良英等编译:《爱因斯坦文集》(第 1 卷),北京:商务印书馆,1976 年版,第 214 页。

的反映。① 在对评估方法进行比较取舍时，在所有其他条件相同的情况下，最简单的评价方法就是最好的。

2. 系统性标准。

法治评估的方法模型必须以系统化的标准反映内部逻辑一致性及可测试性，并且能够把假设范围、现实性标准与技术充分性标准映射在同一整体。系统性是指整体事务中各相互联系、相互作用、相互依赖的组分在一定环境下有机结合而成为具有一定结构和功能。系统性标准要求从整体性、相关性和有序性三个方向考虑和解决问题。具体而言，主要体现在四个方面：一是制定研究计划方案时要有一体化观念，方案各要素均以系统整体为考虑要旨；二是方案各部分的组合功能大于部分功能的简单相加，形成量变向质变的转化；三是方案各要素间相互依存、相互作用、彼此制约；四是各组分要素间的联系构成特定空间排列规律和时间运行秩序。系统性标准看问题是为了杜绝"只见树木不见森林"的错误。就法治评估而言，系统性标准要求法治评估方案和调查目标是建立在法治评估的背景形势与评估目的等因素之上，并遵循逻辑要求，循序渐进地完成的。

3. 全面性标准。

全面性标准与系统性标准具有一定关联性，但两者并不相同。全面性标准指从全局和整体上研究、分析工作计划和方案，实现对事物对象各方面的考察，从而完整反映事物的本来面目。全面性代表的是周密、完整和全方位，而系统性讲究的是一体化、全局性。在承认简单性标准的同时，也不能否认法治实施有效性评估的方法必须是系统而全面的，不能否认必须确保其取得的结论是客观合理且可验证的。评估生态环境法治体系实施有效性涉及范围广、情况复杂，涵盖多种不同的经济社会和环境问题，需要获取或处理海量复杂的法律政策及有关环境方面的信息（其中许多信息是空白的），这要求评估方法（模型）尽量

---

① 简单性原则，百度百科，https://baike.baidu.com/item/％E7％AE％80％E5％8D％95％E6％80％A7％E5％8E％9F％E5％88％99（2028 年 1 月访问）。

从全面性视角进行审视。全面性标准强调要采取完整、周密和详细的行动方案,以综合和整体的方式从各个方面考虑评估对象的调查目标和方案,通过全面性分析评价形成对评估对象的全方位认识。不过这并不意味对全部具有参考意义的影响因子都要纳入法治评估的指标序列中,否则这将需要投入大量的资金和时间,且工作烦琐和分析考评线索太多而不可行。在评估实践中,多因一果干扰、指标数据不可得、评估能力等因素都会成为有效评估的障碍,期望将所有影响法治实施有效性的因素都涵盖在评估方案下的想法是不科学,也是不现实的,必须有所为有所不为。

4. 预测性标准。

评估生态环境法治体系实施有效性的最重要目标之一是预测法律体系或法治实施所能够实现的结果。准确预测是决策者做出正确决定的前提条件,只有基于科学合理预判并由此产生针对性的行动才能取得预期的收效。科学决策必须用科学的预见去克服没有科学根据的主观臆测,防止决策盲目性问题。决策的正确与否,取决于对未来后果判断的正确程度,所以决策必须遵循预测性原则。[①] 预测性标准要求法治评估模型能合理评估出评估对象之法律(法治)体系的有效性,并在科学不确定性和信息缺失情况下,仍然可以较好地预测评估法律(法治)体系实施产生的结果,特别是能够回答以下问题:法律(法治)体系是否能保证法律目标的实现? 如果不能实现,那么具体原因何在? 在遵循预测性标准的时候必须考虑投入产生率,也就是要考虑评估工作的性价比,符合预测性标准的评估方法应当是投入(评估工作量)合理,产出(预测结果)效果佳的模型。

5. 明晰性标准。

明晰性标准关注评估方法和报告是否通俗易懂,是否能比较便利地为读者受众使用。该标准突出考虑评估的可理解性问题。根据这一标准原则对法治评估的要求,无论是专业人士还是一般公众都应当可

---

① 梁隆等编著:《现代管理方法》,兰州:甘肃人民出版社,2010 年版,第 86 页。

以比较容易地理解和识别法治评估过程和结果，这对法治建设中公众守法方面的正面影响较大。法治评估的成果不仅是提供给委托方使用，满足委托方的具体要求，同时也要受评估公开性等原则的要求。许多法治评估报告最终是要面向大众，成为向公众普法宣传教育材料的。在我国广大群众法治意识、环境意识还有较大提升空间的情况下，保证评估报告的可读性、易懂性理应成为衡量评估方法优劣的重要准则。

二、压力-状态-响应(PSR)框架模型是生态环境法治评估的优选方法

压力-状态-响应(Pressure-State-Response，以下简称 PSR)框架模型是环境质量评价领域内环境状况报告方法中最常用的一种逻辑模型，也是因果框架模型中最具代表性的方法。因果框架模型是以"原因"和"结果"逻辑链为基础构建指标体系。[①] PSR 模型是评估生态环境法治实施的简单、系统、全面和最有意义的概念框架，它将人类活动对环境的压力与环境状态(土壤、空气、水等)的变化联系在一起，在科学不确定性、相关环境信息有空白，以及对未来环境压力、状态和响应都难以完全把握的情形下，此评估框架依然可以发挥较好的预测能力，可以为公众提供大量有用信息。PSR 模型最初由加拿大统计学家 David J. Rapport 和 Tony Friend(1979)提出，后由经济合作与发展组织(OECD)和联合国环境规划署(UNEP)于 20 世纪 90 年代前后共同发展起来用于研究环境问题的框架体系。该模型使用"压力-状态-响应"这一思维逻辑，体现了人类与环境之间的相互作用关系。环境状况报告的压力-状态-响应逻辑模型的理论基础和概念框架是基于因果关系的逻辑推导线索：人类活动对环境造成压力；这些改变了环境的状态或状况；社会通过制定或实施影响人类活动的政策来响应，从而改变

---

① 王婷、袁增伟:《基于"压力-状态-响应"模型的江苏省环境绩效评估研究》,《中国环境管理》,2017,9(03)：59—65。

压力。PSR 模型回答了"发生了什么、为什么发生、我们将如何做"三个生态环境可持续发展的基本问题,特别是它关于评价对象的"压力-状态-响应"指标与参考标准的比照模式已经广泛地应用于区域环境可持续发展指标体系研究、水资源、土地资源指标体系研究,农业可持续发展评价指标体系研究以及环境保护投资分析等领域。[①] PSR 概念简单明了,无论是专家还是公众都容易掌握。它是建立在对生态环境问题及其管理进行系统、全面的描述、分类和分析的基础上的。在承认自身对未来预测难免存在科学与政策上的局限性前提下,PSR 模型把生态环境法治体系创建的规范体系与现实客观世界中的事实科学知识相结合,能够提供评估生态环境法律体系有效性的最佳概念模型。[②] PSR 模型同样可适用于对生态环境法治体系实施有效性的评估,而且不论地域差异、环境治理体系发展水平,还是地方相关立法情况都不影响其适用。PSR 模型还具有系统内部逻辑的一致性。由于涉及生态环境问题是普遍性问题,且由于环境状况报告制度已在国际和国内广泛采用,因此基于 PSR 理论或假设的评估模型用处非常大,理论预测力强,可以对现实假设进行较好验证。

　　PSR 模型在全球范围内已经被普遍认同并被广泛用作生态环境方面报告的评估方法范式。许多经合组织国家和世界银行等国际组织已在环境状况报告中采用此框架。其他一些评估环境法治有效性方面的研究成果,也都或多或少地直接或间接地采用了类似环境状况报告方法考察生态环境的压力状态和响应框架体系。通过整合内部反馈可以随时间进行监控观察,PSR 模型在法律、社会和政府系统层面提供了一种分析生态环境问题的有意义和客观的方法。PSR 模型可以对生态环境法治体系实施有效性进行比较理想的分析评估。在把生态环

---

① "压力-状态-应对",百度百科,https://baike.baidu.com/item/％E7％8A％B6％E6％80％81％EF％BC％8D％E5％8E％8B％E5％8A％9B％EF％BC％8D％E5％93％8D％E5％BA％94(2018 年 11 月 12 日访问)。

② Chris McGrath, *Does environmental law work?* Lambert Academic Publishing, 2010, pp. 156 – 157.

境法律体系置于对环境和环境状况的威胁(压力)的情景下,PSR 模型利用环境科学与法律的系统方法,根据已知最佳可得之事实信息和知识判断生态环境法治体系实施有效性,识别生态环境法律体系中的缺陷和不足,这可为修订完善生态环境法治体系,提高法治实施效果提供依据。从适应衡量理想法治评估方法的五大品质标准看,PSR 框架模型逻辑结构简单、整体系统性好、反映状况全面,以及具有较理想预测力等特点,几乎可以满足前述五大标准要求。总之,具备简单、系统、全面、易理解和较强预测能力的 PSR 模型,是生态环境法治(实施)的优选评估方法。

三、生态环境法治评估中的 PSR 框架及其简要机理

(一) 生态环境法治评估中的 PSR 概念框架

概念是人类对复杂过程或事物的认知标记。哲学上认为概念乃思维的基本单位,是人类在接触并认识事物的过程中,逐渐从感性认识上升到理性认识,把所感知事物的共同本质特点予以抽象概括以形成概念。概念框架是进行概念区分和思路梳理的一种具有多重变化和不同背景的分析手段。合理的概念框架能厘清重要资讯条理,使人易于辨识和应用。法治评估中的概念框架是对评估的具体议题及它们之间彼此关系与作用效果的剖析。由于生态环境法治体系和法治实施有效性的复杂性,因而对其开展分析和采取行动的基本工作之一是建立某种基础性的概念框架。为开展评估或者采取行动而设计的合理框架,可以为科学合理评价提供逻辑结构,确保能够系统性处理评估对象之调查目标的评价指标因素及其之间的各种关系,对评估对象的调查目标各相关指标因素分别赋予合理权重,并强调某些重要的假设和承认认知空白的客观存在事实。对生态环境法治评估而言,合理适宜的概念框架在时空范围内应当具有延展性,不能仅局限于单一行政区域和特定时间周期;必须包含保护生活环境和生态环境两个方面,统筹考虑经济利益、社会利益和环境利益;全面分析研究人类活动对生态环境的不

利影响,以及迄今为止人类采取的哪些对策措施确实产生了积极作用,预防或减轻了生态环境的不利变化,使人类社会开始向可持续发展方向迈进。概念框架大多要求运用综合的方式,对所有涉及响应环境压力之应对措施发生效果的最佳可得信息资源进行因果关联性分析,在合理取舍和演绎分析下推导评估其影响大小。在具有可操作性的法治评估框架运行中实现这些条件虽不容易,但这些要求对实现评估目标,了解改变生态环境不利状态的法治体系的实施状况及取得的真实成效,构建高效生态环境法治实施体系,以建立健全积极生态环境法治体系必不可少。

本书采用的 PSR 概念框架,是围绕生态环境领域法治核心问题而设计的。这些问题大致包括生态环境问题根源、生态环境形势与变化发展趋势、作为应对措施的生态环境法律体系、生态环境法治实施与可能成效间的因果关系、提高生态环境法治实施有效性的关键,以及其他影响法治目标实现的因素和科学不确定性问题。PSR 模型的生态环境法治评估概念框架参见表 3-1。

表 3-1 生态环境法治评估 PSR 概念框架

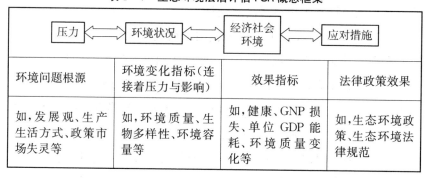

环境问题根源	环境变化指标(连接着压力与影响)	效果指标	法律政策效果
如,发展观、生产生活方式、政策市场失灵等	如,环境质量、生物多样性、环境容量等	如,健康、GNP 损失、单位 GDP 能耗、环境质量变化等	如,生态环境政策、生态环境法律规范

表 3-1 列出了 PSR 模型下生态环境法治(实施)评估中拟评价的指标类别,并说明了它们之间的相互关系。表中的要素指标揭示了 PSR 评估途径的本质,为开展法治评估工作提供了一个较为清晰的框架。在这个概念框架中,作为压力的环境问题根源、环境状况和经济社会环境效果,以及响应环境不良变化,实现经济社会环境效益三统一的

法律政策应对措施在一定的时空内互相影响、互相牵制。如果应对措施是科学合理制定的，并能够有效实施，则这个框架系统就能够逐渐趋向和谐稳定（即人与自然和谐相处，走上可持续发展道路）。不过也不可能期望这个简单的框图即能解决所有这些相互作用在其时空尺度上的复杂性。特别值得注意的是，该图中各要素之间关系的表观线性表示并没有全部揭示它们之间可能发生的复杂相互作用。

PSR 模型的逻辑框架是针对压力对环境的影响和为改变不利影响而需要采取的各种响应对策，其概念系统的设计是为了评估人类活动对生态环境变化的正负交互影响。它假设可以把人类社会应对环境变迁的法治措施（包括立法、执法、司法和守法等）与环境状况联系起来，然后根据这一框架对以上假设的正确程度及其环境条件开展有效研究。在此模型框架中，可以把"保护和改善环境，防治污染和其他公害，保障公众健康，推进生态文明建设，促进经济社会可持续发展"[①]的生态环境立法目的作为法治评估总目的或实施有效性的基本出发点。一般来说，生态环境法治实施评估的主要目标是为国家立法机关和政府决策部门提供所需的法治建设信息，从而使得他们可以对这些有关的策略和响应措施做出科学高效选择。

（二）生态环境法治评估 PSR 模型的简要机理

人类活动对生态环境构成压力，改变了自然环境资源的状态（质量和数量），导致生态环境状况发生不利于人类生存发展的变化（即出现生态环境问题）。为此，人们采取各种生态环境治理措施以应对生态环境的这种变化状况。此即生态环境压力-状态-响应（PSR）模型的基本逻辑线索。在 PSR 模型中，压力 P 代表自然或人为因素对环境资源造成的直接压力因子，包括自然灾害和人类生产经营和生活消费活动；状态 S 代表生态环境系统的状况，包括生态平衡状态、环境容量、生态功能、自然资源保有量等指标，它表征着人与自然关系的状态；响应 R 代表为了响应生态破坏和环境污染等问题，人类所采取的应对措施和对

---

① 《中华人民共和国环境保护法》第 1 条。

策。此三者间清晰的逻辑关系和架构,能较好反映彼此间相互作用的关系。基于此逻辑结构,法治语境下 PSR 模型的机理是人类活动对环境造成的影响("压力"),这种人为压力损害了生态环境质量和自然资源数量("状态"),社会各方通过法律、经济、行政、技术和教育等手段,以及改变环境意识和行为模式等措施来应对这种环境损害状况("社会应对")。该框架模型在评估环境压力的基础上,为评判环境状况变化提供了一种测量手段,依靠确定压力与状态是否彼此相关及应对措施是否得当的方法,考察环境变化与法律政策效果之间关联性,由此可以确定法律政策响应措施的发力点应当聚焦在何处。PSR 模型揭示了人类活动、环境问题和社会应对措施之间的因果关系,可用于帮助决策者和社会公众了解环境、经济和其他问题之间的相互关联性。它为决策者和公众提供了一种确立和构建环境指标体系(或环境状况报告)的有益方式,并能确保不忽略任何重要问题。PSR 模型是最易理解和使用的评估框架体系之一。此外,它还具有客观中立性的优点,因为它只提示各方彼此间存在关联性,并不试图说明这些关联性的负面或正面影响。这就更有助于揭示生态系统、环境经济与环境社会之间相当复杂的关系。根据 PSR 模型的使用目的,可以比较方便地对其进行调整从而对更详细或特定的调查目标进行分析评价。

表 3-2　PSR 简要机理

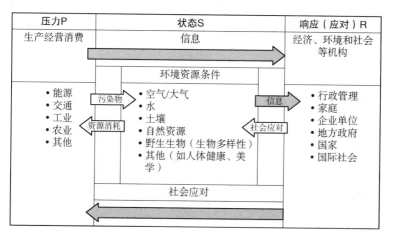

在表3-2中，环境压力是指人类活动对环境（包括自然资源）造成的不良影响。这里的"压力"包含潜在或间接压力（即人类活动本身以及对环境具有重要意义的趋势和模式）以及近因或直接压力（即人们的自然资源开发利用和污染物排放活动）。环境压力指标与生产和生活消费方式密切相关，它们反映了污染物排放量或自然资源消耗量以及特定时期内的相关污染物排放量或资源消耗量的趋势与变化。环境压力指标可以显示出人类在影响环境的各种（经济）活动方面的发展态势，或者预期环境目标任务的完成情况。环境状况（状态）条件与环境质量和自然资源质量、数量有关，它反映了生态环境法律政策的最终目标。环境状态指标是对环境现况和未来发展状态的总体反映。环境介质中污染物浓度、受环境污染影响的人口、野生动植物和生态系统的状况、自然资源储量等都是比较典型的环境条件指标。现实中试图对环境条件进行全面计量几乎是不可能的。为此，通常以对环境压力替代环境条件进行计量。社会应对（响应）则是社会对环境问题的反应程度，指生态环境法律关系的主体（政府、企事业单位、个人等）为预防、减少、适应、治理环境污染和生态资源破坏等人为因素造成的环境负面影响所采取的行动措施。社会应对方面的指标有生态环境费用投资、生态税费等经济措施、绿色消费、环保产业的市场份额、主要污染物减排量（率）、废物综合利用率、生态环境法治建设等。在相关实践中，社会应对指标主要与污染物减排和资源消耗控制等措施有关，因为指示预防性和综合性措施的那些指标不容易获取。具体内容可见下文"PSR模型的生态环境解读"。

四、PSR模型的生态环境解读

PSR模型的概念框架清晰阐述了人类-自然复合生态系统可持续性变化的因果关系，即人类活动与自然干扰对生态系统施加压力，导致生态系统健康状态发生变化，而生态系统自身的抵抗与恢复机制，以及人类的主观意愿则会对生态系统变化做出响应。[①] PSR 模型的理论基础和概念框架乃是基于以下因果关系的演绎：人类活动对环境造成压力；这些改变了环境状态或状况；各国(各地)通过制定或实施影响人类活动的法律政策来应对响应，从而改变压力。

1. (环境)压力。

地球生态系统面临的压力主要来自自然灾害因素和人为活动两个方面。地震、泥石流、水土流失、地面塌陷、土地沙漠化、火山爆发等地质灾害，台风、飓风、龙卷风、雷击、冰雹、暴雨、旱灾等天气灾害，洪涝水文灾害以及植物病、虫草鼠害等生物灾害属于自然灾害，早在人类社会出现以前就存在，并将一直存在于自然界中。这些自然灾害既可能单独发生，也可能与其他灾害连锁反应，形成群发性灾害，其造成的损失和危害巨大，对地球生态系统影响深远。人为活动对生态环境的压力是一个渐进的过程。人类文明出现以来，随着人们改造自然、征服自然能力的加强和影响范围的扩大，生态环境受到人类活动压力影响的特征越来越明显。从早期农耕文明时期刀耕火种等种植方式导致水土流失的生态破坏现象，到工业革命以来，大量开采和消耗矿产资源，大量砍伐木材、大范围使用农药、大规模发展养殖、各种大型水利工程，以及广泛应用化工原料、核能等新技术，人类改造自然环境、创造社会环境的能力显著提升，环境污染物排放急剧增多，导致大规模环境介质污染，自然生态环境状态发生难以逆转的改变。气候变化、臭氧层破坏、生物多样性减少、酸雨、荒漠化等全球性或区域性环境问题，严重威胁到了人类社会的生存与发展。

人类活动对生态环境造成压力的根源主要在于不恰当的发展观。长期以来，人类都在解决温饱、享受舒适生活的幸福观中追求发展，由此形成追求物质丰富最大化的唯经济发展观。在这种发展观的影响下，市场配置和政府决策双重失灵促成和加大了人类活动对生态环境

[①]　彭建等：《基于 PSR 模型的区域生态持续性评价概念框架》，《地理科学进展》，2012(07)：936。

的压力,发达国家、发展中国家都先后走上了经济发展与环境问题同生共长的发展模式。一方面,市场在资源配置中起着决定性作用,但这只看不见的手——市场只能有效反映自然资源的经济价值(交换价值),不能精确地反映资源环境的生态价值和社会价值,引起所谓环境外部不经济性问题。① 环境问题就是非常典型的外部不经济问题。在市场经济条件下,环境外部不经济问题使公共利益受到损害。如果没有政府干预,由于缺乏对环境资源的合理价值定位,企业出于对经济效益最大化的经济人理性追求,为获取免费环境损害收益,一般不可能主动采取防治环境污染措施,结果就是对生态环境造成严重破坏。另一方面,一些国家或地方的政府因受经济增长至上发展观和环境问题科学不确定性等环境认知水平限制,使政府决策错误导致环境损害。例如,我国曾在20世纪80年代中后期提出的"大矿大开,小矿放开"的政策和支持"十五小"企业政策,造成全国各地乱采滥挖矿产资源,付出沉重的经济代价。更不用说在市场经济条件下,市场的参与主体利益诉求多样化,甚至各级地方政府在局部利益上与中央政府也并不总是保持一致,其决策的依据必然是其自身的利益最大化,可能制定对全局不利的小政策、土政策。此外,各国各地不均衡发展水平、国际贸易和不适当生产生活方式等也都对自然环境造成冲击。

2. (环境)状态。

环境状态反映了压力与应对的作用结果。人们活动或自然因素使生态环境状况发生不利于人类的变化,以至影响到了人类社会的生产、生活。这里自然环境因素,如土壤盐度、气候多变性、土壤养分、地形和自然灾害等,是环境状况的主要方面。全球环境或区域环境中出现的不利于人类生存和发展的各种状态实际就是通常所说的环境问题。环

---

① 外部性问题,或称市场非对称性问题,最初由福利经济学家皮古提出。在商品生产过程中存在着社会成本与私人成本的不一致,生产者所承担的成本与社会成本(即生产者实际上所造成的成本)不一致,两种成本之间的差距就构成了外部性,此外部性是由他人承担了。外部性的"外部"是相对于市场体系而言的,是由于价格体系没有反映存在于市场机制之外那部分经济活动的副产品或副作用。这种副产品或副作用可能是有益的,但现实中其大多数是有害的。我们称之为外部不经济性。

境问题是目前世界人类面临的几个主要问题之一。环境问题按照不同划分标准可以分为不同种类。例如,环境问题按照表现形式可以分为生态破坏和环境污染,其中生态破坏指人类不合理地开发、利用造成森林、草原等自然生态环境遭到破坏,从而使人类、动物、植物的生存条件发生恶化的现象,如水土流失、土地荒漠化、土壤盐碱化、生物多样性减少等;环境污染指人类活动的副产品和废弃物进入环境后,对生态系统产生的一系列扰乱和侵害,由此引起的环境质量恶化反过来又危害人类。如大气污染、水污染、土壤污染、噪声污染、电磁污染等。在国际环境法领域,环境问题按照发生范围可分为全球性环境问题和区域性环境问题。前者如气候变暖、海洋污染、臭氧层破坏,后者主要有荒漠化、城市污染、酸雨和森林破坏等。对治理解决人类环境问题比较有意义的分类方式是按照环境问题发生成因,将环境问题分为原生问题和次生环境问题。完全由于自然力引起的为原生环境问题,也称第一环境问题,如火山喷发、地震、洪涝、龙卷风、台风、干旱、滑坡等自然灾害引起的环境问题。由于人类的生产和生活活动引起生态系统破坏和环境污染,反过来又危及人类自身的生存和发展的现象,我们称为次生环境问题,也叫第二环境问题,包括生态破坏、环境污染和资源浪费等。生态环境法治建设所规制的对象主要指这些人为因素造成的次生环境问题。然而,原生环境问题和次生环境问题往往难以截然分开,它们之间常常存在某种程度的因果关系和相互作用。人为的作用可以加速或延缓自然灾害的发生,加大或减轻灾害的影响和损失,自然灾害同样也可能引起继发次生环境问题。例如,2011年3月11日日本东北太平洋地区发生的大地震,随即发生海啸并由此导致震惊全球的福岛核电站污染事故。今天,人为因素主导的环境问题已经发展为全方位、多因子、整体问题与局部恶化并存互促的局面,不仅危及人类生存发展、地球生态系统的平衡稳定,而且限于人类科学认知水平,未来可能还会出现更加严峻难测的后果,会让后代人承担难以承受之痛。

生态环境状况的非自然改变问题可以由多种原因引起,这种变化通常表现为对社会生产和生活的各个领域发生非常不利且深远的影响和作用,其实质是人与自然的关系的失调、失衡和恶化。从总体联系看,当代环境问题的性质已经超越了过去单纯的技术问题、生态问题、政治问题、经济问题、国际问题或道德问题,表现出很强的综合性、复杂性、广泛性、累积性、流动性、地域性、多样性和公害性。可以说,当今环境问题是一种很难完全定型的复合型人类困境,不仅与许多领域、部门、行业、学科和许多社会组织、团体、个人都有关联,而且与自然环境的地理条件和生态机制有关。为了有效保护环境,实现可持续发展战略,必须在正确认知环境问题的基础上,积极采取多种应对措施。

3. 响应(应对)措施。

响应(应对)既可以是针对具体环境压力的具体举措也可以是国家层面的方针大政,迅速有效的应对措施可以减轻压力,而缺乏或拖延实施有效应对行动会加剧压力。环境问题的不断严峻,使环境及发展的问题日益受到关注与思考:毕竟环境问题是随着人类发展进步而发生和加剧的。1972 年罗马俱乐部①的研究报告《增长的极限》(the Limits to Growth)把全球均衡状态作为了解全球性环发问题的综合对策,提出"需要使社会改变方向,向均衡的目标前进,而不是以往的增长"的解决办法。1981 年美国未来学家朱利安·林肯·西蒙的《最后的资源》是乐观派的代表作,他强调科技的和社会的因素在增长过程中的重要性,认为在科学技术不断进步的情况下,人类的资源是没有尽头的。在对环境与发展关系认知的著作和观点中,最为重要、也是影响最大的当属 1987 年世界环境与发展委员会关于人类未来的报告《我们共同的未来》(Our Common Future) 提出的"可持续发展观"(Sustainable Development),既满足当代人需要也不危害后代人的发展。在

———————————

① 罗马俱乐部(Club of Rome)成立于 1968 年 4 月。总部地点意大利罗马,其宗旨是研究未来的科学技术革命对人类发展的影响,阐明人类面临的主要困难以引起政策制订者和舆论的注意。主要创始人为意大利的著名实业家、学者 A. 佩切伊,成员大多是关注人类未来的世界各国的知名科学家、企业家、经济学家、社会学家、教育家、国际组织高级公务员和政治家等,人数规模限制在 300 人以内,以保持其小规模的、松散的国际组织的特点。

1992 年的联合国环境与发展大会上,"可持续发展"成为全球共识。我国随后将其提到发展战略高度,提出了《中国环境与发展十大对策》。[①]

　　为了应对日益严峻的环境问题,1972 年联合国人类环境会议发表了《联合国人类环境宣言》,宣布"保护和改善人类环境是关系到全世界各国人民的幸福和经济发展的重要问题,也是全世界各国人民的迫切愿望和各国政府的责任。"从此,环境保护开始得到世界人民和各国政府的重视。各国为协调人与自然的关系、促进人与自然的和谐共处、保障可持续发展目的,先后采取法律手段、经济手段、行政手段、宣教手段、科技工程手段等多种应对措施,保护、改善和合理开发利用环境资源,防治环境资源的污染和破坏。在环境问题进入法学范畴后,环境问题也成了一个法律问题。相应地,解决环境问题的应对措施逐渐纳入法律政策系统,法律手段也逐渐发展演进为专门的法律体系,即生态环境法律体系。在这个法律体系的基础上,依法开展保护生态环境,进而形成了生态环境法治体系。与一般法律体系注重社会规律和人的社会属性不同,生态环境法律更注重遵从自然规律,强调的是人的自然属性。在应对环境问题的诸多举措中,法律手段是与其他措施同时存在、共同发挥作用的。如何组合运用好这些手段,并使组合运用的效果和效益符合促进环境保护,实现可持续发展目标是一个既有理论意义又有现实意义的重要话题。至于法律政策应对效果,则是这些法律政策对生态环境产生的直接后果,主要以各种生态环境质量、生态环境效益等指标表现。

---

① 实行可持续发展战略;采取有效措施,防治工业污染;深入开展城市环境综合整治,认真治理城市"四害";提高能源利用效率,改善能源结构;推广生态农业,坚持不懈地植树造林,切实加强生物多样性的保护;大力推进科技进步,加强环境科学研究,积极发展环保产业;运用经济手段保护环境;加强环境教育,不断增强全民族的环境意识;健全环境法制,强化环境管理;参照联合国环境与发展大会精神,根据中国具体情况,组织有关部门制定环境与发展行动计划。

第二节　生态环境法治实施范畴的 PSR 模型

在生态环境法治范畴，PSR 模型中各项指标的含义与经典 PSR 模型中的含义略不同。在法治范畴下，压力仅局限于人为活动引起的不利环境影响，具体指各种影响自然环境的人类生产经营和生活消费活动，这些活动是环境问题发生的根源；环境状态是人类活动作用下的生态环境后果，即不同表现形式的次生环境问题；响应则是各国或国际社会为了防治次生环境问题所采取的法律措施，如立法、执法、司法和守法等。作为评价生态环境法治实施有效性的优选框架体系，PSR 模型采用总体评估框架将生态环境法律置于适当的背景下，并为在作用过程与实效后果两个阶段评估生态环境法治体系的有效性奠定基础。在现实中，环境状况报告通常仅限于第一阶段，包括描述环境状况、对环境的压力，以及描述和分析作为社会响应环境压力的应对措施一部分的生态环境法律政策。第二阶段由应对效果的两个附属性问题组成：法治实施在保护和恢复环境状况方面是否有效？法治实施在减轻环境压力方面是否有效？第二个问题附属于第一个问题。目前，生态环境状况报告很少涉及对第二阶段问题的专门回答，比较常见的是利用区域内环境质量、污染控制等变化的一些数据试图表明整体生态环境保护应对工作的成效。生态环境法治实施评估的主要目标之一是评估法治应对的有效性。PSR 概念框架把体现于政府、企业、个人等参与多元环境治理的生态环境响应置于法治评估的重要地位，其核心要素是生态环境法治建设。生态环境法治范畴中 PSR 框架的响应，指的是对生态环境压力状况的法治应对，包括立法机关制定法律制度规范（我国生态环境法律规范组成的生态环境法律体系）的立法活动、政府监管部门严格执行法律规范、司法机关公正开展环境司法活动和企业单位个人守法。

一、基于 PSR 模型的生态环境法治实施评估系统

以 PSR 框架模型为基础,构建生态环境法治实施评估指标体系,是将 PSR 框架的压力、状态和响应与生态环境法治实施进行耦合,形成生态环境法治实施评估概念模型,以作为改进完善我国高效生态环境法治实施体系的一种分析思路。

1. PSR 模型下的生态环境法治评估目的。

作为分析环境状况、影响生态环境决策的重要评估工具,PSR 模型不应当仅用于对环境压力、状态和响应的描述,其更主要的作用在于能够较好地用于评价研究政策法律应对措施的有效性问题。[①] 政策法律应对措施是直接与政策法律体系(政策法律制度体系)有效性、成本效益、公平等因素关联的。从政策法律的公正性、透明性和适用性等视角看,开展政策法律评估需要对政策与法律的有效性、效率性、公平性以及目标实现性等进行评估。从评估便利性原则和应对我国环境问题严峻挑战的现实形势考虑,政策法律评估应重点关注"有效性"目标,将响应有效性,即政策法律实施有效性问题作为 PSR 模型框架的首要评估目的。其他的诸如"效率""公平"等放在次要位置,仅在比较全面性的政策法律实施评估研究才有必要涉及,如仅在需要专门关注影响效率程度的调查目标时才有必要考虑效率性等问题。"有效"的简明要旨是"有助于实现决策目标或立法目的,产生了预期结果。"政策法律响应"有效"的两种评估情形:一是此种响应已经使现实情形发生明显好转,即便目前尚缺乏长期数据信息支持;二是基于合理信息推测,业已采取的应对措施极可能将要发生效果。如果认为生态环境领域的政策法律应对措施存在问题,那就意味着以往实践表明,要么其不曾达到增强生态环境保护或促进可持续发展效果的目标,要么它对其他生态系

[①]　政策与法律关系密切,一般认为政策是法律的先导,法律是对政策的体现与固化。PSR 方法对政策法律的评价差异性较小,故本处我们把政策法律合在一处并论。

统造成了重大损害，从而在整体上讲它对生态环境系统可持续发展的效果是不利的。

如果抛开政策对象，生态环境法治应对实施有效是指借助科学合理的评估工具，研究证实生态环境法治应对措施在实施中确有效果（或极可能有效果），能够促进实现特定生态环境保护立法目的。同时，不会对其他生态系统功能造成不利影响，因而对整体生态系统、人体健康和可持续发展可产生积极贡献。也就是说，当评估表明生态环境法治应对确实发挥着正面推进既定生态环境目标，且未对其他生态系统造成不利影响的情形下，即可以得出生态环境法治的实施响应是有效的评估结论。法治实施应对有效性评估要求在评估过程中必须将重点放在法治应对实施是否发挥预期作用、实现既定目标方面，评估报告要明确指出评估对象在实施中的成效、存在问题及解决问题的关键对策。

在生态环境领域，生态系统复杂性、科学不确定性以及生态环境数据信息难获取性，导致证明生态环境法治实效不是一项容易的事情，许多时候评估者难以凭借有限的数据信息对生态环境法治实施的客观有效性进行完美评价。欲实现此评估目的不仅需要有法律与政策方面的专家主导推进，还要采取一些针对性办法。以下两种方式方法被认为有助于判断生态环境法治实施有效性问题：一种方法是在对拟评估调查目标和评估方案进行系统与透彻研究的基础上，借助 PSR 框架，通过法律政策专家富有经验和专业的判断力评判法治实施是否实现了法治体系建设目标；另一种方法实际上是一种变通办法，即虽然时下尚很难或无法获得生态环境法治体系实现其目标的肯定性证据，但也没有证据能表明存在可归因于生态环境法治体系的负面效果，由此专家得以利用特定数学模型并结合专业分析推测确认现行生态环境法治体系的效果。评估生态环境法律有效性的唯一逻辑标准是它怎样实现生态环境目标。这个目标可以是表现为某种具体的、可测量的生态环境效果，如区域范围内污染物达标排放率、企业万元工业总产值综合能耗等。随着我国生态环境领域信息公开制度的不断推进，以及环境监测能力的加强,评估者能够越来越便利地获取各类具体和量化的环境信息数据资料,这为科学合理地评估生态环境法律的有效性创造了非常有利的条件。

2. PSR框架下生态环境法治实施评估的实现路径。

根据PSR概念框架,生态环境法治实施评估的路径展开如下:首先,从生态环境法治建设、法治实施体系的概念界定、特征分析等基础性内容入手,在法治、法治评估和生态环境法治等理论支撑下探究生态环境法治实施的运作规律和现实基础;其次,以PSR概念框架梳理描述生态环境法治实施评估的主要目的、调查目标等涉及的主要要素;再次,在科学性、典型性、可行性和民主性等原则的指引下,通过借助国内外相关法治评估、生态环境法治评估范例成果经验,以及我国生态环境法律理论与实践,确立压力、状态和响应等各类指标的范围和筛选结果,确立评价指标系列;然后,根据不同指标在生态环境法治实施实践中的作用、影响、地位等因素,制定各指标对应的权重系数;最后,采取主客观综合分析法、赋值计算法等多种统计分析方法对获取的评价指标数据进行标准化处理,按照设计制定的生态环境法治实施评估模型定量计算生态环境法治实施指数,在此评估中当然也包括基于PSR概念框架进行的定性评估分析。生态环境法治实施评价指标的选取范围可以从诸如《生态文明建设考核目标体系》《绿色发展指标体系》《环境状况公报》《美丽中国建设评估指标体系及实施方案》《市县法治政府建设示范指标体系》等文件,生态环境部门官方网站有关信息公开数据、执法绩效考核信息材料,以及公众满意度调查报告等线索来源搜寻获取,相关文献中有关评价指标建议也可以作为一种辅助性参考。在以上文件、材料和文献中评价指标的出处与频次对于判断指标重要程度和代表性具有重要意义,越是在较高层级的权威性文件中出现的指标越是重要,而且出现频次越高表明该指标在评估中具有越强的代表性。

基于PSR概念框架和以上路径,再通过层次分析法应该能够较好地建立生态环境法治实施评估指标体系框架结构。① 层次分析法的层级结构由位于最顶层的目标层(总目标、终极目的)、位于中间层级的准则层(选择为实现总目标而采取的各种措施、方案所必须遵循的准则。也可称策略层、约束层、准则层等)和处于基础底层的指标层(用于解决问题的各种措施、方案等)三个部分组成。在生态环境法治实施评估中,评估调查目标、评价指标和评估框架等所有事项的确立,其最终指向都是获取生态环境法治实施有效性信息。因此,PSR 模型下的生态环境法治实施评估指标体系的最高目标层当以我国生态环境法治实施有效性为总目标,表征生态环境法治实施效果;准则层以影响生态环境法治实施有效性的主要因素类别,依次划为环境压力、环境状态和响应构成;指标层则是生态环境法治实施评价指标体系最基础的层面,具体由人类环境压力、生态环境状态和法治实施应对三类指标系列组成。在这个基础层面中,最为重要的指标系列是影响法治实施应对指标,最有用的则是其中具有可直接度量性的指标,此部分指标构成整体生态环境法治实施评价指标体系核心部分。这在定量分析的生态环境法治实施指数法中尤其如此,因为指数值即是由这些指标系列通过一定的算法获得的。

二、我国的环境压力与环境状况(形势)

PSR 模型在生态环境方面的简要架构由环境压力、环境状况和环境保护应对组成。人类活动对生态环境的压力主要来自开发利用自然资源的生产经营和日常消费生活,这些压力造成的后果主要表现为生态破坏和环境污染。前者的表现形式主要有自然资源的过度利用和野生生物生境的退化或丧失。例如,草原无节制放牧带来草场退化沙化,违法捕捞方式和高强度捕捞加剧了渔业资源衰退,非法野生动植物贸

① 层次分析法(AHP)是 20 世纪 70 年代由美国学者提出的一种定性与定量并举的、系统性、层次性研究方法。该方法在解决纷繁多样的战略性问题时能够取得较好效果。

易威胁了区域生态平衡;湿地和草地开垦、海岸线开发、交通、水电等大型工程建设等使野生动植物生境遭到破坏,种群繁衍面临直接威胁。后者是污染物破坏了生态环境系统正常的循环流动规律。例如,化肥、农药泛滥使用带来农业面源污染,江河湖泊水体、大气、土壤和地下水等重要环境元素污染,以及陆源污染、近海养殖、海岸工程等污染海洋,对海洋生物多样性造成严重损害,引起多种海洋生态灾害等。

从我国当代环境压力与环境状况看,自中华人民共和国成立到20世纪70年代末以前,我国环境总体形势良好,环境容量大,少见环境污染现象。当时工农业生产和国民生活对生态环境的影响主要是兴修水利、垦荒围湖等农业生产性活动对自然资源开发利用和破坏的压力。工业企业生产过程中的少量"三废"跑冒滴漏基本上没有超出厂域范围,基本谈不上区域性或流域性污染问题,最多属于工业点源污染。相应地,国家或地方几乎没有出台环境保护方面的专门对策措施,展现出一种类似于"谁污染谁治理"的状况。改革开放以来,我国环境压力明显加大。由于GDP呈现明显的"工业化"趋向,在相当长时间里,我国国民经济各产业中工业比重持续上升,尤其重工业发展迅速。长时期经济高速增长,资源消耗量急剧增加,生态环境破坏、资源短缺和环境污染成为限制我国经济发展、社会进步和人民福祉的瓶颈问题。这些环境问题与我国经济持续增长和工业化快速发展进程关系密切。我国环境问题主要表现为以下四大特征:

① 环境问题的类型和恶化程度与经济增长和工业化进程密切相关。20世纪70年代我国出现点源污染,80年代城市河段和大气污染严重,生态环境呈现出一边建设一边破坏、建设赶不上破坏的状态,90年代以后,我国环境污染和生态恶化呈现加剧发展的趋势。"环境整体恶化或恶化的势头尚未根本改变",是全面工业化及其中期阶段的结果。

② 压缩型工业化进程带来了复合型环境问题。早期发达国家经历了几个世纪完成的工业化,在我国却只花了数十年,工业化进程被大大压缩,其结果是发达国家在工业化中后期出现的污染公害已在我国

普遍呈现，出现产业污染、城市生活型污染、酸雨、生态退化、全球环境问题、持久性有机污染等复合型的环境问题。

③ 快速扩张的经济带来巨大的污染排放总量。据测算，我国 CO_2 排放量、SO_2 排放量、消耗臭氧层物质（ODS）居世界第一位，化学需氧量（COD）和氮氧化物排放量也居世界前列。我国在成为世界工厂的同时，也付出了巨大的自然资源消耗和环境污染代价。

④ 经济发展的"二元结构"造成了环境问题的"二元化"趋势。我国工业化最先发端并壮大于城市和东部沿海地区，环境污染也首先出现并恶化于这些区域，西部地区和农村的环境污染状况在 20 世纪 90 年代以前较轻。由于经济实力、环境保护能力、污染产业转移和农村城镇化等因素的作用，新世纪以来我国一些城市环境质量得到一定改善，但中西部地区、城郊和农村城镇的环境污染形势却呈现加剧趋势，由此形成新的环境二元化趋势。[①]

从环境状况总体情况看，我国城镇化、工业化、基础设施建设、农业开垦等开发建设活动不断占用有限生态环境容量；工业企业在消耗惊人自然资源的同时又排放出大量污染物，对生态环境产生极大的压力；交通基础设施建设、河流水资源开发和工矿开发建设，不仅割裂生物生境的整体性和连通性，而且污染生态环境、降低环境质量；各地不时发生的程度不一的生态环境突发事件也加大了地方环境压力。我国巨大人口基数消耗的资源能源，以及部分国民高消费生活方式对我国生态环境产生的压力也越来越明显。2015 年 3 月，时任环境保护部部长的陈吉宁指出，总的来看，（我国）污染物排放量仍然处在一个非常高的水平上，已经接近或者说超过环境容量，在一些地方、在一些时间段，超过还比较多。所以说，我们的环境形势仍然十分严峻。[②] 我国环境保护情况的变化主要表现在改革开放以后，国家工业化、城市化快速发展过

---

① 参见中国环境与发展国际合作委员会：《环境与发展战略转型》，http://www. china. com. cn/tech/zhuanti/wyh/2008-02/19/content_10169329. htm(2017 年 1 月 2 日访问)。

② 陈吉宁：《总的来看污染物排放量已接近或超过环境容量》，http://lianghui. people. com. cn/2015npc/n/2015/0307/c394312-26654156. html(2015 年 10 月访问)。

程中环境问题逐渐恶化,以及为响应日益严峻环境形势国家和地方采取了多种多样的应对措施。

三、我国生态环境保护政策应对

为了应对日益严峻的环境形势,维护生态环境安全,解决人民日益增长的美好生活需要和不可持续发展之间的矛盾,多年来我国广泛采取了法律政策、技术、经济、宣传等多种响应生态环境危机的调控措施。其中,最主要的响应措施之一是制定出台生态环境保护方面的各项政策。改革开发之初,受 1972 年联合国第一次人类环境会议等国际环境保护呼声的影响,我国于 1973 年召开了第一次全国环境保护会议,确立"全面规划、合理布局、综合利用、化害为利、依靠群众、大家动手、保护环境、造福人民"为我国环境保护工作的指导方针,并在后来的《中华人民共和国环境保护法(试行)》(1979 年)中以法律形式肯定了下来。该指导方针符合中国当时的国情和环境保护的实际,其中已经包含了预防原则、环境民主原则、环境规划制度、清洁生产制度等现代环境法的基本内容,为我国早期环境保护指明了工作重点和方向。随后,国家先后制定发布了《关于保护和改善环境的若干规定(试行)》《关于在国民经济调整时期加强环境保护工作的决定》《关于环境保护工作的决定》《关于进一步加强环境保护工作的决定》等环境保护政策文件,对防治环境污染、保护生态环境做了部署安排,确立经济建设、社会建设和环境建设同步规划、同步实施、同步发展,实现经济效益、社会效益和环境效益相统一的指导方针;推行"预防为主、防治结合""谁污染谁治理"和"强化环境管理"环境保护三大政策。1983 年 12 月第二次全国环境保护会议还将环境保护确立为基本国策,自此,环境保护一直被作为我国的基本国策之一。进入 20 世纪 90 年代以后,国际国内形势发生了大变化。国际上以 1992 年里约环境与发展大会为标志,可持续发展原则得到广泛认同。我国与国际社会同步,也及时确立了可持续发展这一重大战略。在社会主义市场经济体制逐步建立起来的时代背景下,我国提出了建立和完善适应社会主义市场经济体制的环境政策,工业污染防治开始实行"三个转变",即从"末端治理"向全过程控制转变,从单纯浓度控制向浓度与总量控制相结合转变,从分散治理向分散与集中治理相结合转变。

党的十八大以来,生态文明建设被纳入中国特色社会主义事业"五位一体"总体布局,开启了社会主义生态文明建设的新时代。党的十九大报告对生态文明建设提出的一系列新思想、新目标、新要求和新部署,进一步丰富完善了我国环境政策体系。当前,我国经济已由高速增长阶段转向高质量发展阶段,高质量发展就是体现新发展理念的发展,就是要坚持"绿水青山就是金山银山"的科学论断。绿色发展是构建高质量现代化经济体系的必然要求,是解决污染问题的根本之策。必须突出精准治污、科学治污、依法治污,推动生态环境质量持续好转,在经济高质量发展中实现高水平环境保护、在生态环境高水平保护中促进经济建设高质量发展。这些生态环境保护政策不仅指明了我国生态环境保护工作的指导思想、基本原则和发展步骤,也为我国生态环境法治建设提供了导向路径、目标要求,并为生态环境法治体系的建立健全创造了有利条件。十八大以来我国生态环境政策应对部署情况可参见以下两个示意表(表3-3、表3-4)。

表3-3　党的十八大报告对生态文明建设的总部署

十八大报告中我国生态环境目标:
　形成节约资源和保护环境的空间格局、产业结构、生产方式、生活方式,从源头上扭转生态环境恶化趋势,为人民创造良好生产生活环境,为全球生态安全作出贡献。

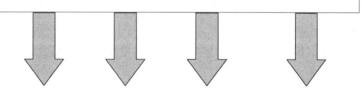

重点任务	优化国土空间开发格局	全面促进资源节约	加大自然生态系统和环境保护力度	改革生态环境监管体制
管理手段	1. 调整空间结构 2. 加快实施主体功能区战略 3. 提高海洋资源开发能力，发展海洋经济	1. 加强资源利用全过程节约管理 2. 控制能源消费总量 3. 严守耕地保护红线，严格土地用途管制 4. 加强水源地管理和用水总量控制	1. 重大生态修复工程 2. 水、土壤、大气污治运动 3. 加强防灾减灾体系建设	1. 建立体现生态文明要求的目标体系、考核办法、奖惩机制 2. 建立国土空间开发保护制度，完善耕地保护制度、水资源管理制度、环境保护制度 3. 建立资源有偿使用制度和生态补偿制度 4. 健全生态环境保护责任追究制度和环境损害赔偿制度

表3-4　十九大报告对生态文明建设的总部署

十九大报告中我国生态环境目标：
　　形成节约资源和保护环境的空间格局、产业结构、生产方式、生活方式，还自然以宁静、和谐、美丽。

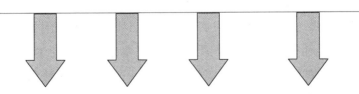

重点任务	推进绿色发展	着力解决突出环境问题	加大生态系统保护力度	加强生态文明制度建设
管理手段	1. 建立绿色生产和消费的法律制度和政策导向 2. 构建市场导向的绿色技术创新体系 3. 构建清洁低碳/安全高效的能源体系	1. 持续实施大气污染防治运动 2. 加快水污染防治 3. 强化土壤污染管控和修复 4. 构建多元主体的环境治理体系	1. 重大生态修复工程 2. 划定生态控线 3. 开展国土绿化行动 4. 完善天然林保护制度 5. 建立市场化、多元化生态补偿机制	1. 设立国有自然资源资产管理和自然生态监管机构，完善生态环境管理制度 2. 构建国土空间开发保护制度

在响应生态环境问题挑战的应对措施中，除了作为先导的政策应对，法治建设必定是另外一个重要方面。生态环境法治赋予了生态环境目标的法治内核，它把迫切的生态环境需求与法治要素相结合，为保护和履行生态环境保护权利和义务的环境治理提供了强有力保障基础。我国法律应对的最突出变革表现在近些年提出的由法律体系建设转向加强法治体系建设发展方面。按照社会主义法治体系的内涵与外延，加强生态环境法治体系建设，就是要建立完备的生态环境法律体系、高效的生态环境法律实施体系、严密的生态环境法治监督体系、有力的生态环境法治保障体系。以下专门讨论前两项法律应对。

四、我国生态环境保护法律体系建设应对

生态环境保护实践表明，单凭非强制性的自愿措施不足以确保对生态环境进行有效管理。只有依靠具有实体性和程序性权利义务约束力的完备法律体系之上建立的法治体系，才能实现经济社会环境的可持续发展目标。我们把完备的法律体系解析为法律规范体系和法律制度体系两个主要方面。

1. 生态环境保护法律规范体系。

我国应对环境问题的法律措施几乎是与 20 世纪 70 年代我国现代环境保护事业同步发展的，并发挥了一定的积极作用。自那时起，我国逐步在自然资源保护和环境污染两大领域建立法律制度，后经不断发展演进，现已形成一个独立的生态环境法律体系。在这个法律体系中，环境保护内容伴随着国家根本大法的修改而不断丰富发展。1978 年的宪法修改把环境保护第一次写入国家基本大法，1982 年修改的宪法对环境保护提出了更高的目标和要求，再近至 2018 年将"生态文明"等内容入宪，环境保护逐渐扎根在我国最重要的根本法中，并在内涵与外延上不断扩展壮大，地位也不断提升。在环境保护综合性基础立法方面，1979 年国家首次颁布施行《中华人民共和国环境保护法（试行）》。该法引进了当时国际上的"环境影响评价"制度和"污染者付费"原则，规定了环境影响报告和排污收费制度。同时，还根据我国国情创建了"三同时"等制度。1989 年全国人大常委会第十一次会议通过了《中华人民共和国环境保护法》。该法以 1982 年《中华人民共和国宪法》为依据，总结了《中华人民共和国环境保护法（试行）》试行十年和环境保护工作的经验，对环境保护的对象、任务、指导思想和基本原则、环境管理体制、保护环境的基本要求及措施、法律责任等，作了更全面系统的规定，具有历史进步意义。2014 年 4 月 24 日，第十二届全国人民代表大会常务委员会第八次会议修订通过《中华人民共和国环境保护法》，标志着我国生态环境法治进入全新时代。除《中华人民共和国环境保

法》以外，我国海洋、水、大气污染防治等方面的法律自上世纪 80 年代起也陆续出台。近年来，我国不仅生态环境立法修法方面大手笔不断，而且各层级立法修法速度大大加快。全国人大常委会 2014 年新修订的《中华人民共和国环境保护法》被誉为中国环境立法史上的一个重要里程碑，2018 年制定通过的《中华人民共和国土壤污染防治法》则填补了我国生态环境领域长期存在的立法空白。目前我国生态环境法律规范体系包括以下部分：

（1）《中华人民共和国宪法》是我国生态环境法律规范体系中具有最高位阶的法律，是一切法律制定的依据。我国宪法明确规定保护环境和防治污染是国家的根本政策，是国家机关、社会团体、企业事业单位的职责和每个公民的义务。①

（2）《中华人民共和国环境保护法》是全国人大常委会制定的生态环境领域唯一基础性法律。它对国家有关环境保护的方针、政策、原则、制度和措施作出基本规定，在生态环境法治建设中具有一定指导性作用。

（3）生态环境单行法也是全国人大常委会制定的一系列规范环境污染控制和自然资源保护方面的法律，如《中华人民共和国大气污染防治法》《中华人民共和国水污染防治法》《中华人民共和国森林法》《中华人民共和国草原法》等。

（4）国务院制定的生态环境保护行政法规。这些行政法规是国务院根据宪法和法律，依法定程序制定的有关行使生态环境行政权力，履行生态环境行政职责的规范性文件。其名称形式大多以条例、办法、实施细则、规定等出现，如《中华人民共和国自然保护区条例》。

（5）国务院各部委出台的生态环境保护部门规章。这些规章主要对本系统工作职责管辖范围内的事项进行规制，如生态环境部制定的《排污许可管理办法（试行）》。

---

① 《中华人民共和国宪法》第九条第 2 款、第十条第 5 款、第二十二条第 2 款和第二十六条都涉及有生态环境保护内容。

（6）司法解释。司法解释是国家最高司法机关在适用法律过程中对具体应用法律问题所作的解释,其发布形式既有最高人民法院和最高人民检察院联合发布,也有两高自行单独发布的。前者如《关于检察公益诉讼案件适用法律若干问题的解释》,后者如《最高人民法院关于审理生态环境损害赔偿案件的若干规定(试行)》。

（7）环境标准。环境标准是生态环境法律规范体系中重要的技术性规范,在很大程度上决定着行为的合法与违法、罪与非罪,因而在生态环境执法、司法和守法方面都意义非常大。

（8）地方性生态环境法规与规章。设区的市以上地方人大和地方政府,据《中华人民共和国宪法》《中华人民共和国立法法》和国家生态环境法律法规,结合本地区的具体情况,可以制定颁布的地方性环境法规。这些地方性环境保护规范性文件,对弥补国家生态环境法的缺位性、可操作性等方面的不足,对保护和改善地方生态环境可以起到积极作用,如《上海市环境保护条例》。

（9）其他部门法有关生态环境保护的规定。我国《中华人民共和国民法典》《中华人民共和国刑法》等其他基本法律中的一系列有关资源利用与生态环境保护的法律规范也是我国生态环境重要渊源。这些传统部门法在既有涉及生态环境保护规定的基础上,近些年来在修法中"绿化"现象表现突出,一些立法在制定或修改时充分考虑到了生态环境保护因素,增加了与生态环境保护相关的内容。如2020年5月十三届全国人大三次会议通过的《中华人民共和国民法典》,其人格权篇的人格权益、生命权、健康权相关规定,可以为公众个体生态健康面授环境污染与生态破坏损害提供民法保护,在物权编中对物权的绿色限制的规定,可以促使财产使用与生态环境保护相适应,在合同编对合同履行的绿色约束,可以防止"意思自治"下的生态环境损害结果,在侵权责任编中生态环境损害责任制度的规定,有助于对污染侵权与生态环境损害责任进行追究。另外,刑法、行政法和诉讼法等在规制生态环境违法犯罪、维护合法生态环境权益方面也都有比较典型的表现。

（10）我国参加的国际环境保护条约。这些条约包括我国参加并已对我国生效的一般性国际条约中的环境保护规范和专门性国际环境保护条约中的环境保护规范。如《联合国海洋法公约》《控制危险废物越境转移及其处置巴塞尔公约》《保护臭氧层维也纳公约》《气候变化框架公约》和《生物多样性公约》等。除我国声明保留的条款之外，其效力优于国内法。

2. 生态环境法律制度体系。

我国生态环境法律规范体系中有关生态环境的法律制度构成了生态环境法律制度体系。制度是指以规则或运作模式，规范个体行动的一种社会结构。制度体系是由专门机构通过特定程序制定出来规制一定范围内社会成员在某类经济社会活动中行为举止的一系列规定和准则组合而成的有机整体。自 20 世纪 70 年代以来，我国生态环境保护政策制度体系不断完善，从"三大环境政策""八项环境管理制度"到"环境与发展十大对策"，再到将主要污染物总量减排列为经济社会发展约束性指标，坚持依靠制度保护生态环境。党的十八大以来，我国加快推进生态文明顶层设计和制度体系建设，中央全面深化改革领导小组（委员会）会议审议通过 40 多项生态文明建设和生态环境保护改革具体方案，"四梁八柱"性质的制度体系基本形成，生态环境治理水平有效提升。（参见表 3-5）

表 3-5　我国若干主要生态环境法律制度

生态环境法律制度类别	主要制度名称
政府生态环境责任类	1. 目标责任制
	2. 信息公开制度
	3. 绩效考评制度
	4. 跨行政区协调制度
	5. 环境状况公报制度
	6. 环境应急制度

续　表

生态环境法律制度类别	主要制度名称
生物多样性与生态环境保护类	1. 重点保护野生动植物名录制度
	2. 自然保护区制度
	3. 生态环境红线监管制度
	4. 生态补偿制度
	5. 自然资源利用许可证制度
	6. 水土保持制度
环境污染预防与治理类	1. 环境影响评价制度
	2. 限制淘汰制度
	3. 排污收费制度
	4. 污染总量控制制度
	5. "三同时"制度
	6. 生产者责任延伸制度
	7. 环境监测制度
	8. 禁止污染转嫁制度
	9. 排污申报登记制度
	10. 生态损害赔偿制度
	11. 排污许可证制度

2014年10月,十八届四中全会审议通过《中共中央关于全面推进依法治国若干重大问题的决定》强调,要"用严格的法律制度保护生态环境,加快建立有效约束开发行为和促进绿色发展、循环发展、低碳发展的生态文明法律制度,强化生产者环境保护的法律责任,大幅度提高违法成本。"该文件不仅突出强调了法律制度的重要意义,而且明确提出了自然资源产权、国土空间开发保护等新的生态环境法律制度建设要求和进一步健全完善生态环境法律规范体系的方向。

目前我国已经形成了较为完备的生态环境法律规范体系与法律制度体系,构成我国依法行政、依法保护生态环境的坚实法律体系。然而,法律体系毕竟只是法治体系的逻辑起点,法治实施才是实现良法善治的保证。我国完备的生态环境法律体系虽然使我国生态环境治理的法治环境有了重大改善,但生态治理的成效还依然不能满足可持续发展的要求,不能适应新时代"人民日益增长的美好生活需要和不平衡不充分的发展之间的矛盾。"唯有生态环境法治实施效果是生态环境治理状态的晴雨表。因此,完善法治体系建设必须由法制建设转向法律实施或法治实施,而法律实施要着重发挥促进高质量可持续发展、保障和改善民生的功能。①

五、我国生态环境法治实施体系应对

在我国生态环境法治实施体系中,行政机构严格执法、人民法院公正审判、检察机关履行法律监督和维护社会公益职责,以及公众普遍遵纪守法,构成了我们生态环境法治实施的主要内容。

1. 生态环境执法响应。

执法,亦称法律执行,是指国家行政机关依照法定职权和法定程序,行使行政管理职权、履行职责、贯彻和实施法律的活动。② 依法行政是法治实施的中心环节,行政执法作为行政管理的主要手段,最能反映法治实施中出现的各种问题。在现代社会,国家行政机关被称为国家立法机关的执行机关,后者制定的法律、法规主要由前者贯彻、执行、付诸实施。生态环境行政管理部门在推进现代环境治理体系中的主导地位,决定了生态环境行政执法在生态环境法治实施中的重要作用。我国生态环境执法领域经过几十年的发展已取得了巨大成就。执法机构自身地位在不断提高,中央层面生态环境执法机构经历了从权力较为有限到较为广泛,从机构地位较低到较高,从执法权较为分散到相对

---

① 江必新:《全面提升法治实施质效加快推进法治中国建设》,《法制日报-法制网》,2019 年 4 月 3 日。

② https://baike.baidu.com/item/%E6%89%A7%E6%B3%95/13016348(2019 年 9 月访问)。

集中的演变;执法能力得到不断强化,在确立生态文明战略和强调依法治国且不断重视生态环境工作的背景下,生态环境部门的行政执法能力越来越强;执法效果也逐渐显现出来,虽然生态环境问题在我国仍然较为严重,但从纵向看生态环境执法对于遏制问题进一步恶化还是发挥了较大作用的。

（1）合理作出明确适当授权,赋予行政机关获得合法的事权是行政执法目标和权力的关键要素,并在此基础上逐步完善了生态环境管理体制。虽然我国几乎每部生态环境法律都会对监管体制进行专门规定,但是生态环境问题(如大气污染、水体污染)往往会跨越行政管辖范围区域,而且会转化为其他环境媒介的污染问题,这使得生态环境行政管理会牵涉到多个监管部门,导致生态环境行政管理情况复杂化。当缺乏统一政府部门或机构对生态环境问题拥有全面把控和行动的权力时,生态环境法治实施效果可能会因行政监管重叠或不足而受到影响。为了提高行政执法监管效率,减轻行政相对人的负担,我国近几年的生态环境行政监管体制改革对传统环境执法检查做了比较大的调整:一是推进了生态环境保护综合行政执法改革,统筹配置行政执法职能和执法资源的工作,初步改变了我国生态环境执法领域长期存在的多头多层重复执法问题,使生态行政监管更加符合生态文明建设的需要。二是与时俱进,加强行政主管部门建设。行政管理体制是随着经济社会环境条件的发展变化而逐渐演进发展的。为适应经济、社会和环境发展形势,近些年我国行政机构体制改革成为我国改革的主要内容之一。特别是在我国生态环境行政监管体制上表现得尤为突出。从20世纪70年代以前分散于农业、卫生、林业、水产等政府部门,到20世纪80年代成立国家环境保护局,再到形成独立机构提升级别,到2018年成立生态环境部,我国生态环境主管部门逐渐发展成为国家生态文明建设重大战略的主导政府部门之一。三是加强生态环境执法能力建设。生态环境监管机构执法能力对于法律有效实施至关重要。缺乏经过良好培训和具备专业技能执法人员的情况下,即便是再完备的生态环境法律体系也无法建立高效的法治实施体系。政府监管机构人力资源培育,包括业务培训、执法经验和专门技能交流等,对于提高执法能力和生态环境法治实施水平是十分必要的。但同时,以上一切能力建设都离不开充足的财政和技术资源支持。所以除了执法人员培训等直观性能力建设情况外,政府生态环境机构年度预算和环境投资等指标也是衡量执法力建设的重要信息。

(2)坚持生态环境行政执法原则。为了确保行政执法科学有效,在生态环境执法中确保坚持以下原则,而这些原则与本书法治实施评估关系匪浅。

① 循证执法原则。行政机关监管执法的一切基础都来源于证据线索,包括环境监测数据、企业申报登记数据、举报信访线索等等。

② 公众参与原则。行政监管执法不是万能的,也不可能对所有市场活动都进行监督检查。法治实施还必须通过有效发挥政府以外市场主体作用,借助社会公众的力量,鼓励引导市场主体自我规制、合规守法。

③ 危险比例原则。行政执法资源的使用应当与市场风险水平成正比,对违规风险高、后果严重的活动要加大执法检查行动的频次和打击力度。

④ 针对性监管原则。高效的执法应基于"针对性监管"原则,即根据特定企业的概况和生产活动特点调整执法检查行动,因企制宜。

⑤ 连续性与规范性原则。保持执法策略的持续稳定性,有利于营造稳定的守法习惯。制定执法指南、指引等执法工作手册,保证执法形式、过程的规范性,提高执法透明度和合规性。

⑥ 协调性原则。调整各同级行政监管执法职能、本系统各级执法监管执法职能的配置,协调并在必要时合并重复性和交叉性职能,减少重复执法和重叠执法现象,更好地调动行政执法资源。在减少相对人负担的同时提高行政执法效率。

⑦ 透明公开原则。除特殊情况外,执法检查信息应保持全过程公开,并不受法律以外因素影响。

⑧ 信息共享原则。构建行政监管信息平台,在相关行政管理机构

间实现行政监管数据信息共通共享,减少行政执法成本,提高行政执法检查效率。

⑨ 程序清晰公正原则。不仅应当制定行政执法的实体法,明确执法人员和执法相对人的权利义务;还应当加强行政执法的程序性规则建设,规范行政执法活动,维护程序正义。

⑩ 执法能力优先原则。把加强执法人员培训和管理,提高人员专业素养和职业道德水平等执法能力建设作为加强行政执法的优先选项。

2. 生态环境司法响应。

(1) 环境司法作用开始由抑转扬,环境司法专门化态势越来越明显。司法处于法治体系的中心地位,公正司法是法治实施体系中的重要部分,能够有效促使法律从纸面走向现实生活,并通过司法裁判与执行促进公众对法律与国家管理的认同;同时司法有助于保障行政执法的合法性与正当性,防止行政权的恣意,从而有力促进国家治理现代化。我国生态环境法治建设长期以来采取的是立法为中心、行政主导的模式,生态环境司法没能成为生态环境法治领域的主流。在较长一段时间里,环境司法一直是我国生态环境法治建设的短板。这一方面与传统司法事后救济观有关,认为作为最后一道防火线的司法在以预防为主基本原则的生态环境保护领域作用有限;另一方面也是与我国生态环境司法能力严重不足有关,且不说在大量传统诉讼案件压力下司法机关长期超负荷运转问题,生态环境保护案件的特殊专业技术性就会使绝大多数司法机关工作人员望而却步。多年来我国环境司法救济环节的一个突出现象是,我国一再发生的环境污染和生态破坏导致的大量生态环境纠纷层出不穷,但其中真正通过司法途径解决的生态环境案件却少而又少。

近十多年来,司法机关在我国环境保护事业中的作用已经逐渐扩展与深化,环境司法专门化迹象越来越浓。2008 年云南省昆明中院率先成立环境资源审判庭,全国各地逐渐开展环境司法专门化的试点。2014 年 7 月,为回应人民群众对环境资源司法的新期待,为生态文明建设提供有力的司法保障,最高人民法院设立专门的环境资源审判庭,实行环境司法专门化。2015 年 1 月实施的《环境保护法》对环境民事公益诉讼制度作了较 2012 年《民事诉讼法》更明确和进一步的规定。同年 7 月,全国人大常委会授权最高人民检察院在部分地区开展公益诉讼试点工作,并于两年后的 2017 年在全国正式推行。此后我国环境司法不断快速发展,使其在国家环境治理中的作用越来越显著。当前,环境司法专门化已经成为我国司法发展的工作重点之一。环境司法功能在生态环境刑事民事行政等案件审理、生态环境损害赔偿诉讼和检察机关介入环境公益诉讼,以及生态环境非诉行政案件执行等方面发挥着作用。环境司法主体格局逐渐实现从单一到多元的演进,人民法院和人民检察院在我国环境司法实践中表现得越来越积极。全国各地许多法院开始设立专门的生态环境法庭,人民检察院也主动介入环境公益诉讼案件,成为环境司法格局中的重要力量。

(2) 环境司法专门化的现实困难依然存在。我国环境司法专门化发展基础仍比较薄弱,在环境司法专门化的过程中依然存在不少现实困难。例如,生态环境诉讼的发起对一般当事人难度较大。原告向法院提起诉讼往往需要有比较充分的准备。虽然我国法律、司法解释设立了环境案件的举证责任转移制度,但是并没有完全免除原告的举证责任。举证责任仍是生态环境案件受害人通过司法途径解决环境损害赔偿案件不得不克服的现实困难之一。又如,司法救济存在较高的时间成本和经济成本。两审终审制和基层法院案件积压严重,再加上生态环境纠纷案件受理程序复杂和耗时长,以及诉讼证据取得等通常需要极高的经济代价,这些都是制约环境司法功能的重要原因。在司法途径解决环境纠纷的门槛和成本大大高于行政救济要求的客观现实中,环境司法的作用就比较有限。另外,有些时候污染现象可能短时间内不会对人体健康或财产造成可检测的直接损害。在这种情况下,许多人不会有动力花费大量时间精力去收集证据以向法院提起诉讼。在环境公益诉讼方面,也是在 2015 年下半年以后,相关司法实践才出现明显增多现象,而此前大部分法院都采取了非常保守的态度。

在生态文明上升到战略新高度的新时代背景下,环境司法专门化发展已经步入快车道。生态环境损害预防与修复理念逐渐进入司法领域,环境司法的评价、指引、教育、宣传等功能也更加明显,司法机关在应对生态环境问题挑战中扮演着越来越重要角色,初步发挥出维护生态环境正义的积极作用。

3. 生态环境守法响应。

守法是人类社会法律实现的主要形式。生态环境保护公众(广义)可参与、能参与和必参与的特性要求把公众守法放在实现生态环境保护终极目标的主要方式上。遵守生态环境法律涉及的主体一般包括政府、企事业单位、社会组织和公民。政府遵守环境法可从中央政府及其组成部门和地方政府组成部门两个层面分析。从国家层面来看,国务院及其所属部委在我国生态环境保护事业的推进中一直发挥着重要作用,它们承担着生态环境保护的主要管理责任,而且整体上国家层面政府的环境守法情况较好;从地方层面来看,加强地方政府的生态环境责任已成为生态环境保护的关键问题。至于企事业单位环境守法状况,通常经济发达地区企事业单位的生态环境意识更高,守法情况好于经济落后地区单位。我国社会组织和公众在参与生态环境公益活动方面也较以往有了很大发展空间,公众参与生态环境的态度和行动比过去进步明显。

(1)企业、公众和社会组织守法是生态环境法治实施的重要主体。法律的权威源自人民的内心拥护和真诚信仰。人民权益要靠法律保障,法律权威要靠人民维护。[①] 广大公众是法治实施的主体和力量源泉,因此,法治实施必须坚持为了人民、依靠人民、造福人民、保护人民,以保障人民根本权益为出发点和落脚点。我国社会主义法治实施体系必须在党中央的坚强领导下,广泛动员全体人民和全部社会组织的力量,共同建设法治实施体系,并使之高效运行。[②] 高效法治实施体系要

---

① 《中共中央关于全面推进依法治国若干重大问题的决定》,2014 年 10 月 23 日中国共产党第十八届中央委员会第四次全体会议通过。

② 周强:《形成高效的法治实施体系》,《求是》,2014(22):55。

求建立以法治为基础的多元主体共同参与治理体系,需要科学立法、严格执法、公正司法、全民守法等多方面的着力推进。根据法治实施理论与实践,在肯定行政执法机构对法治实施的作用的时候也不能忽视其他主体(如市场主体、公众、社会组织等)对法治实施的贡献。例如,在环境噪声污染执法监管中,噪声标准虽是决定违法与合法的法定尺度,但对个体而言噪声更多的是一种主观感受,完全按照法定噪声标准进行噪声执法不一定能取得好的社会效果,特别是对于扰民却尚未超标的噪声更是如此。另外,噪声污染属于一过性污染的特性也决定了对噪声违法行为进行有效执法取证有时候非常困难,试图利用行政执法手段实现噪声控制效果不是很理想。社会生活噪声多与人们日常生活活动密切关联,许多噪声污染涉及邻里关系,单纯依靠行政机关强制执法的效果也并不好。处理噪声纠纷,采取非强制性行政管理措施,鼓励公众参与,引导企事业单位自觉遵守环境噪声防治义务,支持社区民间组织介入协商处理,是比行政执法更为有效的法治实施方式。

(2) 生态环境法治实施中公众(广义)参与意义重大。法律遵守的关键在于法律规定能否真实反映公众的意愿,而公众参与是反映公众意愿的基础。公众参与是生态环境法律基本原则之一。党的十九大提出构建政府为主导、企业为主体、社会组织和公众共同参与的环境治理体系。相应地,作为环境治理体系中的生态环境法治建设也需要全社会的共同参与。在国家、地方各级政府部门的主导作用之外,企事业单位、社会组织和公众也能在生态环境法治建设中发挥各自积极的作用。企业、社会组织和公众普遍遵守生态环境法律规范营造出的全民守法是生态环境法治体系的重要部分。公众参与的生态环境法治意义在于促使政府在决策时更加审慎全面地考虑问题,在于有效监督政府部门和企事业单位认真履行生态环保义务,在于迫使生态环境违法者承担环境法律责任。在生态环境法治实施领域,公众参与的方式途径不一,除了可以通过各级人大(常委会)组织人大代表等开展的制定法律、执法检查和监督司法等活动中影响法治建设进程外,公众还可以作为当事人、参与人直接或间接地参与和影响法治建设。公众参与生态环境法治建设,可以利用社会力量和公众的资源更好地为政府决策提供信息,协助环境监测和环境执法;公众参与生态环境管理有助于政府提高环境监管透明度,防治执法腐败、提高环境行政执法效率;公众参与生态环境保护也有助于统一各方法律关系主体对于生态环境保护的认识,协调各方环境法律关系,使公众愿意积极主动地配合支持环境监督管理,实现生态环境法治目的。此外,在生态环境法治实施中,企事业单位承担社会责任,签署有关生态环境保护自愿协议等也是值得倡导的公众(广义)参与方式,它们对改变命令加控制模式的机械、被动生态环境法治行政管理方式,凸显相对人参与生态环境治理主动性、积极性和创造性,实现社会共同治理效果明显。

(3)严格执法有助于全民守法。由于客观存在数量、层级众多的生态环境法律规范,各种复杂的法律和技术术语,以及不断修改完善的生态环境条款等因素,这些对相关企事业单位(特别是各类微小企业)、社会组织和公众充分了解生态环境法律规定与全面遵守生态环境法律义务产生了较大阻碍。据了解,除部分故意违法行为外,我国相当数量的生态环境违法活动是由于相对人对法律规定的细节要求不了解、不熟悉,在正常生产生活活动中过失地造成了环境污染或生态破坏。行政机关严格执法有利于培养公众的守法意识,有利于把法治信仰植根公民心中。严格、规范、合法的行政执法过程和处罚结果不仅可以树立执法机构的权威性和公信力,也会对行政相对人产生明显威慑作用,从而形成良好的守法氛围。例如,在生态环境管理中,通过公开公布生态执法检查结果可以有效激励守法合规单位继续保持遵纪守法,能够鞭策威慑违法单位,提高全社会生态环境守法水平。生态环境执法检查优劣结果的广而告之,一方面可以让守法合规企业树立起良好正面的社会形象,在绿色消费等因素影响下企业获得扩大的市场消费份额回馈,实现环境、经济和生产良性循环;另一方面,将造成生态环境违法违规企业在市场竞争中处于不利的地位,这些违法违规企业不仅逐渐失去市场,也将在未来生产经营中遭遇更多的执法监督压力。

严格执法是行政相对人直接感受法治尊严和接受法治教育的良

机。行政相对人在接受执法检查过程中可以直观"感受"法律规定，并可以近距离与监管机构接触。在正常情况下，个案普法作用要远远高于向不确定公众的普通灌输式普法宣传，只有亲身体验过的记忆才是最深刻的。这也是近年来我国提出实行"谁执法谁普法"的重要原因。利用行政执法机会向企业（尤其是微小企业）宣传普及相关法律知识，使其切身体会和认知法律规范，从而加深普法宣传效果。同样，公众对法治的感知在很大程度上也来自对公平正义法治实施（如行政执法）的体验。生态环境部门如能长期严格执行法律规范，保持行政执法政策的相对稳定和连续性，必将有助于形成良好的生态环境守法氛围。执法效果的显现，特别是对其他行政相对人威慑、引导效果的显现往往需要一段较长的法治实践过程。时间越久，公众形成的守法习惯就越牢固、越稳定。过去我国一些地方行政机关在生态环境行政执法中不遵守法定程序，随意、任性行使自由裁量权，出现程序性与实体性行政违法现象，或程序性或实体性的行政不当，这些现象严重破坏了法治氛围，极不利于公众守法。所谓行政机关的程序性和实体性行政违法是指行政执法人员在履行监管执法职责时违反了程序性规定或实体性规则所构成的行政违法；行政不当则是国家行政机关及其工作人员的执法行为在形式上虽不违法，但执法不合理，如在行政处罚法定幅度范围内随意行使自由裁量权。无论是行政违法还是行政不当都损害了行政机关的威信，都违反了严格执法的法治标准。以上这些行为都会损害生态环境执法的权威性，降低行政监管的公信力，破坏公众守法的自觉性，也最终影响生态环境法治实施。

对企业单位而言，遵纪守法在一定情况下也会带来减少或简化被行政执法现场检查次数与程序的惠益。例如，2020 年新冠肺炎疫情发生后，生态环境部为了积极支持相关行业企业复工复产，支撑保障疫情防控和促进经济社会平稳健康发展，于 2020 年 3 月 3 日发布《关于统筹做好疫情防控和经济社会发展生态环保工作的指导意见》（环综合〔2020〕13 号）。该文件明确规定："免除部分企业现场执法检查。对……管理规范、环境绩效水平高的企业，不进行现场执法检查"。文件提出的建立和实施环评审批正面清单与监督执法正面清单的行政监管执法激励措施,将使积极遵守生态环境法律规定的企业得到正面肯定和产生实质利好。

总体来说,从现今我国生态环境法治建设的成效看,法治在我国生态环境保护事业中的地位越来越突出,作用也已经越来越明显,生态环境法治建设逐渐走上了良性发展的轨道。数量众多的生态环境立法为生态环境治理提供了制度规范支撑,日趋强化的监管执法确保生态环境法立法目标不断得到实现,司法机关也逐渐成为推动环境保护的重要力量,政府、企业和公民的"环保意识、生态观点"较以往不断提升,作为国家治理体系和治理能力重要内容的现代环境治理体系正在有序构建形成中。

第三节　以《环境保护法》为基线的法治实施响应评价

自 1979 年第一部生态环境保护类综合性基础法出台起,我国生态环境法治领域一个矛盾的现象是:一方面相关法律批量制定或修改,生态环境法律体系化建设基本完成,另一方面生态环境问题却仍未出现明显好转迹象。导致前些年我国生态环境立法被一些学者评价为"够多不够用""没有大错也无大用"。法治实施是法治效能的释放过程,生态环境法治效能表现不理想说明我国生态环境法治实施仍有较大提升空间。徒法不足以自行。加强环境法治体系建设,离不开高效的生态环境法治实施体系。近年来,在生态文明建设国家顶层设计的宏观背景下,我国生态环境法治建设取得长足进步,大力提升法治实施效果得到广泛重视。2014 年修订、2015 年 1 月实施的《环境保护法》被称为"史上最严环保法"。作为生态环境保护领域的综合性、基础性法律,它在推进严格执法、公正司法和全民守法,建设高效的生态环境法治实施体系方面取得了一些显著性的突破,对促进我国生态环境法治体系建设可以提供重要支撑作用。

一、严格执法

　　2014 年《环境保护法》修改以前，生态环境部门没有被法律赋予查封、扣押等强硬权力，取证难、执行更难是基层生态环境执法经常面临的现实问题。生态环境职责与维护地方经济发展之间的冲突是生态环境部门艰难的执法生态环境，由于没有强有力的法律措施支撑，生态环境监管人员许多时候不得不在外部压力下进行选择性执法，这不仅严重降低了生态环境执法威信和声誉，而且大大削弱了执法人员的积极性和主动性。

　　2014 年修订的《环境保护法》在严格执法方面强化了生态环境部门的监管职权，为执法机关设立了一些重要的行政强制权，同时又打破了过去政府、执法机关在生态环境管理过程中享有行政权却不承担相应责任义务的局面，体现出权利与义务均衡化发展特点。我国生态环境法治实施中的执法难，难就难在生态环境执法主体过去对诸如不履行限期治理的单位没有硬招，由于立法对生态环境部门缺乏应有的授权，没有赋予行政强制执行权，影响了生态环境执法的权威性。有时候虽然在生态环境执法中发现了违法排污行为，但监管部门做出责令停止违法行为后，却无法采取进一步强制措施，导致执法人员前脚走，违法者就又恢复违法行为，生态环境部门虽心有余而力不足，只能对此无可奈何。生态环境执法人员多数时候只得等待出现明显的危害后果后才能做出罚款、停业和关闭等处罚，监管工作根本无法体现生态环境预防原则。而且这些处罚程序复杂，现实中生态环境部门在发现违法后并不一定能在第一时间制止生态环境违法行为。比如市民投诉的建筑工地施工噪声，如果生态环境部门发现确有违法行为，也只能发出整改通知书责令整改。对于拒不执行行政处罚和行政命令的，生态环境部门一般要向人民法院申请强制执行，而法院有时候对于这些强制执行申请也会进行选择性安排，没有实际标的的执行申请的执行周期可能会相当长。极端情况下，在漫长的处罚程序与申请强制执行期间内，生态环境部门对排污企业非法排污几乎无计可施。

2014 年修订的《环境保护法》从法律上赋予了生态环境部门查封、扣押的行政强制权。"企业事业单位和其他生产经营者违反法律法规规定排放污染物,造成或者可能造成严重污染的,县级以上人民政府环境保护主管部门和其他负有环境保护监督管理职责的部门,可以查封、扣押造成污染物排放的设施、设备。"①从其他部门的执法经验来看,查封、扣押是一种能够较好保证行政命令得到落实的有效行政强制措施。这种查封、扣押手段的威慑作用明显强于限期治理等行政命令,但又不像责令停产停业等行政处罚那样后果严厉,是对相对人具有一定挽救性的措施。对生态环境部门来说,有了查封、扣押权后,生态环境执法人员可以查封、扣押违法企业的生产设备,这样往往能更直接、有效地杜绝污染企业恢复生产,及时制止违法排污行为;就能更有效地控制排污总量、控制偷排等生态环境违法行为。因此,对新修订的《环境保护法》授予生态环境执法部门的这种监管权力,基层生态环境执法人员大都寄予了厚望。②

2014 年修订的《环境保护法》突出强调了政府责任、监督和法律责任。该法专设"监督管理"一章,强化监督管理措施,进一步强化地方各级人民政府对生态环境质量的责任。它规定:"地方各级人民政府应当对本行政区域的环境质量负责"③、"未达到国家环境质量标准的重点区域、流域的有关地方人民政府,应当制定限制达标规划,并采取措施按期达标。"④在政府对排污单位监督方面,针对生态环境设施未依法正常运行、监测记录不准确等突出问题,法律增加了现场检查的具体内容。在上级政府机关对下级政府机关监督方面,加强了地方政府对生

---

① 《环境保护法》(2014 年 4 月 24 日)第二十五条。
② 据 2015 年 4 月环保部公开的数据看,"按日计罚""移送""行政拘留"已成各地环保执法部门利器。与 2015 年 1 月份相比,2015 年 2 月份适用按日连续处罚案件数上升 60%,适用查封、扣押案件数上升 208%,移送行政拘留案件数上升 115%。参见 http://www.qhnews.com/index/system/2015/04/12/011688112.shtml。
③ 《环境保护法》(2014 年 4 月 24 日)第六条第 2 款。
④ 《环境保护法》(2014 年 4 月 24 日)第二十八条第 2 款。

态环境质量的责任。同时，还增加了生态环境保护目标责任制和考核评价制度，并规定上级政府及主管部门对下级部门或工作人员工作监督的责任。针对过去生态环境行政执法有法不依、执法不严，有关人员不作为或渎职等情况，2014 年修订的《环境保护法》强化了对生态环境行政监管部门相关人员的行政问责。该法第 68 条明确规定，有"对不符合行政许可条件准予行政许可的""对环境违法行为进行包庇的""依法应当做出责令停业、关闭的决定而未做出的""篡改、伪造或者指使篡改、伪造监测数据的"、"应当依法公开环境信息而未公开的"等八种违法行为之一的，地方各级人民政府、县级以上人民政府生态环境保护主管部门和其他负有生态环境监督管理职责部门的负责人应给予记过、记大过或者降级处分；造成严重后果的，应当引咎辞职。以往，我国立法对生态环境行政部门责任人员的规定偏重于权而失之于责，此次修订的《环境保护法》大大加强了相关人员的生态环境行政责任的追究，构成该法的一大亮点。这些创新性规定对落实严格执法，建立高效生态环境法治实施体系奠定了基础。

二、公正司法

以往我国环境司法保护的诉讼困境主要在于损害结果滞后性、举证责任承担困难和各方主体对生态环境专业技术知识的不熟悉等方面。相关案件的难点集中体现在各类原告等诉讼主体背负的举证、时间和经济成本等压力上。提起生态环境诉讼案件不仅需要大量的时间和精力，还需要诉讼当事人具有生态环境保护和司法两方面的专业知识和技能，再加上生态环境案件大多存在举证困难的问题。许多突发性污染事件，特别是大气污染事件表现为一过性的特点，污染证据受气流、气候变化等因素影响极大，及时准确监测取证难度大；另外有些污染源是间歇排放的，还有些污染事件的发生是由于污染长期积累效应造成的，对这些环境污染事件进行违法取证往往需要长期连续环境监测，其时间成本、经济成本和技术要求都太高，因而在绝大多数地方都还难以做到,受到环境损害的个人或单位大多没有能力通过司法途径获得救济。在成立环境资源审判庭以后,环境司法的作用有所增强。但即使是成立了环境资源法庭和引入了环境公益诉讼制度,如果不能解决案源严重不足问题也难以发挥有效作用。2000 年到 2013 年全国环境公益诉讼案件总计不足 60 起。从起诉主体看,绝大多数是行政机关和地方检察院等公权力机关,环保组织起诉的案件很少,个人诉讼更是难上加难。一些地方法院认为涉环境纠纷应由政府部门解决,完全交由法院审理非常困难,因此不愿受理立案。[①]

近些年来,我国司法实践中逐渐出现社会团体组织发起环境公益诉讼并取得胜利的典型案例。如 2010 年中华环保联合会诉贵阳市乌当区定扒造纸厂污染案,贵阳清镇法院于 2011 年 1 月作出判决,判令定扒造纸厂立即停止向南明河排放污水,消除对南明河产生的危害,并承担原告合理支出的律师费用及贵阳市两湖一库基金会垫付的检测费用。[②] 此案成为我国社团提起环境公益诉讼获胜的典型案例。2012 年修改的《民事诉讼法》第 55 条规定:"对污染环境、侵害众多消费者合法权益等损害社会公共利益的行为,法律规定的机关和有关组织可以向人民法院提起诉讼。"这是我国立法首次对公益诉讼问题作出明确的规定,开启了我国公益诉讼的大门。2014 年修订的《环境保护法》在环境司法救济方面的亮点之一就是规定了环境公益诉讼制度。这种诉讼是允许与争议环境案件无直接利害关系的原告出于保护生态环境公益的目的、以行政机关或者生态环境利用行为人为被告向法院起诉的行政诉讼或者民事诉讼,其目的是为了保护社会生态环境公共利益,追求生态环境公平、生态环境正义的实现。该法在第五章"信息公开和公众参与"的第 58 条中进一步规定:"对污染环境、破坏生态、损害社会公共利益的行为,符合下列条件的社会组织可以向人民法院提起诉讼:

[①] 参见王丽、闫起磊、李放、胡星:《环境纠纷诉讼难亟待改变》,《经济参考报》,2014. 10. 08 (006)。

[②] 参见中国法院网 http://www. chinacourt. org/article/detail/2014/07/id/1329674. shtml,2014. 7. 3。

（一）依法在社区的市级以上人民政府民政部门登记；（二）专门从事环境保护公益活动连续五年以上且无违法纪录。"为了避免地方基层人民法院为维护地方经济利益、害怕受理环境公益案件给自身带来不利而经常以原告主体资格不符为由不受理环境公益案件的事实，第 58 条还特别规定："符合前款规定的社会组织向人民法院提起诉讼，人民法院应当依法受理。"以上规定将《民事诉讼法》中关于环境公益诉讼的内容进行了具体拓展，从而使我国的环境公益诉讼变得越来越切实可行。2015 年 1 月 6 日，最高人民法院发布的《关于审理环境民事公益诉讼案件适用法律若干问题的解释》不仅明确了环境民事公益诉讼案件起诉的条件、有权起诉的社会组织，同时对法院管辖权、举证责任分担、被告反诉限制、惩罚性责任承担方式、生态环境修复费用的酌定情形、移送执行、司法救助等关乎环境民事公益诉讼的热点、难点也都做了详尽的规定，更加有力地推进着环境民事公益诉讼的有序展开。环境公益诉讼制度的建立，让更多具有环境诉讼能力的主体直接进入环境司法救济活动，较好地平衡了生态环境纠纷当事各方的地位与力量，为环境诉讼的弱者提供帮助，可以进一步完善环境司法救济功能和加强公正司法。

三、全民守法

　　长期以来，我国生态环境法律被指太过软弱，对生态环境违法行为处罚力度不够，震慑力不足。各种环境税费标准和处罚数额在很多情况下远远低于污染治理费用。据有关部门统计，我国环境违法成本平均不及治理成本的 10%，不及危害代价的 2%。[①] 2004 年四川沱江污染造成的直接经济损失是 2 亿多元，2005 年松花江特别重大水污染事件造成的损害难以估量，并导致当时的国家生态环境行政主管部门领导的辞职。但是在法律责任的承担上，由于当时相关法律规定对于处

---

① 　王灿发：《生态环境违法成本低之原因和改变途径探讨》，《生态环境保护》，2005(9)：8。

罚数额的限制,两起重大污染事件都只能按照当时法定处罚最高上限对责任者处以 100 万元的罚款。当污染治理设施的运转费高于排污费时,排污单位作为理性经济人,如果环境保护意识不强就很自然会选择花钱买排污,由此必然导致严重的外部不经济性问题,这对公共环境资源保护相当不利。这从另一角度讲,也就意味着对那些积极治理污染、遵守生态环境法律规范的污染者极为不公。因为从经济角度考虑这些守法者相较那些通过缴付排污费而实际获取排污资格的单位承担更大经济负担。实践中,这种情况已经严重影响了污染者治理污染的积极性,甚至在一定程度上对企业故意违法产生了激励作用,导致有钱任性、花钱买排污的现象时有发生。

为了扭转这种局面,2014 年修订的《环境保护法》在强化法律责任、加大处罚力度方面的规定有了较大突破。例如,按日计罚制度是其中最有威慑力的规定之一。新修订的《环境保护法》第 59 条规定:"企业事业单位和其他生产经营者违法排放污染物,受到罚款处罚,被责令改正,拒不改正的,依法做出处罚决定的行政机关可以自责令改正之日的次日起,按照原处罚数额按日连续处罚。"同时规定了罚款处罚应考量防治污染设施的运行成本、违法行为造成的直接损失或者违法所得等因素,并授权地方性法规根据环境保护的实际需要,增加按日连续处罚的违法行为种类。按日计罚措施的优点在于其对违法成本判断的前瞻性和对连续违法行为制裁的威慑力。为了加强按日计罚制度的可操作性,与 2014 年新修订《环境保护法》同步实施的《环境保护主管部门实施按日连续处罚办法》明确提出,对以下五种违法排污行为可实施按日处罚:超过国家或者地方规定的污染物排放标准,或者超过重点污染物排放总量控制指标排放污染物的;通过暗管、渗井、渗坑、灌注或者篡改、伪造监测数据,或者不正常运行防治污染设施等逃避监管的方式排放污染物的;排放法律、法规规定禁止排放的污染物的;违法倾倒危险废物的;其他违法排放污染物行为。事实上,在 2014 年修订的《环境保护法》实施以前,我国已有一些地方性生态环境法规先予规定了按日计罚制度。如 2007 年 9 月 1 日实施的《重庆市生态环境保护条例》第

111 条规定："违法排污拒不改正的，生态环境部门可按罚款额度按日累加处罚。"2011 年 6 月 1 日至 8 月 31 日，重庆江合煤化集团公司因污染问题共被处罚 4 次，累计罚款 1840 万元，创下当地生态环境罚款最高纪录。2009 年 7 月 1 日修订的《深圳经济特区环境保护条例》第 69 条也规定了按日计罚措施，明确了每日 1 万元的罚款额度。从重庆、深圳等地的实践经验看，在按日计罚的震慑之下，企业故意违法排污的状况较之于以前明显减少，相应地使用按日计罚的频次也开始下降。据调查，按日计罚制度在重庆实施这些年来，企业生态环境违法行为的主动改正率从条例实施前的不到百分之十上升至 2014 年的超过九成。深圳市在 2010 年按日计罚制度实施后的一年内，企业生态环境违法后及时整改率提高了 30％，重复违法案件数降低了 45％，生态环境违法案件总数降低了 12％。[1]

以确立生态文明作为"五位一体"的社会主义事业总体布局有机组成部分为标志，我国环保事业和生态环境法治进入了加速发展阶段。2014 年修订的《环境保护法》在生态环境执法、司法和守法领域的突破性规定，为高效生态环境法治实施体系打下了坚实的基础。随着新修订的《环境保护法》在实践中的实施和得到后续配套立法与制度建设的支持，我国生态环境法治体系建设必能迈上新台阶，为实现生态文明目标提供重要的法治保障。但从现实我国法治建设整体上看，我国"法治建设还存在许多不适应、不符合的问题，主要表现为：有的法律法规未能全面反映客观规律和人民意愿，针对性、可操作性不强，立法工作中部门化倾向、争权诿责较为突出；有法不依、执法不严、违法不究现象比较严重，执法体制权责脱节、多头执法、选择性执法现象仍然存在，执法司法不规范、不严格、不透明、不文明现象较为突出，群众对执法司法不公和腐败问题反映强烈；部分社会成员尊法信法守法用法、依法维权意识不强，一些国家工作人员特别是领导干部依法办事观念不强、能力不足，知法犯法、以言代法、以权压法、徇私枉法现象依然存在。这些问

---

① 参见郄建荣：《重庆深圳等地早已试行按日计罚》，《法制日报》，2015 年 01 月 13 日。

题,违背社会主义法治原则,损害人民群众利益,妨碍党和国家事业发展,必须下大气力加以解决。"①解决法治建设中这些问题的第一步是进行法治评估,由准确认知法治建设的客观状况和法治实施存在的具体问题入手,为进一步完善我国社会主义法治建设奠定基础。

①　《中共中央关于全面推进依法治国若干重大问题的决定》,2014 年 10 月 23 日中国共产党第十八届中央委员会第四次全体会议通过。

第四章 法治实施评估(指标)体系理论研究

　　法治实施评估研究的核心内容是制定法治实施评估指标体系,评估指标体系的基础是选取符合法治实施评估目的要求的评估指标。这类评估指标是衡量法治实施利弊优劣的标尺或准则。评估指标体系由这些表征评估对象各方面本质特性及彼此要素间因果关系的指标系列所构成。在 PSR 模型框架下,评估指标体系与其他评估考量因素构建了具有内在逻辑结构的有机整体——法治实施评估体系。此体系直接决定了评估工作方向、过程和手段,也决定了评估结论是否可信、科学和符合实际。本章以法治实施评估指标体系基础性理论为论述起点,对法治实施评估指标体系的指标遴选、体系实现进路、指标数值处理和评估流程中应关注的问题等进行了初步阐述。

第一节 法治实施评估指标体系的理论基础

一、法治实施评估指标体系概述

　　在法治实施评估指标体系理论研究中,除了有关法治评估涉及基本概念的界定分析以外,与评估指标关系密切的法治实施发生效果原因、影响法治实施效果的积极因素,以及这些因素的作用方式与途径等都是评估法治实施有效性需要关注和研究的重要理论问题。

1. 法治实施评估理论基础。

(1) 法治实施评估中的基本概念。在现实生活中,万事万物的外在表现千姿百态,内在本质也是纷繁复杂,很难对其方方面面都彻底了解清楚。为了有效认识事物发展的规律和存在的状态,有效的经验是抓住其中的关键要素,分析研究这些关键要素的特性和彼此关联机理,并通过准确的方式表达出来。在这种思路下,我们引入指标、评估指标、评估指标体系和评估体系(框架)等法治实施评估的基本概念。

① 指标是衡量目标对象的参数,可用以对某事物的本质性特征进行抽象、显示和说明。对于一些复杂现象或事物,通过选取指标的方式,可以有效地将其包含的主要特征通过信息集的方式进行提现。指标的表现形式主要有表示频率的百分比,表示平均值的中位数和众数,以及适用于比较用途的比例、比率、百分比变化等。事物的长度、高度、重量,行为表现及满意度或印象等都是生产生活中常见的指标。

② 评估指标或评价指标是用于衡量、考核、比较调查评估对象质量与效果的统计数据,它肩负着向评估报告使用者传达评估目的核心信息的重任。评估指标一般要与评估目的高度相关,并能反映评估对象拟解决的各具体问题,还应当能有效表达关于评估目的影响的最终目标结果。

③ 评估指标体系是由若干表征评估对象的代表性指标形成的指标系列。根据评估指标的表征指向通常可将指标体系分为三类:第一类是评估领域发生的所有变化或其他应当关注的影响结果;第二类是达到特定程度成效结果的成本;第三类是正面收益减去负面影响后结余的净收益。在这三类指标中,净收益测评指标是最佳指标,也是最理想化的指标。它将评估对象带来的所有正向或负向影响后果都归集在一个评价单元中,因而这种评价指标的全面性和系统性最好。但是,在无法以货币形式衡量净收益的案例(如法律政策)中,成本效益分析不失为一种可取的策略。当成本效益指标也实际不可行时,则不得不借助对各种零散的影响方面,如健康卫生、环境质量或安全性影响等,进行评估考察。

④ 评估体系是评估系统最顶层的结构。不少人把评估指标体系广义地理解为评估体系。我们认为，评估体系可以从两方面理解，一方面在定性分析过程中似乎可将其认同为指标体系；另一方面，量化分析中的评估体系应是评估指标体系层级之上的更高一级的评估框架系统，是一个包含了模型理念与权重系统等信息的框架结构。因为在定量分析中，指标体系建立以后并没有从结构上完成法治实施评估体系框架，指标体系还应当与代表各评估指标在法治实施评估中地位作用的权重系数相配合，采取某种特定逻辑模型框架，方能构建形成比较理想的法治实施评估体系。在此评估体系基础上，加工处理获取的评估指标数据，才算是比较完整的法治评估设计与执行过程。

（2）评估指标应具备的基本特质。虽然具体评估指标的选取需要依照评估目的不同而各有不同的考量标准，但作为适宜的评价指标本身必须具有代表性、可比性、可靠性和可行性等基本特质。所谓代表性是指评估指标是专属适用于表达评估对象的代表特性，能够有效反映评估对象的客观状态和真实效果。代表性要求指标必须能够涵盖评估目的涉及调查问题的各个方面，同时，它必须能够表征评估对象的预期目标得到实现的程度，还必须能够说明评估对象预期后果的变化趋势，以及在可能的情况下评估对象在不同地区之间的效果差异。可靠性是指标稳定性、测试可重复性、测量方法一致性和可比较性等一系列特性的综合展现。充分与稳定的数据状态，再加上数据信息准确性保障和经证实能够较好予以标准化处理的数据信息就是指标可靠性的体现。这里将反映评估对象特性精确程度的准确性一并放在指标的可靠性特质中。可比性指对照评比的所有评估对象均是采用了相同（或非常相似）的测评方法对该指标结果进行观测提取，以保证各评估对象指标结果之间的分析具有参照提示意义。至于指标可行性则强调指标数据的可获取性。如果某一指标获取便利、获取成本合理，那么这一指标就是可行的。对于评估人实际上不可能或极难获得的数据信息，哪怕该指标再完美地体现了代表性、可靠性特质，也不宜盲目纳入评估指标体系中。对于无法满足以上基本特性要求的数据信息，其相应的评估内容应排除在评估范围之外,并在评估报告中予以专门说明。

(3)法治评估基本原则。法治评估基本原则是从法治评估理论与实践中总结归纳出来的广泛适用于法治评估研究的基本准则。法治评估工作的顺利开展与完成需要遵循一些基本规律,这些规律是确保评估全过程科学有效的保证。评估指标的筛选、指标体系形成、评估体系构建、数据信息的梳理搜寻与分析,以及最终评估结论的得出和响应对策建议的提出都离不开合法合理性、系统性、典型性、公开公平性、可行性等标准。在不同评估案例中,受各种内外部因素的影响,评估原则可以有所差异。不仅如此,在评估过程各环节中其所尊崇的要求也各有不同之处的。例如,评估方案设计环节主要应当依照科学性、代表性、可行性、预测性、系统性等原则要求,评估过程中则需要以公平公开透明等原则为重点。

(4)法治实施评估指标体系的建立方法。第一种方法是理论分析法。这种方法在基础理论研究中应用较多。如研究生态环境法治体系,可通过分析国内外有关生态环境法治理论,从理论的概念、内涵、理论体系等主要初级指标出发,逐步向下演绎或者衍生出二、三级指标,然后基于特定模式组合将各层次指标形成以理论基础、理论逻辑为根基的评估体系。第二个方法是工作实践法。此方法也被称为"平述分析法",即实务部门工作人员根据实际工作中对某一方面问题重要性的认知,将其表征指标予以列举组合,并逐渐积累形成评估指标体系。这种方法在政府部门采用较多,这种方法的好处是抓住了问题中的重要因素且线路简洁,但其碎片化、分离性、系统性不足的缺陷也很鲜明。以上两种方法,一个过于强调理论,另一个高度强调实践。它们是法治评估实践中的两个极端例子,现实中是不会单独采用的。法治评估实践中一般会将这两种方法结合起来,吸取两者优点,从而衍生出第三种法治实施评估体系构建方法,即专家咨询法。专家咨询法综合采纳了理论分析法和平述分析法的特色:首先根据一定的理论体系,对所要研究或者建构的指标体系进行列举;在列举基础上邀请专业单位作选择判断;之后在理论部门和实务部门之间建立沟通渠道,由专家和实际工作部门工作人员各自选择；然后进一步征询专家意见，请他们对所形成的指标体系进行甄选。如此应该可以形成既符合系统性、全面性，又符合实际情况，而且是突出了指标重要性特色的评估体系。

（5）基于 PSR 模型的法治评估体系。在法治评估中，通过建立描述体系因果关系的数学模型，有助于在行为、结果之间建立明确的联系。在表达因果关系的数学模型中，PSR 模型是一个比较理想的描绘评价法治因果关系链的框架体系。PSR 模型采用压力-状况-响应框架对法治运作程序进行直观表达，这些运作程序可以有效显示出法治实施发挥作用的原理。通过 PSR 模型的逻辑分析理论可以为系统评估法治实施提供比较理想的技术方法。以 PSR 模型框架为基础建立法治评估指标体系，根据评估目的确立核心指标和辅助指标系列，或对建立的评估指标设计专门标准化处理程序和规则（指标阈值、权重系数），即完成了基于 PSR 模型的法治评估体系建构过程。基于 PSR 模型的评估体系不仅可用于定性分析，全面完整地概括法治运作系统的性质特点，而且对评估对象进行定量分析的效果更好。该评估体系能够计算对象的各项指标及其数值，可以比较准确地量化表达评估目的的客观状态。PSR 模型为基础的评估体系在评估信息获取上具有高效、简便、快捷的特点，其指标体系具良好的综合可靠性和性价比，利用此评估体系得出的高度实用性评估结论与对策建议能够比较好地满足实际工作的需要。

二、法治实施评估指标遴选

鉴于评估指标对评估报告形成和使用的关键作用，在法治评估进程中将评估对象解析为表征其特性或状况的具体评估指标系统是非常重要的环节。在这个环节里，遴选评估指标是主要内容，是构建评估指标体系的基础，也是评估工作的核心，必须仔细找寻符合评估要求的适格指标。生态环境法治实施的评估指标是生态环境保护背景下，对我国现实生态环境法治实施的终极效果进行合理有效评价而选取的具有代表性的标准参数。评价指标的选取必须在保证符合指标特性的前提下能够直接或间接地表征评估目的,从而使评估结果科学合理。选取适当的评估指标对构建科学合理的评估指标体系和生态环境法治实施评估结果的科学性、有效性和可行性具有积极意义。指标选取标准和过程要求越严格、条件越精细,评估指标体系就越科学合理,评估过程可能就越透明、越一致,评估结论对决策的借鉴意义就越大和越可靠。

1. 基本筛选原则对遴选评估指标具有指导意义。

在指标选取过程中,应当在充分考虑评估指标代表性、可比性、可靠性和可行性等基本特质,以及各种影响因素等基础上建立评估指标的专门筛选原则,为事半功倍地完成评估分析工作奠定良好基础。根据评估理论和评估指标特性标准等要求,基本可以确认:每一次具体法治评估指标的筛选中,最关键是看评估目的是什么,以及作为指标的数据是否具有可得性,亦即评估目的和可得性是评估指标筛选的两大基本原则。

(1)评估目的原则。遴选评估指标的首要原则是评估目的原则。评估指标作用的基础是服务于评估目的,决定评估指标选取准则的主要因素当然非评估目的莫属。目的决定手段,不同评估目的决定需要采用的具体指标。例如,在立法后评估中,以法律质量为评估目的的后评估必然要以法律规范的合法性、合理性、协调性、规范技术性等作为评估的主要指标;以法律实施效果为目的进行的立法评估则需要将适应性、可操作性、实效性等作为主要的评估内容,选取相应评估指标。在法治评估中,要保证评估指标的科学性与针对性,首先要保证评估指标能满足评估目的的需要。法治评估目的至少部分是源自立法目的的,立法所追求实现的目标与该法律规范的所有评估调查问题都息息相关,但即使是对基本相同立法目的的法律的评估活动,也会由于评估报告的用途差异,而要求评估活动必须适应各自特定的目的。对于评估成果只关注法治实施后果,如地方大气或水体环境质量,其选取的评估指标就只需是那些反映关注最终结果的要素,只要数据信息反映出当地环境质量状况持续改善,则法治实施就是让人满意的。不过在这种情况下，由于评估活动没有提供更多信息，评估成果无法表明环境质量为何会改善，无法解析政府生态环保监管是否与环境质量改善有关，也无法厘清生态保护法治建设中的哪些规定和措施对进一步改善生态条件贡献度是最突出的。

在评估目的原则中，最重要的内核是预期终极目标（结果）。评估对象预期终极目标在评估目的中的关键性地位，决定了筛选表征终极目标（结果）之最终成效指标的特殊意义。因此，评估目的筛选原则中必须重点围绕最终成效指标，将其放在核心指标地位。在选取指标以构建评估指标体系时，采用逻辑分析、实证分析等方法对评估对象有效性因果关系开展推论的根本原因即在于评估目的的终极地位。以法治（实施）评估为例，在评估中调查清楚最终成效指标，也就基本可以满足委托机构对法治评估的最大需求。

（2）可得性原则。法治评估研究，特别是量化法治评估，需要对大量"有用"数据信息进行加工分析。离开数据，评估就无从开展。因此降低"有用"数据获取和使用难度，提高指标数据利用效率始终是选配评估指标程序里重要的考虑因素。可得性不仅是评估指标的基本特质，而且它也应当成为评估指标的另一筛选原则，即可得性原则。该原则要求选取的指标应当具有数据便利性、广泛性、稳定性、可比性等特性，能够保证指标信息获取的时间、人力和经济等成本的可容忍性，最好还能满足数据处理分析的简捷性与易懂性要求。现实存在的可供选择的海量数据，其质量难免良莠不齐，而且"有用"数据在法治评估中的作用和地位也是不尽一致的。对法治评估意义最大的所谓最终成效指标的数据信息是与评估终极目的直接密切联系的关键性指示数据，可以有效反映其所代表方面的法治状态。对法治评估具有一定意义的辅助性数据，则主要是那些能够在终极成效数据之上为法治评估效果锦上添花的辅助信息。辅助信息一般不能扮演单独实现反映法治状态效果的主角任务，但是合理利用这些辅助性指标信息可以增加评估结论的准确度或科学性，降低结论出现偏差的概率。这两种指标都存在一个数据信息可获取性的前提条件，否则一切都无从谈起。但这并不意味只要具有良好可得性的指标就能够成为评估指标。评估指标所重者乃是评估对象调查目标指向关键概念的重要度而不是数据信息获取或评估的难易程度。

2. 理想性指标。

准确且可靠的数据资料是评估顺利进行的关键要素。为了保证评估数据的质量,首选当然是具有高度权威和可靠来源渠道发布的所谓官方数据信息,如政府间国际组织、政府官方报告或具有极高可信度组织机构定期连续发布的数据。这类指标数据至少应满足两个条件:一是相关准确性(指标数据与评估目的具有高度相关性和准确度),另一个是权威全面性(该数据资料已经被官方完整公开)。但现实中这两个条件很难同时具备。要么可获得的数据无法准确或可靠地反映法治评估目的,要么官方公开的数据不完整甚至没有可供正式搜寻的信息来源渠道。这种状况导致评估研究在实际操作中的难度要远远高于理论设计中的困难。OECD 经合组织在其《环境指标指南》参考报告中曾提出确立理想环境指标的三个基本标准:政策相关与用户实用性、分析可靠性、数据可测量性。[①]（参见表 4-1）

表 4-1　OECD 环境指标挑选标准

标准系列	具体标准要求
政策相关与用户实用性	●代表环境条件、对环境或社会压力的图景; ●简洁、易于理解并能够表明一段时间内走向趋势; ●对环境、相关人类活动的变化进行响应; ●可用作国际对比的依据; ●适用于国内或重要的区域性环境问题; ●在对照比较方面具有参考价值,用户可评估与之相关值的重要性。
分析可靠性	●技术和科学上具有良好理论基础; ●其有效性取得国际共识; ●与经济、预测和信息系统等模型相融合。

[①] *OECD environmental indicators*:*Development Measurement and Use*（OECD 2003）, p. 5.

标准系列	具体标准要求
数据可测量性	●数据获取成本低； ●资料数量足、权威性高； ●按照可靠程序定期更新。

在现实中，受限于指标数据实际可得性限制，很多时候法治评估者不得不调整理论上的最佳评估方案。例如，按照成本效益分析法对不同地区法治实施绩效进行评估比较时，兼顾成本与效益的总指标当然比仅选择成本或效益指标系统的效果要好，但同类后果的跨地区评估比较研究更具有现实可行性。因此，在评估实践中使用最多的往往是法治实施中某种结果的成本效益数据资料，对整个法治实施体系的所有结果进行全部成本效益分析的少见。有时候虽然在法治实施绩效评估指标体系建立中包含了多个数据来源，但基础数据通常只会关注成本效益框架中的某一种因素。在有些评估实践中，评价指标数据获取难易程度会随着一些因素（如评估研究的时间长短、评估涉及的法律/法条数量以及拟进行评估比较的区域范围）的变化而改变，理想数据也可能改变性质。如果试图对法律体系评估或对跨区域法治实施情况进行横向的比较评估，那么即使每部法律的指标数据收集难度都不太高，涵盖法律规范越多的法律体系或涉及区域数量越多的法治评估，将需要收集处理更多的指标数据信息，也就是说随着评估对象复杂化程度越高，数据信息可得性状态呈下降趋势。此时，有可能某种原本不会出现到法治评估视野的替代性数据信息被纳入评估指标之列。在最佳理想数据缺失或严重不足的情况下，如果不能解决关键信息不可得问题就无法顺利完成法治评估任务，这时作为替代方案登场的替代数据（B角数据）信息将有助于化解这些数据分析使用上的困境。

3. 核心指标与辅助指标。

在选定的指标系列中，核心指标通常是可用以传递表征法治意图实现终极目标信息的最终成效指标。法治实施必然带来多个值得关注的结果，关注这些结果的原因在于评估者不同的评估目的或对各种不同终极价值的追求,如健康、环境、安全、成本、公平等。采用这类概念性的价值理念描述法治实施后果十分抽象笼统,必须使用更清晰、直接的评估指标加以明示。由此产生的一个问题是选取不同指标可能对这些价值理念的评价结论表现出较大差异。例如,评估法治实施对公众健康目标(理念)的最终成效,应该会使用诸如提高预期寿命、或减少某种疾病(如哮喘、心脏病、癌症)发生率、医疗保障水平改善等测评指标。到底最终选择使用这些众多特定健康测评中的哪些指标将取决于评估对象和评估目的。比如说,根据病理学原理,如果试图评估水环境保护法律规范的实施后果就适宜选用肠道疾病方面的测评指标;而如果目的在于评估大气污染防治法实施效果则选用呼吸系统疾病发生率指标更加合适。终极成效是评估法治实施的核心目标,法治评估核心指标必须根据评估目的及其调查目标,选取能够合理反映出价值理念和实施调查目标关系的最终成效指标。以排污权交易管理制度为例,如果评估排污权交易管理制度规范的最终目的是控制区域污染物排放总量,或者是降低区域污染物治理成本,那么评估就要尽可能包括对区域内污染物排放总量指标进行的测评。对关注问题的结果绩效分析可以简单地通过对当地污染物监测数据进行纵向量化比较,或者是通过以货币形式估算相关管理规定实施后地方污染物治理的经济成本降低程度得出结论。

在承认表征评估终极目标的最终成效指标重要性的同时,也不能忽视对行为、措施和中间结果等辅助指标的筛选。因为即使法治评估所调查问题的最终成效指标经量化测评确实是有效的,也不一定就表明法治实施评估结论就是肯定性的。有些最终成效指标并不是具有排他性的唯一评估指标,其他诸如辅助指标也在评估指标体系中占据一定权重,评估结论需要综合考虑所有评估指标的结果。在前面有关实施排污权交易制度的例子里,如果排污权的市场价格过低,那么虽然对交易主体而言通过市场交易可以降低污染治理成本产生明显效果,但由于外部不经济性现象的存在,社会成本必然提升,法律实施的整体成本效益并不见得好。辅助指标同样需要根据指标筛选的评估目的原则进行合理选取。通过对行为、措施和中间结果等辅助指标进行评估，可以在明确评估成果是否改善外部环境的基础上，进一步提示评估对象是否有效以及今后可以如何进一步改进。

还有一种常见的情况是，法治评估的相关核心指标数据不可得或不充分。在这种情况下，评估者就不得不依靠其他指标或中间结果等间接性的辅助指标。事实上，即使能够调查清楚核心指标，辅助指标也可以发挥重要作用。一种情况是其他因素严重影响最终结果，导致出现即使最终成效指标可用且可靠，可能也无法将最终成效确切影响归因于作为被评估对象的法律上的现象，这时就不得不借助参考其他指标的指示才能作出科学评估分析。例如，评估大气污染防治法的最终结果应是公众健康（如预期寿命），但是即使采用先进的统计分析手段和评估框架体系，也很可能无法分离出大气污染因子（或说减轻的大气污染因素）对公众健康的最终实际影响效果。因为，一方面许多与公众健康有关的其他法律政策，如食品卫生、环境卫生、医疗保健和经济状况等方面的政策措施都对公众健康（预期寿命）有积极贡献；另一方面如果能够找到可靠的措施监测工业烟囱中实际产生的污染量（中间结果），那么将这些排放量的任何变化归因于被评估的大气污染防治法律规范，就会使评估工作开展起来容易得多。出于类似的原因，使用相对人的行为指标在某些情况下可能也有助于对法律的即时效果进行更有力的归因推断。例如，确定大气污染防治法对大气污染物排放活动的因果影响时可只需要考量相关企事业单位的排污行为即可；但若欲确定大气污染防治法对减少空气污染事件的影响则还需要考虑当地环境容量、气象条件、产业结构、能源结构等众多因素。一些措施类的辅助指标对衡量因果关系也是非常有帮助的。在一些以法治实施水平为评估目的（例如，执法能力建设、行政处罚等）的评估活动中，往往要求建立更详细具体和定量的活动措施指标。

4. 替代指标。

在获取至关重要的评估指标数据时，残酷的现实总会击碎良好的愿望。法治实施评估中经常发生最佳数据信息无法或难以获取、现有指标数据不能全面反映法治实施客观状态的情况,或者在获取的数据中含有较多干扰因素严重破坏了评估结论准确性。也就是说,评估者手头有限的所谓可信数据来源并不能总是自然而然地满足各类评估研究的需要,很多时候评估者不得不认真研读潜在数据来源资料,从中找寻支撑评估指标的有用数据信息。然而,指标数据可得性障碍不以人的意志为转移的客观情况,决定了必然存在评估者无论如何也没有办法获取一些至关重要指标数据的情形。有时尽管数据在形式上似乎具有可得性,但实际对评估分析几乎没有任何意义,这属于数据信息的实质不可得。比如,在评估研究的时间周期范围内,数据来源资料的统计口径、指标表达等发生改变,使评估者难以对不同年度相关数据进行有效比较,因而难以据此开展纵向评估比较。这一方面可能是由于国家政策法律调整导致信息分类情况变化,另一方面也与信息公开制度的认知和实施水平有关。例如,在 2015 至 2019 年间,《上海市生态局政府信息公开工作年度报告》的有关栏目信息、信息处理方式等表达形式一直在调整,这对相关数据统计分析造成不小困难。在这些情况下就只能按照可得性原则实施数据替代方案,即采用替代指标。

替代方案是在现有可得性数据信息中采用前序性数据或变通性数据等替代指标数据填补不可得的核心指标数据的一种变通对策。所谓前序性数据是与后续结果或最终结果有一定因果关系的行为或中间结果方面的数据信息,如企业内部环境管理规范情况作为企业环境事故后果的先兆、城市环保基础设施建设运营状况作为环境污染事件的先兆、大气污染物的排放作为公众健康问题的前兆,等等。替代方案的另一层含义是指标数据可以使用某些替代性数据信息,或者虽与最佳理想数据不构成因果关系但却是有一定关联的可用数据,如以污染受害人数或面积替代环境损害的负面影响、对环境损害肇事单位的行政处罚力度替代环境损害事件的大小等。但无论如何,变通性数据和前序性数据必须与其所替代现象之间存在某种连接点,如在对污染物排放与健康影响之间因果关系充分了解的前提下,可以直接将污染物排放数据用于对生态保护法律的健康效果评估。

在法治评估中,获取替代指标数据信息的重要方式之一是直接调查法。即通过走访相关个体对象,与之进行广泛而深入交流基础上取得评估信息材料。试图对法律适用范围内所有对象(个人和单位)都全面开展走访调查往往是行不通的,通常只能选择部分有代表性的个人和单位进行沟通。直接调查法的缺陷在于即便仅仅与少量代表进行座谈交流也意味着巨大工作量,而且这种方法还会受到受访者隐私保护方面的限制。在这种直接调查法不可行的情况下,一般可以采用问卷调查法。问卷调查对象是以特定标准选择调查目标对象中具有一定代表性的适量群体或个人。由于问卷调查效果取决于所有答卷人的配合,问卷调查结论来自对有效问卷的分析归纳,这种方法的准确程度肯定不如直接调查法高。尽管变通性数据和前序性数据等间接指标比直接调查数据获取更方便,但在采用这些间接指标时需采取谨慎保守的态度,不能因其便于获取利用而过于依赖这些间接指标。如果这些间接的替代指标与事件结果之间没有确切因果关系,那么它们就无法为判断法治评估实施结果提供准确和可靠的参考。

5. 备选指标。

如前所述,评估目的主导着评估指标的选配,但是法治总是处于变动发展过程中,这决定了法治评估也应该是动态的,会面临各种难以预测的变化情况。试图一劳永逸地建构适应所有评估要求的万能量化模型的设想是不切实际的,评估中常常会碰到意料之外的问题,这一方面是源自法律固有的抽象性和法治实施形势内容的复杂性,另一方面则是因为评估指标必须能反映法治实质属性之外的重要信息。确定调查研究问题、收集初步测评数据、界定术语、完成评估研究等工作均需要考虑到对这些情况以及法治评估过程中其他意料之外现象的适应问题。为了适应这种情况,在某些情况下可以尽力增强评估指标的适应性,扩大评估指标体系的适用范围。例如,可以在评估指标体系中添加可变的备选指标。这类"备选项"指标与既定的固有评估指标不同,它可根据不同类别的评估对象、评估目的的需要进行调整,这样就能够为评估人员提供处理各类评估情形的选择机会,减少因僵化利用评估模型带来的偏差，增加评估机制的适应性，从而保持了评估模型的相对稳定性。至于各具体法治评估研究模型中备选指标的选择，则可以通过前期分析研究和预评估予以确立。

三、法治实施评估指标体系实现进路

在法治评估开始之前，需要思考评估指标选择和指标体系构建问题。如指标不能太过笼统，要尽可能地将评估指标细致化；为了防止混淆，要避免同时采用具有相似性的指标；还要对指标含义进行明确界定限制。指标设计既要有前瞻性、导向性，又要防止与现实脱节。法治实施评估指标应尽可能在国家相关政策和法律文件的概念和精神中寻找指标线索。文件级别越高，相关线索出现越频繁，则该线索指向的指标的重要性就越高。同时，若该指标的可比性基础数据多、获取性强，那就算得上是理想评估指标了。由适格评估指标构成的评估指标体系如果具备了简单便捷、适应性好、内部逻辑一致、实用性好、预测力强和可测试性佳等特点，那么这种指标体系就符合了完美评价指标体系的所有条件，即便能符合其中大部分条件也算是不错的指标体系了。[①]

1. 评估指标的几个维度。

在考虑指标筛选原则的基础上，对不同类型评估指标组合的运用方面也有值得思考的地方。科学有效的法治实施评估体系应当是根据法治评估的具体评估对象、评估目的、数据可得性等条件，在评估理论的指引下，合理搭配主观与客观、定性与定量、肯定性与否定性、选择性与非选择性等不同类别性质指标组合构建而成。

（1）主观指标与客观指标。在指标体系设计中，应当兼顾客观指标和主观指标，使二者结合起来反映评估对象状况。客观指标是超越主体心理情感偏好以外的、反映事物原初面目的指标。客观指标一般可以通过统计指标表现出来。主观指标又称感觉指标，是指不可能或

---

① Tan W, *Practical Research Methods* (2nd ed, Prentice Hall, Singapore, 2004), p. 60.

难以用直接度量或计数取值而只能凭人们的感受、评价确定其量的指标，如民意测验、对事物综合评价等指标就属主观指标。在研究社会结构、社会关系和社会生活等方面的内容时，大多使用客观指标，如某地区的人均收入、家庭平均人口数等。[①] 但主观指标并不一定不客观。相反，只有具有一定客观性的感受性评价方能成为主观指标。虽然最佳实用性评估更注重客观事实而不是主观信息，但法治实施中不可避免要涉及主观价值。诸如公众对法律的认可度、对法治实施的满意度等属于主观判断范畴的指标都是法治实施评估中的组分。在法治实施评估时，既需要对法治过程的客观事实进行评价，也要考察收集专家、执法者、普通公民对法规执行效果主观感受的评价。总之，缺乏客观指标纯粹由主观指标组成的指标体系会因不同个体巨大的认知感受差异，而导致评估结果不确定、不准确；而完全使用客观指标的指标体系，又会无法感知法律关系主体对评估对象的需求和满意度，从而失去对执法、司法和守法等方面效果的有效认知。另外还有一种情况是，当法治实施评估变量指标没有可适用的客观数据，或者这种客观数据的获取成本高昂且难以提取，评估也就不得不部分地依靠主观信息，此时主观指标扮演了类似替代指标的角色。在确定法律目的、法律原则或评估行为后果等法治评估中，经常牵涉到客观数据、主观价值和利益冲突的情形，试图剔除这种复杂情形以使评估保持纯粹"客观"性的想法是不现实的。为加强法治实施成效，提出因应对策建议的生态环境法治实施评估必须兼顾客观事实和主观判断。

（2）选择性评估指标与非选择性评估指标。对评估指标结果的表现形式依选择性后果与否标准划分，可以把评估指标分为选择性评估指标和非选择性评估指标。选择性指标具有良好的区分划类指示性，可以较好地衡量比较评估对象的效果差异。但选择性评估指标不宜过多使用"有效/无效""好/坏""高/低"等二分法变量。因为二分变量很容易抹去法治实施中实际状况的差异性，容易得出近似却不精准的结

---

① 李亚雄：《发展社会学》，上海：华中师范大学出版社，2008年版。

论,降低了评估数据信息的分析价值。通过增加二分性选择性评估变量,创建多元的程度-效果测评变量,如"非常有效""有效""比较无效"和"完全无效"能够较好地解决这个问题。法律文本性特点使其比较容易采用多元选择性变量进行层次划分标记,从顺序或间隔级别上测量法治实施的特征,由此进行程度-效果分析,从而合理地增强测评法治实施效果的统计能力,或更紧密地将分析模型与理论相匹配。在针对单部法律规范实施的专门评估调查中,评估指标体系框架中可以视具体情形增加部分辅助参考性的非选择性评估指标,如法律修订时间间隔、执法力量与适用对象范围数量比例、地方立法属性等参考信息。这些参考性的非选择性指标往往能从不同侧面反映评估对象的客观状态和实际效果,可以较好填补主导选择性评估指标的缺憾。

(3)肯定性指标和否定性指标。肯定性指标反映评估对象产生的正面效应,比如社会公众对生态环境法治实施的满意度,该肯定性指标的统计数据越大说明法治实施预期目的落实成效越显著。否定性指标反映评估对象带来的负面效果或存在的问题。如生态环境行政执法行政复议、行政诉讼纠正率(行政复议案件被撤销或变更率、行政诉讼案件败诉率)、生态环境司法案件错案率。否定性指标的意义在于对评估对象的反向指示性,即其与所表征评估对象的效果成反比。否定性指标统计数值越低,说明评估对象的成效越好。法治实施评估指标体系大多数应是肯定性指标,但也需要配置部分否定性指标,正面和反面两个方向的配合可以增加综合评估的真实有效性。

(4)定性指标与定量指标。在现代法治评估中,一般会兼顾使用定性和定量两种分析方法。相应地,指标体系构建中会采用定性指标和定量指标。虽然我国法治评估研究略有忌讳大量使用主观指标的情况,但国外一些知名法治指数中大量使用的却恰恰是主观性指标。其实定性指标与定量指标之间本无所谓哪种更加科学合理或高深问题,只是根据评估目的、评估标准和评估调查问题等具体情形,以及相关指标信息获取途径与可能性进行选配。若单纯进行定性分析,以主观判断分析为主,评估结果可能会有比较多的个人主义色彩;但试图全部选取定量评价指标也是不可取的。在一些关键性指标难以用定量标准衡量或很难获取量化数据的时候，就应该采取定性分析的方式。根据具体情况结合使用定量指标与定性才能构建更符合需要的评估指标体系。

合理利用以上这些指标组群，可有效构建法治实施评估指标体系，进而能更加科学、合理、有效的评估生态环境法治实施状况。

2. 评估体系设计进路。

法治评估体系、框架设计前至少应思考三个问题：第一，评估对象包括哪些方面和内容？第二，本次评估目的是什么？第三、如何将评估目的转化为可比较、可测量的评估方案？对此三个问题的思考和回答基本上也就是一个评估体系设计的逻辑思维预演。法治实施状况评估的两个基础方面包括确立可靠的评估指标体系和构建合理评估框架体系（模型）。评估指标体系是反映评估对象实现特定目标进度或状态的若干元素之组合。法治评估指标体系的作用在于其能够通过对关键信息数据的测评实现法治评估简洁化，但若是这种简化设计出现缺陷就会导致因将复杂的信息过于简化处理而出现信息反映失真问题，对法治评估准确性造成损害。

为了有效评估法治实施情况，一般需要通过设计一系列相关指标参数测评法治实施效果，并以在此基础上专门构建创设的评估体系框架（模型）对法治实施的最终成效后果和影响进行评估。法治实施效果外在表现的实质是多种相互制约、相互牵涉的内外部因素综合作用的结果。评估指标体系的目标就是要根据评估目的梳理归类这些影响因素，并在使之概念化基础上搭建具有一定维度与变量的测评框架。对评估指标梳理归类过程就是评估指标体系的演绎推理过程，即由评估对象评估目的包含的少量核心概念引申出次生概念并依次纵向类推，最后发展为不同层级的指标体系。在推进评估指标体系的实证评估分析过程中，自然科学中的统计学方法能够发挥较好作用，因为指标体系是信息来源多样化的大数据集合，包括政府数据、第三方监测数据、专家访谈、公众调查和文件分析等信息资料。由此，科学适当的评估指标体系有助于把最接近于评估对象真实客观的实践表象平实地呈现出来。除选择适当的指标系统外,评估工作的另一个基础性工作是设计创建评估框架体系(模型)。这个过程通常是研究建立数学模型以描述系统的因果关系或相互关系,将指标系统的变化归因于所评估法治实施对象的过程。在完整的法治评估程序中,设计创建的评估框架体系应当经过实证检验,再进行修改完善并最终成为具有一定较为广泛指引性的评估样板方案。

生态环境法治实施评估体系的构建必须能够直接或间接地表征生态环境法治实施效果,同时,选取的指标本身还应具备有效性与合理性。基于前面研究,PSR 概念框架下的生态环境法治实施评价指标体系应当由互为因果的压力、环境状况和法治实施响应三类指标构成。其中法治实施响应指标包括生态环境执法、司法、守法等指标序列。按照层次分析法的评估体系构建方法,生态环境法治实施评估体系的目标层是生态环境法治实施评估目的,准则层范畴指标层的主要一级评估指标当由作为法治实施响应的执法、司法和守法三者构成。另外,排除了自然因素的环境问题根源(压力)和生态环境好坏形势变化(状况)也可以作为相对次要的一级指标纳入指标层。在这些一级指标之下,又可以根据具体的评估目的和调查目标指向,对一级指标做进一步细化分层。如生态环境执法指标可以分为执行过程指标和执行后果效果指标,生态环境司法指标可分为效率指标、公平指标、效果指标等,生态环境守法指标分为公众守法指标、企事业单位守法指标和政府守法指标,或者公众参与指标、公众环境意识指标、公众满意度指标等。简言之,评估指标体系构建就是依托演绎逻辑思考能力,朝着评估目的沿着横向展开和纵向推进路径搭建指标系统,最终形成一个具有内在逻辑线索的指标组合序列的过程,这个序列能够较好地反映、预测评估目的的实现情况。

3. 法治实施评估体系构建的影响因素。

法治实施评估体系构建需要的考虑的影响因素主要体现在两个方面,一个与评估指标遴选影响因素有关,另一个与评估体系的影响因素有关。

（1）指标遴选的影响因素。前面提及评估指标选取中最重要的影响因素是评估指标的评估目的原则和（数据）可得性原则，但除此两大筛选原则外，评估指标的选取还须考虑多方面的其他影响因素。筛选原则与其他影响因素存在一定关系，它们都对评价指标的选取产生影响，只是程度上有差异而已。筛选原则是决定候选指标命运的关键影响因素，候选指标不符合筛选原则就无法改变被放弃或调整的结果；而其他影响因素则或多或少地对指标入选起到促进或约束作用，恰似遗传是影响身高的关键影响因素，而运动等因素虽可以对身高产生影响作用却不是决定身高的最关键因素一样。指标的其他影响因素对指标入选带来或大或小的正反作用（多数影响因素是反向作用），有时候这些影响因素会降低评估指标的效果或意义。通过合理纠偏方法能够较少或降低这些不利影响，创造条件使候选指标入选评估指标系列。

① 评估主体是评估指标选取的影响因素之一。不同评估主体开展的法治评估工作都有各自不一的现实考量与方向，如立法机关等为修改法律做准备而开展的专门针对立法质量、实施绩效、存在问题及其影响因素等进行的立法后评估，或者是为预测法律实施后的影响所开展立法前评估；学术机构等第三方组织出于学术研究目的或舆论引导性目的，对法律体系或单项法律规范的立法技术、实施绩效等进行的实证性评估，等等。评估报告的潜在使用者也会对评估指标的选择造成一定影响。立法机关开展的立法前评估一般会选择有关立法必要性、立法与现行法律体系协调衔接性、对社会政治经济与文化的影响和效益、法治实施成本等方面的指标；法治后评估多关注法治建设中的立法技术、立法过程，以及法律规范的适应性、可操作性、实效性等涉及立法质量修改完善的指标；执法机关最关心法律规范的可操作性、适应性等法治实施性指标；而第三方机构则可能更着眼于建构理想化法治体系目标的指标，以便为健全完善法治体系提供科学全面的对策建议。当然，无论是何种评估动机，都不能不考虑评估工作的时效性、可行性，以及指标数据可获得性、便利性等制约条件。这是所有法治评估能否顺

利完成的基础保证。

②　在跨区域法治评估比较中,评估指标选配还必须考虑当地自然、社会和经济等影响因素,在生态环境法治实施评估中尤其是如此。法律适用当地的具体自然条件(地理地形、气候、土壤、自然资源、水利资源、生态容量、气象水文、耕地湿地自然保护区、生态保护红线区等特殊保护区域)、人文条件(历史文化背景、名胜古迹、人口素质、生活习惯、传统观念)、经济社会条件(产业发展水平、行业特点、产业结构、能源结构、支柱产业、消费能力、教育水平)在对不同地区生态环境法治实施的横向评估比较中都是必须考量的影响因素。这意味以上相关影响因素都有可能根据需要体现在相关评估指标体系中。地方生态环境状况往往对生态保护法治实施评估方向产生较大影响。比如在生态基础条件好的地区,生态保护法治建设体现的重点原则应当是预防原则,应当是加强"三同时"制度、环境影响评价制度、生态保护红线制度等法律制度的建设和落实;在生态破坏严重地区,生态保护立法、执法等法治建设的重点要体现出生态保护法律原则中的环境责任原则,要加强生态补偿、生态修复和污染治理等方面的法治建设。相应地,生态保护条件不同地区的法治实施评估也应当有不同的关注角度。

③　法治评估的标准尺度在某些预判性评估中也会影响到指标配置。在法治建设中,主要有三类法治评估标准尺度供法律部门在对法治措施进行前瞻性预判时参考：一是效果尺度,即法治措施能在多大程度上改变人们的行为或产生效果? 二是效益尺度,指法治措施为了实现正面效应的时候需要付出多少成本? 三是效率尺度,即在能够将法治措施的正面和负面影响都予以货币化计算时,正负收益之差是多少?

④　各方利益均衡分配。不同法治方案极可能对不同人群产生不同的影响后果。有些群体会因此负担更多,而另一些则受益更多,这种现象在任何法治系统均为法治实施的常态。因此,平等标准需要考虑何种法治措施规则可以相对公平地影响利益分配结果。这其中,成本效益标准和净收益因数据获得性障碍无法作为法治评估实践普遍采纳

的准则。平等虽然是普遍认可的准则,但有关利益公平分配概念难以进行相当精确地定标。由此看来,似乎只有影响/效果是运用最多且广的法治评估标准,这也使得那些能够较好反映法律政策目标效果的指标最有可能入选评估指标体系。例如,反映生态环境治理效果的环境空气质量达标天数、污染物排放达标率、重点污染物减排量、环境基础设施投资等数据信息,能有效反映环境问题压力和状况的突发性环境污染事故、主要污染物排放总量,反映生态环境行政执法能力的执法人员数量、经费、执法设备采购预算、培训时间等等。

（2）法治评估体系构建中的考虑因素。构建法治评估模型过程时需要关注相关政策形势、评估目的和评估能力等因素。在评估开始就从全方位多因素着手,只有在法律政策、适应性与成效等方面构建具有内在关联性的评估体系模型,才能事半功倍地推进评估过程和后续分析研究的质量。除了影响评估指标选配的因素外,构建评估框架体系时要尽量确保该体系能客观全面地反映评估对象的实际状况。例如,要注意指标体系的整体系统性、相对独立性、简明扼要性等性质要求,使评价指标体系能够反映系统的全局全貌,反映系统的整体功能,而不能只是各部分简单相加;每一评价指标都应具有比较独立的含义和界定,指标之间不能相互代替、相互交叉;指标体系不能太抽象笼统,要厘清评估指标之间的差异,避免出现指标概念混淆。法治评估模型构建中还需要综合考虑其他法制安排的影响。有些法治效应实际上是多个法律（系统）共同作用的后果,很难计算出某一单项法律规范的贡献价值。如果不能预见评估对象的边界效应必然会降低评估研究的效用,从而无法准确解释所观察到的法律效应。此外,还有一个比较容易忽视的考虑因素是立法产生实际效果的时间滞后因素。虽然有些生效执行的法律规定几乎可以立见成效,但大多数时候法律规定制定或修订日期与法律生效后产生显著作用的时间之间会因延迟效应,以至于难以准确测评确定法律的实际效果。

在设计法治实施评估体系框架时,应当考虑的其他情况还包括准确描述与法律规则实际效用相关控制变量的范围,如法律规范及其在特定评估研究中的作用属于自变量还是因变量问题,当地经济社会发展水平、相关法律关系主体的教育收入民族等背景和特殊地理位置(城市/农村)等问题,这些都是在构建评估体系时需要考虑的关联性因素。从概念上讲,控制变量可以扮演不同角色。既与法律政策本身有关,也与其结果有关;也可能具有某种调节作用,调节着受到此法律影响的对象;还可能表现为法律与效果之间因果链的一种媒介。从理论上讲,对相关控制变量的描述应当在研究初期就做细致考虑,并在评估模型中体现出来。另外,初步构建的评估体系框架还要求具有一定的灵活性与弹性,可以根据预评估或后续评估过程中发生的关键措施可操作性和数据收集难易性,及有关适用法律的后续成效情况加以修正调整。

评估体系的构建最终要综合考虑每一评估项目的评估对象、调查问题、评估目的、评估条件和评估基础等多方面实际情况进行统筹安排,以保证法治实施评估体系符合科学性、典型性、可操作性和可比性等原则要求,科学地反映法治实施的客观状况,有效反映法治系统的变化规律,并使各指标数值具有可测量和搜集便利性,且能在不同时空范围进行比较分析。

四、评估指标数值处理

在以定量分析为主要评估分析手法的法治量化评估中,建立评估指标体系只不过是完成了阶段性任务,并不算成功构建了完整的法治评估体系,因为至少还需要完成一个对评估结果准确性具有很大影响的步骤,即设定各指标的不同权重(系数)。在法治实施系统中,各种评价指标的地位与作用是不一样的,也就是说,这些指标对法治实施效果的贡献值或重要程度存在差异性。例如,在有关环境司法评估中,司法公正和司法效率的重要性是不一样的,司法效力和司法透明度也是不同的。这也就是为什么在评估指标划分上需要设定核心指标、辅助性指标和替代指标的原因之一。在法治定量分析评估中,需要对这些不同类别的各种指标依照其重要性赋予不同的权重,并在最终计算时得以体现出来，然后才能设计出相对合理有效的量化评估模型。

对法治实施进行定量分析就是对抽象的法治实施概念进行分析加工处理，使之表象更加具体化，提高其可比较性、可计量性和属性，从而被更加直观的认知与排序比较。以生态环境法治实施量化评估为例，可通过在该系统中搜寻具有一定意义的数字量化证据来评价法治实施的效果程度，如在立法方面指标中设定生态环境立法空白点数量、法律修改次数与时间间隔；在执法方面指标选择各类适宜的信息公开数据、生态环境执法经费预算、培训次数，以及行政复议和行政诉讼数据；在司法方面选择案件数量类与时间类指标（如果可能的话）；在守法方面通过问卷调查统计分析结果设定评估指标，等等。总之，就是以数据说话，用数字表现评估对象的状况和状态。基于前面对各类指标地位意义差异性的判断，各类指标数据在法治实施量化评估中的作用必然不能同等对待，核心指标的数据应当适当倍增，辅助性指标数据必须适当裁减。对这些指标数值进行调整的依据是各指标在法治实施体系中的地位作用大小，调整的方法是通过制订指标权重系数。虽然权重问题与指标体系同等重要，但是其与指标体系建立对评估者意味着是巨大挑战不同。目前权重设定问题已经有比较理想的解决对策，评估指标权重可以通过德尔菲法交由特聘专家组根据他们的深厚经验主观判断获得。（因在第二章第二节中已经比较详细介绍了德尔菲专家打分法，故此处不再作过多讨论）在使用德尔菲法组建专家组和实操过程中要注意两点：一是专家成员的选聘应是基于其对被评估对象相当了解，这些专家可以是部门内的实务管理者，也可以是外聘专业人员；二是为了防止专家主张意见时受外部因素干扰，必须避免专家之间互相沟通讨论，使每一位专家都是单独发表自主意见的。另外需要考虑到的一点是，在运用德尔菲法的实践中，与专家们沟通所耗费的时间周期有时候会非常漫长，可能导致法治评估工作进度大大落后于计划，对此应事先有所准备。此外，在法治定量评估分析中，对指标数据除了要运用权重解决指标作用差异外，为了保证指标计算顺利实现还要进行指标数据标准化处置。因为各类定量评估指标并不一定能直接进行量化比较,需要对指标数值进行标准化处理,使之成为具有可比性的无量纲量。评估指标数值无量纲化是从定性评估向走向定量评估转化的关键步骤,也是评估者完成法治实施评估任务中的面临的挑战之一。

第二节 法治评估流程与质效保障

一、法治评估流程

无论哪种评估类型,其评估流程或程序都大致相似。一般流程为:评估立项后确立评估对象、评估目的和调查目标问题——制订评估研究方案——构建评估体系——拟定数据收集分析方案——试评检测评估体系——正式评估(收集数据、分析解读数据)——得出评估结论——撰写评估报告。以下按照上述法治评估流程逐项介绍法治评估工作内容及须注意的问题。

1. 确立评估对象及目的。

开展法治评估的第一步是明确界定评估对象(如法律规范、法治实施)的内容与范围,分析相关政策法律背景。虽然在法治评估项目确立以后评估对象范围基本上也就确定或大致确定下来了,但是鉴于生态环境保护涉及范围广泛性、交叉性等特点,以及生态环境法律规范自身的复杂性,对生态环境法治的评价对象范围进行精准界定和缩限对于制定科学合理评估方案、开展有效法治评估工作至关重要。其实即使在事先已有明确界定和具体规定的情形下,生态环境法律仍然可能牵涉多个法律部门和学科领域,使对生态环境法律的专项评估难以有效实现。例如,在试图对我国生态环境法律体系进行总体评估的时候,若没有施加限定条件地进行评估,从周全性角度上讲就需要对我国现行生态环境法律体系进行全方位评价。前已述及,我国生态环境法律体系不仅已经基本完备,而且体量庞大。对规模宏大的法律体系或海量的法律规范进行评估难免出现挂一漏万的情况,更何况各地经济社会发展程度和生态条件等存在比较大差异，各地生态环境法律实施情况亦不一致。因此，现有研究几乎不可能也不应该对所有法律规范的实施进行有效评估，否则法治评估从启动时即埋下评估失败或不理想的隐患。考虑到这种情况，对法治评估设置科学合理的条件就非常有必要且有可行性。提前设定限制条件，缩小评估对象范围，尽量确立具体评估对象或具体评估调查目标，可以提高评估可行性和准确性，使评估工作更有针对性和效率性，实现评估结果的准确性和实效性要求。例如，以"我国生态环境法治评估"为宽泛评估对象的宏观抽象性总括法治评估，必然不如"我国《环境保护法》实施效果评估"这种相对专门性评估的准确性好，而后者在评价准确性和深度性方面又肯定不如"《环境保护法》某法律制度评价"等精细微观评估研究。

关于确定评估对象还有一个情况是要考虑立法滞后于政策改革的问题。对于立法时间久远，政策环境已经变动大的法律规范要制订评估计划，优先纳入评估对象，为后续法律修改做好准备工作。受立法能力的限制，我国许多立法存在滞后现象，越是级别高的法律的制定过程越复杂，往往越冗长，制定修改周期也就耗时越多，导致许多法律因出台时间久远而适应性差。这个问题在生态环境保护领域是非常显著的，往往会导致许多立法规定已经无法或不再适宜作为执法依据，以至于有些法律规定在实践中几乎没有得到有效适用，甚至没有得到严格遵守，这种局面只能等到相关立法计划批准落实后方能改变。因此，需要注意立法（修法）不及时导致的法律不适应情形会对法律实施（执行）产生较大负面影响问题。现行有效的法律规定由于出台年代较为长久，虽然其依然存在法律效力理应得到执行，但似乎现实中的情况却比较复杂，有时候新政策精神与既有相关立法规定并不一致。按照政策先导于法律、立法是对政策反映的通常态势，实践中当然会表现出选择执行新的政策而不再严格执行不合时宜的法律规定，如此一来，必然对相关法律规定的遵守和评估产生重大影响。

评估目的是评估的灵魂，它决定了后续所有评估工作的方向和内容。通常评估工作执行者，特别是受托开展评估活动的主体是不能完全自主控制评估目的的。这种受托评估情况下,评估目的大体上要受制于评估委托方的要求,并总是与评估立项发起方或委托方的目的要求挂钩的。一般而言,法治评估目的无外乎检测评价法治建设质量、法治实施效果和法治环境等。相对于评估目的的限定性和非自主性特点,围绕评估目的展开调查研究的具体目标问题设定,大多是需要由评估者发挥主观能动性予以确定的。调查目标问题实际上指引着后续评估指标遴选、评估体系构建、数据收集分析等主要评估过程中的活动,是居于评估的核心地位。

2. 设计制订合理评估方案。

评估方案实质是要解决评估分析中最关键的三个问题:试图调查了解什么情况、如何调查了解和需要哪些核心数据。评估分析工作实际就是围绕这三大问题构成的评估方案推进执行的,最后得出评估结果。不得不承认的一点是,在法治实施评估中很难找到被广泛认同的、可直观反映法律实效结果的评估方案。法律是一种抽象概念,本质上并不具备经验性基础,所以法治评估无法直接套用对自然现象观察验证方法。我国"宜粗不宜细"的传统立法原则使得法治实施不得不依赖立法机关、司法机关在立法以后的进一步解释,或者借助典型案例的指导。有时候宏观政策形势等因素也会对法治实施产生较大影响。在这种背景下,法治评估方案就必然要密切关注拟评估法治对象的适用范围、立法目的、制定机关及其与其他法律之间的关系等因素。事实上,即便是具有相似评估目的的各类法治评估方案也可能因为法律规范立法目的差异而有所不同。例如,在生态环境法治实施中,污染控制类立法、损害赔偿类立法与生态问题预防类立法的实施机理不尽相同。污染控制法律规定针对业已发生的生态问题,主要从减少、治理和救济方面建立法律制度,其法律实效性相对明显,通过环境监测、环境监察和公众反应等途径能够比较容易获得结论;旨在防范环境问题发生的预防性生态环境法律,由于环境问题的复杂性、地域性和难以完全避免性,这类法律实施评价往往不容易得到程度性评价结论,特别是在开展不同地区生态环境法律实施的横向比较评估时更是需要高度留意,必须采取另外不同于前者的评估标准。国家法律规范内容的统一性与地方法治实施基础的差异性对法治评估实施的变量因素控制、共性评估指标确定等形成挑战。对国家层面法治实施进行的评估研究必须关注相关立法或法律体系在不同地区的适用、履行差别问题。由于我国法律的基本结构是统一的，因此通常可以进行跨区域比较，但在对不同地方法治实施进行横向比较评估的时候，由于不同地方经济、社会、环境条件基础不同，导致地方法律规定会有所不同，立法目标与内在结构也会有差别。恰当的法治评估需要注意所有这些差异情形以及法律体系内部诸规范的相互作用。在对跨区域生态环境法治实施的实证评估研究中，区域经济社会发展水平、地方生态立法与执法能力、生态环境司法建设与执行、公众生活消费水准、生态环境意识等因素都会对地方生态环境法治实施产生影响，也都会对评估结果产生重大影响。

在制定法治评估方案中还要特别关注法治建设的时间进程因素。

（1）关注法律规范起草制定的审议周期。如果立法（修法）审议周期超乎寻常则表明法律文本复杂、内容争议问题多，这类立法（修法）的实施性评估方案需要对此信息予以高度重视。根据现行《立法法》，法律修改草案一般经全国人大常委会三次审议后表决，而2014年修订《环境保护法》由于修法中存在多项争议性事项，导致该法经历了四次审议。

（2）法律颁布（通过）日期与实际生效施行日期之间间隔。一般而言，至少可有以下三种时间上的考虑因素：（a）近期预期效果；（b）滞后效果；（c）累积效果。根据法治实施评估调查问题和框架模型，有时候需要把法律颁布日期或生效日期作为一种有用的考量因素。有的法律规范的颁布日期与生效日期之间有一段时间差。通过比较不同立法的颁布日与生效日间的差值有时会有所收获：差值越小说明该立法越紧迫，其所要规制的问题就越急切需要得到规制；差值越大说明现实中立法实施的条件尚不完全具备，需要更多的时间为法治实施做准备。例如《环境保护法》在2014年4月24日修订通过，直到2015年1月1日方才施行。其原因主要就在于该法对各主体行为、权利义务有了比较大的改变,各方都需要一些时间熟悉适应新的规定。比如,本次新修订法律中授予了各级政府、生态环境部门许多新的监管权力与严厉行政问责规定,以及环境信息公开、环境公益诉讼等内容,这必然要求各级行政机关及其部门、地方立法机关、各级司法机关、有关执法机构要安排组织培训,从软件、硬件上适应新法的要求;"按日计罚"、行政拘留等法律责任的实施,大大强化了对环境违法的处罚力度,以及实践性公众参与规则的充实强化,这些都需要在新法实施前广泛开展新法宣传普及工作,使相对方、行政主体都知晓新法的规定,如此方能保证新法的有效实施。在国外法治实践中,有些法律规则是分对象分阶段实施的。即对不同主体有着不同的生效日期。例如,美国一些清洁室内空气法首先适用于饭店,然后适用于酒吧,之后才适用于办公场所。美国还有许多法律存在所谓"祖父条款"的形式,这更加隐含地体现了法治缓慢渐进的实施过程。对于这类分阶段实施法律规范的实施效果评估更是需要高质量的评估方案。

此外,法律规范修改(修订、修正)的时间周期也具有考察意义。一般而言,涉及经济、社会和公共管理类的法规在其颁布实施4—5年后,应当对其进行立法后评估。[①]因此,我国法律规范修订的理想时间周期以5年左右为宜,超过此时间的法律规定在适应性上一般已经很不理想。所以法律颁布并生效后进行的修改或其他变更等信息可以在法律稳定性与法律适应性两方面为法治实施评价提供考量作用。

3. 选定评价指标,构建法治评估体系。

此阶段是以指标遴选、形成指标体系、建模构成评估体系等环节组成。法治评估体系是法治评估任务实施的基础平台。因在前面章节有关"评价指标""评估体系"等部分已经重点介绍讨论,这里不赘述。

4. 预评估检测评估体系。

在全面评价法律(法治)时,应尽可能地对法律(法治)的重要要素都进行仔细考量。其实,即使是对法律(法治)某一方面进行的单项主

---

① 史建三主编:《地方立法后评估的理论与实践》,北京法律出版社,2012年版,第105页。

题评估时也会包含多个考察元素。例如，评估法治实施效果就包含了法律（法治）体系合法性、合理性，以及法律条款适应性、可行性等元素。此外，一部法律中有些条款在执法实务中适用频次高，而有的条款很少被执法适用，法律责任中的一些自由裁量性处罚规定因执法主体不同及违法情节等差异而有不同结果。这些因素都应当在评估时做具体判断。在对法律体系进行整体性评估时，相关法律规定既可能包含在单部法规中，也有可能体现在多个法规中；不同时期、不同法律部门的编纂进程差异有时候很大。考虑到这样一些情况的存在，对评估模型开展预评，有利于修改完成法治评估体系。预评估是法治评估科学性的重要保证。在构建并完善了法治实施评估模型后，有必要选择相关法律体系或法律规范的实施情况进行实证性检测。通常适宜选择那些评估者较为熟悉地域内感兴趣领域的法治实施情况进行测评，如此有利于制定可行的评估方案，提高数据获取性和准确性，也有助于对数据信息所反映的结果进行分析。如果法律体系或法律规范的实施情况在不同区域之间的变化呈现系统性，那么有目的地在这些不同区域抽取样本就更为理想。因为，这将有利于提升评估测评工作的可比性，也便于了解评估模型的地域适应性，当然这会增加工作量和难度。

进行法律预评研究，搜集查验供测评的信息资料，并邀请相关领域专家参与预评工作，这些都有助于从评估研究的起始阶段就建立值得信赖的评估研究方案和评估框架体系。对法治评估研究而言，在完成初步资料收集之后，再重新访问原始调研数据源不仅耗时而且特别麻烦，因为如果未能注意到构成评估对象的法律中相关秩序，很可能事后不得不需要再一次考虑评估指标选择和标准。无论评估体系针对的是单部法律规范的实施还是法律体系整体的实施状况评估，或者无论是对地方生态环境法治实施的评估还是对国家生态环境法治实施评估，都应当在评估工作中重视预评研究，为科学、有效的法治实施评估奠定坚实的基础，保证评估方案、评估体系沿着既定的目标和方向进行，这对于评估现行法治实践和完善我国社会主义法治体系建设都有重要意义。

5. 正式评估：收集指标数据、分析解读数据信息。

在完成预评估、修订完善评估体系后即可以开展正式评估。在此过程中，受过专门训练的评估人员广泛收集指标数据信息，并采用复杂方法处理获取特定评价信息。一般而言，评估委托单位级别越高、评估报告用途越重大，评估过程的全方位要求标杆就越高。无论是评估团队组成、评估指标体系、证据获取渠道和适用都可以参照这个原则处理。对于学术性为主兼及实务的评估研究，拟设计的法治实施评估体系宜采取广泛而简洁的评估指标构筑评估模型系统，使多种信息数据汇集其中，并依据数据信息的来源、大小和背景运用不同分析方法，在最大程度上保证分析的客观性、过程的透明性和结论的可复核性。同时，对可能降低评估可靠性因素、评估不足之处和局限性等问题也应当明确提出来以供使用者参考。

（1）沿着既定方向在适当范围内收集数据。根据评估目的、调查目标问题和评估指标体系迅速充分地收集相关数据信息是评估过程中最重要环节之一。一般来说，有效评估数据越多、品质越高就越有助于提高评估准确度。准确高效获取评估数据信息是比较能体现评估者能力技巧的过程，也是需要充分发挥评估者主观能动性的环节，这一环节要求仔细斟酌评估对象适用范围和调查目标导向，并找寻有效的证据收集方法和手段。法治评估中指标数据收集的范围多以评估对象的适用范围为主，数据证据收集的方向则重点是按照调查目标问题的指向进行。事先认真研究评估方案中的涉及数据信息的来源渠道，以及不同类别信息的最佳收集方式方法是保障评估工作顺利进行的重要基础。

评估数据资料的收集途径主要包括：①搜索相关文献，包括各种学术性和专业性出版物以及公开发布的公报、报告。这是法律评估中最常规的数据获取途径。②专家访谈。即面向拥有丰富"第一手"资料和经验的人了解拟调查事项各方面情况，听取他们的意见，纠正完善评估方案，获取相关评估信息资料，在此过程中还极有可能获得所需资料的其他渠道信息，由此拓展信息搜集来源。专家访谈收集途径是法律评估中不可或缺的资料获取途径，其所花费时间、经济成本较低，效果却往往非常好。但是其中对专家遴选、访谈安排和访谈方案制定是专家访谈的几个关键，若不能制定科学合理访谈方案将直接影响专家访谈的收效。③对相关公众的广泛性调查访问。这主要是通过向特定范围的公众对象或单位发放调查问卷方式实现的。

在生态环境法治实施评估数据信息收集调查中，一般会采集主、客观两类评估信息。主观资料可通过与生态环境部门工作人员、行政相对人、环保公益组织和公众，以座谈、实地考察和调查问卷等方式调查了解评估对象中调查目标实施现状；客观数据则可借助信息公开渠道广泛搜集评估所需相关资料信息，收集地方政府、生态环境部门等部门发布的各类政务报告、生态环境执法总结、案例等，进行梳理统计。根据实践体会，近些年国家加强政府信息公开政策和法律规定，定期公开的各种生态环境数据已经基本能够满足生态环境法治实施评估的需要，而且信息发布单位权威性越高则其数据透明性和周期性越好（尽管有时数据精细度方面不完全适应多功能评估目的的需要）。在主观性资料方面，对政府工作人员主观性数据的获取主要基于委托方资源和评估者的社会关系；至于公众数据，在缺乏当地官方正式手续支持的情况下很难组织安排并有效获取，不过目前新媒体已经可以发挥一定的弥补作用，虽然其数据来源比较零散。为了保证获取足量数据，有时候很有可能不得不在一定程度上牺牲对特定范围、地域分布和人群分类的精准要求。通常它比较适用于对数据来源地域要求不高、人群类型不明显的大范围广谱性评估。

（2）准确客观分析识别和解读数据信息。科学合理的评估体系框架、严谨的评估态度、通达的资料收集渠道、娴熟良好的技巧能力，再加上数据资料有效收集机制和措施是数据充分收集的必要条件。但是，这并不能保证获取的数据都对法治评估研究有用。在使用设计缜密的数据收集系统采集评估信息的基础上，评估分析系统内建立识别鉴定机制对保证评估过程顺利开展至关重要。这要求在评估过程中采用有效控制机制包括质控措施以确保内部工作可靠性。评估人员应当尽量对评估指标数据的认知解读保持一致，特别是对非客观性数据的主观判断尺度尤其需要如此。在评价指标数据信息存在认知歧义时候,应有专门识别鉴定机制厘清数据信息反映的真实含义,避免因信息认知错误降低评价结论的可信度和准确度。例如,一般要有至少两名以上评估人员一致认同某评估信息的含义,并且这些评估人员是在没有参考彼此的观点的情况下分别独立得出自己判断的。在较为简单的评估指标信息含义识别中,也可以由一位研究人员先对数据进行初步解读,然后另一位研究人员检查复检。这种简化程序可以发现数据识别中的大部分主观性差异。越是复杂的法律规范或法律体系,需要的评估人员数量就越多,所需要经过的复验过程也就越复杂,认定标准也就要越具体明确。由此形成的清晰数据信息识别规程和标准可供其他评估工作参考运用。这对规范、完善法律评估工作和促进法治建设水平极为有益。研究人员可以通过调整、修改和增强识别数据信息方式方法,提高对所收集到评估数据信息的理解和识别能力。

客观性评估指标数据的科学识别与准确解读依然需要主观判断,借助专业知识去除事务外表的现象,揭示事物内在规律,还原其本来面目。例如,某地出现"大气或水体污染现象"或"环境污染物超标"不能简单推导出本地"污染物排放增加"或者"环境治理不力",也不宜与地方法治实施效果不佳画等号。环境质量的长期趋势虽然与本地区污染物排放量有关,但是短时间大气或水体污染现象仅反映出空间污染物总量超过了区域环境容量,并不一定说明本地自有污染物排放情况恶化。因为大气和水体的空间流动会把其他地方的污染物带过来造成本地环境容量瞬时"爆表",将这种因外来污染物引起的环境污染归咎于当地环境治理不力和地方生态环境法治实施不佳既不科学也不公平。解决这种判断偏差的策略是给予一定跨度时间观察周期,如果在相当一段时间里,相比历史同期确实污染现象频发,就可以把空气污染与环境治理效果关联起来解读。只有按照评估目的要求,根据评估方案设计,坚持与评估目的相适应的有效、可靠标准收集和准确解读数据信息,才能有效提高评估数据信息的准确性和可信度,使之实现服务法治评估研究的任务。

在承认主观判断积极作用的同时，评估客观性又要求在指标信息分析解读过程中必须减少或剔除不合理、不恰当的主观判断。法治实施与经济、社会或环境结果之间的因果关系很复杂。例如生态环境法治目标中诸如防止和减轻生态破坏、维护生态系统稳定、预防和减少污染、改善环境质量、提高公众环境意识等结果的发生实际上是多种因素作用的结果，属于多因一果或多因多果。有时候"非法治实施"因素，如经济发展水平、风俗习惯、文化传统、人口、气候、地理位置等对评估结果的贡献度可能更大。另外，全国性生态环境立法在不同地区实施效果不一样的原因，在很大程度上是与地方经济社会环境条件水平不同有关的。在评估中如能全部都使用客观数据当然是最理想的评估方案，但这是不现实的。更加可行的是权衡运用各类证据信息（客观数据和主观数据），由此得出的结论将比单纯主观推导的结论更让人信服。总之，法治实施效果的科学可信分析应当运用多种测评方法、使用不同类型证据，在综合基础上进行周密考量。需要强调的一点是，数据信息分析过程和方法应尽可能保持客观和公正，谨慎使用存在明显主观偏见色彩的资料，即使这种数据容易获取也要慎用。

6. 评估结论。

（1）采取指数法进行的法治评估中，对评估结果数值的分析应辅以参考主观定性判断再得出恰当评估结论。在采取指数和百分比作为法治实施评估结果的表达方式时应客观看待结果数值，对数据统计结果的分析结论不能简单化和绝对化。指数结果虽然看上去比定性评估结果精确，但如果不注意细节而单纯依据指数数值得出判断结论则很可能不客观，还可能会丢失部分有用的评估信息。基于指数分析等方式所获指标复合变量的定量评估结果可能掩盖一些值得怀疑的假设或方法，即使其在表面上看似属于简单客观的评价方法。例如，计算生态环境法律体系中的法规数量这个看似简单客观的统计也可能会发生误导。根据一定范围法规数量创建标度变量，或将所有法律（忽视综合性环境保护法律、专门性单项法律、行政法规、技术规范的法律位阶差异性）都视为同等重要因而产生的一个简单指标数值，尽管该指标信息可能对某些评估目的有用,但如此简单粗暴的计数可能会误导评估工作。毕竟综合性基础立法和各单项专门性立法等的法治作用有着明显不同的评估意义(地方的一部综合性立法可能相当于另一地方的多部法规的实际效果,或者可占据另一地方所有相关法律规范的相当部分)。同时,每部法律的实施效果并不相同,作为整体的法治实施效果也不能简单地等同于法律规范效果之和。有时候配套性下位法的制定出台即是上位法实施的表现,配套法律文件的出台能使与之对应的法律实施效果倍增。在研究生态环境法治实施的时候,从获取理想评估标准的角度讲,不应当简单地把严格意义上的法律、行政法规、行政规章、地方法规、地方规章等的相关制度实施放在一起笼统地进行评估统计,因为地方立法往往是对国家立法实施的结果,且这些法律实施中存在明显的交叉性现象,不宜简单叠加计算。更不用说,在法律体系中还存在着与此目的冲突或抵触的其他部门法律规定会削弱生态环境立法的实施效果。再者,由于指数评估法对数值过于敏感,往往指数数值绝对值相差不具有显著性,但根据指数数值的先后排名结果却相差很大。如某《法治评估报告 2015》中评估出法治治理体系指标得分为 69.6 分,治理能力指标得分为 70.7 分,我们不认为这些数据本身对实际工作的指导意义有多大。如果关键指标缺乏或设计不科学,指数统计方法不合理就更容易使结果失真。如同前些年天气预报不播报空气质量,预报的晴天却因雾霾污染过重让人感觉是无太阳的阴天。所以,确定评估结论时不宜单纯依靠量化指标,仍然要进行主观分析加工。

　　(2)主客体差异对评估结论的影响。在法治评估中要防止或降低评估主体、客体差异性对评估结论的影响。一方面,评估者个体差异对评估结论的影响是不言而喻的。即便是使用同样的评估模型和评估标准,但不同背景评估者由于自身主观状况的差异也极有可能产生不尽相同的结论。因此,应当辩证看待、合理解释评估结果,规避或减少结果中的主观因素成分,从而得出相对理性评估结论,并由此提出科学可行的对策建议。另一方面,在跨区域评估比较中,评估客体的差异也容易引起评估结论偏差。例如,我国《立法法》有关地方特色立法、地方先行立法等规定,使国家立法在各地的地方性实施法规或自主性立法规定可能不同,在规制某些问题(如生态环境)时的立法和实施上表现出差异,也就是说,立法资源在地方法规制定中的分配存在选择性差异。这种差异可能纯粹是操作性的,也可能是由于当地经济社会发展水平或生态环境基础条件造成的。以长三角地区水污染防治立法为例,浙江、江苏两省都已经或正在制定地方综合性水污染防治法规,而上海市在相当长时间里并没有名义上的专门性水污染防治法,只有关于饮用水水源保护的立法替代水污染防治立法。其原因之一就在于上海水污染防治的主要问题和重点方面在于饮用水水源污染和保护。又如,我们曾对长三角地区开展生态环境法治实施调研,在对浙江、江苏、上海等地远郊、近郊、山区、海岛等不同地区乡村生态环境保护实践状况的调查发现,这些地区生态环境法治实施存在明显差异性,经济水平、地理位置等因素对法治实施影响作用很大。即便是在地方性立法适用范围内,不同区域法治实施效果也有差异,如上海市城区生态环境法治实施效果与奉贤区、崇明区等地乡村的实施情况也有较大差别。

7. 撰写评估报告。

评估报告的撰写取决于评估目的、委托者要求、调查方向和评估内容。对评估报告最基本的要求是客观透明,而且确实能够为健全完善法治体系建设提供具体的对策意见。一份完整评估报告应以铺垫性叙述引出评估目的、评估者和评估服务对象作为引言,然后是评估报告的主体内容,包括:①评估方案,包括对评估对象的基本分析,数据资料选择方法和评估方案的形成理由;②拟开展测评的具体事项或法律原则,必须清晰阐述其内涵外延,内容可包括对这些事项或法律原则的认知,界定其内容含义、构成和来源等;③评估指标体系介绍,解释确立这些指标的原因和拟搜索采集的数据资料范围或方向;④在评估指标体系与权重系数设定基础上构建评估模型;⑤运用评估模型对采集的数据信息进行处理以得出测评结果,并对该结果进行分析说明;⑥在评估分析基础上,尽可能有针对性提出具有可操作性的对策建议。

一份质量上乘的生态环境法治实施评估报告必须拥有三个特性:

实效性、效率性和公平性。实效性是指评估报告对评估对象实施效果的分析结论准确有效,得出的结论对帮助决策能够产生实际作用;效率性指评估报告性价比高,其评估分析是基于对法治建设及其相关经济社会环境等因素的合理研究,并在合理时限内及时开展和完成的;公平性指评估报告综合考虑了生态环境法治实施中所有受影响者(政府机关、行政相对人、社会组织等)的看法和意见。

有时候,在法治评估过程中不仅要解决评估方案设计、数据理论分析和评估实践汇总碰到的数据信息获取识别困难,还要将二者有机结合起来,以减少因评估研究方式方法缺陷对法治评估上的偏差。在评估法治实施的时候,仅对国家或地方的法治建设工作进行狭隘的考察并不能保证研究结论的完整和准确。通常需要结合法治建设过程中的多重因素,尽可能设计科学可行的评估方案,然后在收集指标数据的基础上,利用评估理论建立的评估模型,获得和解决评估数值,最后得出评估结论,提出具有针对性的对策建议,从而构成法治评估的完整过程。

二、法治评估质效保障

法治评估理论研究遵循的假设、条件、前提等路径基础,决定了一切评估模型体系设计都只能是尽量反映真实状况,由此得出的一切评估结论都只会是接近客观事实,但绝不是完全的真相。每一评估模型、每份评估报告的质量高低就在其与客观实际的差距程度。为了提高评估研究成果的科学性和准确性,保证研究结论和对策建议对实际工作的参考价值,制定专门质量控制制度、采取有效质量控制措施必不可少。如果评估者在评估研究中发现确实存在超出其掌控能力的情形,就应当在报告结论中客观完整地呈现反映这种情况,明确承认评估调查不足之处,或在评估报告做出评估成果局限性的申明,以减少报告利用者的判断错误风险。事实上,只要评估结论是有理有据合理地推导出来,且大体或基本上反映了现实状况,同时还能为实际工作提出富有建设性的对策意见,就不失为好的评估结论。

1. 评估参加者保障。

(1) 基本素质。为了保证法治评估的质量和效率,作为法治评估过程主导者的评估人员(参加者)在每次评估开始前都应已充分认同和理解评估目的宗旨、方案方法和操作流程,并且通过参加事先评估技能和道德操守培训,具备了以下素质:

① 诚信:评估者在法治评估过程坚守诚实信用原则,表现出高度责任心,能够确保调查结果准确性和有效性,同时各方对于相关评估方也要给予充分信任。

② 独立:评估方案最终确定以后,在评估分析中不受委托方和其他任何外来因素干扰。

③ 透明:应向所有利益相关者明确提示评估方案方法、报告局限性和适用范围等事项,这是法治评估人员应有的基本品质。

④ 公平:在法治评估过程应充分尊重所有参与者和利益相关者的观点和权利,不因其专业背景、社会地位而产生任何差别对待。

⑤ 宽容:评估调查时充分尊重受访者在文化、性别和年龄等方面的认知差异,努力确保所有相关观点都已纳入评估调查结果。

(2) 工作原则与要求。为实现以上品质特性,评估者在评估方案设计、评估过程和评估报告中,必须努力做到如下十点:

① 根据评估时限、人力和预算确立切实可行的评估原则、调查目标方向和指导思想,在此基础上制订科学合理且周密详细的评估方案;

② 按照委托方的评估目的确定评估内容和程序,并在评估全过程与委托方保持良好沟通,以便保质保量开展和完成评估工作;

③ 保持开放的态度,当法治、政策或其他实际情况发生无法克服的变化,要求评估工作不得不作相应调整的时候,在与委托方沟通协调后及时修改完善评估方案;

④ 在坚持评估研究工作与流程独立性和完整性的同时,建立并严格执行内部质量控制措施;

⑤ 遵守有关法律规定,保护知识产权和数据安全;

⑥ 平等和公平地对待所有利益相关者,包容各受访者的不同观点,全面反映他们的意见,确保所有调查观点都包括在数据收集和分析中;

⑦ 评估报告以公开为一般原则,除事先约定外,应尊重公众知情权;

⑧ 协调数据的内部共享,正确处理不随意对外泄露评估获取的所有信息与保证评估行为透明度之间的关系;

⑨ 在法治评估的方案设计、评估过程和评估报告中,尊重可能受评估影响者和为评估提供数据信息者的权利,包括隐私、个人尊严和其他合法权利;

⑩ 基于对可靠、完整信息的合理评估得出评估结论,同时注明评估报告的局限性。

为了实现法治评估中的这些要求,按照法治评估体系框架保质保量高效完成法治实施评估报告,最理想状态莫过于组建一支跨学科的专业性常驻评估队伍。

2. 评估参与者保障。

受访者是社会调查类研究必不可少的打交道对象,其表现与研究结果有效性直接相关。现实中,受访者不可避免地会成为影响评估研究的干扰因素,导致评估者获取的主观数据信息发生扭曲,使评估结果出现偏差。例如,以批评为己任之学者的评估结论多悲观,政府实务部门的评估结论往往相对乐观;甚至受访者(公众)的性格和状态也会影响评估结果,谦卑者的评价结论不会高,心态情绪不佳状态下填写问卷很可能不会认真负责。为提高评估方法的科学性,需要通过预评估等程序,杜绝评估方法的设计缺陷和减少主观性色彩带来的偏差,使评估结论更加具有客观性和准确性。

在相关方案设计、评估过程和评估报告中,要留意年龄、性别、身心健康、学历、宗教、社会经济等对受访者的潜在影响。在评估过程,无论采取访谈方式还是问卷调查形式,首先都要注意设立适格对象的限制条件。这不仅直接影响到评估工作是否能够顺利开展,而且对评估结果的准确性也有实质性影响。被选定参加问卷调查的公众除了要保证属于评估对象作用的范围内以外，还要对问卷问题有基本的认知能力。一般而言，限制民事行为能力以下的居民都不适宜参加问卷调查。选定参加问卷调查者的数量也应达到一定规模以排除少数情绪化个体的干扰。除非是出于特定目的进行的问卷调查，否则通常受访者最好由各类层次、不同性别、不同年龄段、不同学历等的代表组成。对生态环境法治实施评估研究比较有利的一点是，几乎所有人都可以或多或少地对生态环境话题有发言权，毕竟良好的空气、洁净的水源、安静的环境、优美的风景、干净的街道、健康的食品与每个人的生活、生产活动都息息相关，生活垃圾分类、绿色消费、绿色出行等也离不开每个人的参与。作为被访谈、调查的专家学者同样必须对拟评估对象的情况十分熟悉。唯有专家学者才能够结合工作经历、专业素养对诸如法治评估中的政策制订、立法过程、执法监督、司法裁决等专业性问题做出合乎实际的评判。这在生态环境法治评估领域尤其如此，生态环境法治领域中的各类环境标准、污染物总量控制、排污权交易、生态补偿、生态损害赔偿、生物多样性保护、生态环境保护红线等许多问题普遍涉及较为复杂和专业的知识，只有相关专业的人士才能做出专业判断。从实践经验看，在专业性较强的评估项目中，比较理想的专家学者受访者应由与评估对象相关联但来自不同行业背景、代表区域的人员组成，如相关学科学者、政府管理部门工作人员、企事业单位人员、技术专家以及第三方机构等人员。在这些多元主体中，最好是对评估对象或拟调查问题持正、反面或中性意见观点的都有。评估选项结果多样化更有利于说明问题。项目评估目的、可选专家名单和时间经费等决定了专家学者数量的多少，一般的法治评估有 20—30 名专家学者参与即可。

3. 数据偏差校正。

如果说评估指标是法治评估（体系）构建的基础，那么指标数据就是此基础的根基所在。数据信息是评估结论产生的基础，缺失客观数据轻则导致评估结论出现偏误，重则会完全破坏评估结论的准确度而失去评估意义。数据败则评估败！评估结论类似于法院审判结论，它们都是基于表现为指标数据信息的证据(指标数据)事实而非客观事实的。

现今我国不断扩展和深化的法治评估的目的已经逐渐向多样化和专业化方向发展,其对评估结论准确度的要求越来越高。在这种发展背景下,法治评估对指标数据品种数量和品质需求也就越来越高。信息公开政策及相关制度的落实,遥感测试、互联网传输等各类新技术手段的运用,使数据获取可能性大大增加,指标数据信息获取可得性问题已经有了很大改变。其实当前指标数据面临的主要问题反而是如何从海量数据信息中识别查找有效数据。因此,在数据利用中校正数据偏差和排除干扰信息就成为保障数据质量的重要环节。例如,数据获取方式便利可得性因素可能会从方向和数量上影响数据类型收集结果,不严谨的评估者可能只是根据可用数据的获取容易程度收集数据,而不是从指标数据对评估目的地位意义角度收集数据信息,结果导致评估数据类别不平衡。有些关键性指标数据因获取难度较大而实际收集材料太少,一些容易获取的辅助性数据又收集过多。在进行横向法治实施评估比较时,有些地方的数据因统计、表达口径不一致,使之无法直接拿来比较分析。即便是像《中国统计年鉴》《上海统计年鉴》《中国环境统计年鉴》《中国环境年鉴》,以及各省市地方统计年鉴、环境统计年鉴中也存在这种情况。此外,法治评估指标数据受到外部因素干扰的情况也是存在的。在生态环境法治实施评估中,地方环境质量指标受到域外污染源污染影响的例子很常见。大气、水体等环境介质的流动性特点使环境污染物跟随介质一起移动,极可能造成下风向、河流下游地区环境质量下降,进而使地方生态环境法治实施效果也受到外来环境污染物影响因素的干扰。故在评估生态环境法治实施时,要关注环境质量指标数据是否存在域外环境问题干扰的现象,尽力校正这些干扰带来的评估结论偏差,同时在评估报告中还应当说明这种域外污染因素对评估结论干扰的可能性。

下面以法治评估中运用广泛的问卷调查法为对象,简要探讨评估数据偏差出现的原因和解决策略。虽然问卷调查法是法治评估中收集数据信息的重要方法，但是如果未做好质量控制措施，也可能出现较严重的数据偏差，影响评估结论准确性。问卷调查中数据偏差的内在原因在于归因偏差。所谓归因偏差是大多数人会无意或非完全有意地将个人行为及其结果的原因进行不准确推测判断的现象。问卷调查中的归因偏差大致包括三种：第一种是缺失偏差。这种偏差是由于问卷答题者出于各自原因对问卷中的部分问题不作有效选择。例如，尽管问卷多采用匿名调查方式，但仍有部分受访者会出于自尊或其他原因的考虑不愿意选填诸如个人身高、年龄、收入、学历等题目，此即答题缺失偏差现象。第二种是认知偏差。它是受访者因主观意识缘故所导致的偏差。据心理学研究，有时候人们在勾选问卷选项时存在不自觉地以虚假表现去掩盖内心真实想法的习惯，以使自己避免处于不利的状态。第三种是动机偏差。在事先获悉问卷调查目的和作用的情形下，有些受访者可能会故意选择他们所期盼的选项答案，以试图通过这种方式影响调查结果。例如在法律修改问卷调查中，具有一定身份背景的答题者可能会出于对法律修改影响的目的选择并不符合客观现实的答案。这种现象在法治评估中并不罕见。在纸质形式问卷调查中，多位受访者聚集一处参与完成问卷时还会在心理上受到多种干扰，如快速答题心理、虚荣表现心理、从众勾选心理，以及交卷压迫心理等。根据以往问卷调查实践经验，纸质问卷选择题答案选项的排位顺序设计也会对受访者选择心理偏好发生影响，这在排序题中表现的更加明显。受访者如无特殊观点态度，则可能出于阅读习惯，有时自觉或不自觉地倾向于优先勾选位于问卷最左侧的选项，且优先度依次向右递减，由此导致统计问卷调查结果时，最左边答案容易得到确认的频次最多，而最右侧选项往往被忽视或轻视。以上偏差现象其实还不是问卷调查法面临的关键，真正根本的问题在于评估人无法及时发现和有效纠正、校正这些偏差。在实践中，评估人往往并不是问卷发放和组织者，比较普遍的操作模式是评估者委托其他机构或人员协助组织发放和回收问卷。这种操作模式导致评估人难以及时了解到问卷发放、回答和回收过程中发生的问题和可能出现的偏差，因而也就无法当场或在后续研究分析中进行纠偏处理。比较有效的一个解决办法是针对不同受访者进行飞行测试。将各组次评估结果进行对照比较,结合评估专家对所获统计结果的专业分析意见,不断调整评估指标和权重系数以完善评估体系。或者,在数据可得前提下尽量多地网罗相关评估指标,建立比较完整的评估指标体系,获取足够多的评价数据信息。针对受访者纸质问卷答题排序心理干扰问题,在电子化问卷方式(如问卷星)中可以通过打乱选项顺序,将答案选项随机排列,由此可消除受访者的心理因素干扰。

第五章 基于 PSR 模型的生态环境法治实施评估体系构建

　　根据法治评估研究和实践,法治实施评估指标体系是法治评估研究中最基础的部分。从法治定性分析与定量分析的后续评估步骤看,这两种评估分析方法建立法治评估体系的程序略有不同。在评估指标体系基础上,收集梳理归纳各类指标(包括定性指标和定量指标、主观指标和客观指标等)的资料信息,在对各指标表现情况进行定性分析和主观价值判断基础上,经过演绎推理可得出评估对象的定性评估结论;法治量化分析中,在建立评估指标体系后,依据一定方法与步骤对各类指标予以量化,即对指标进行赋值、设定权重系数和分级定标,并在此基础上进行量化分析。目前对指标数值的设计和处理工作已经基本可以利用外部支持实现,如借助特邀专家组和计算机软件技术一般可以比较科学有效地实现对法治量化评估体系中权重设定和指标数值标准化处理,评估人员在这部分的工作主要是做好联络、沟通和记录工作。本章关于生态环境法治实施评估体系的研究将主要集中于指标体系构建,着重探讨生态环境法治实施中生态环境执法与守法的候选评估指标,并在此基础上提出了 PSR 模型框架下的我国生态环境法治实施评估体系,最后对相关量化评估体系建构进行简要讨论。

第一节 生态环境法治实施评估指标线索透视

一、生态环境法治评估指标线索概述

遴选适格指标、建立评估指标体系是法治评估各环节工作的起点。根据我们实践体会,立法后评估中的评估指标可以采用合法性、合理性、适应性、可操作性等常规定性评估指标,也可以选取立法范围覆盖率、立法修法公众参与率、法律修改时间间隔和执法司法适用率等具有数值数据的定量指标。在法治实施指标体系中,执法评估指标可以从执法实体、执法程序和执法基础建设等方面提取诸如规范执法、能力建设、公众满意度等指标;司法评估指标可以从司法能力、司法效果和社会反响等方面提取评估指标;守法评估指标则可以围绕守法意识、普法宣传、违法案件信息等方面分析。基于经验判断,为更加客观准确地反映评估对象、调查目标状态,对这些类别的指标还可以进一步细分,如执法能力可用执法人员配比、人员培训或学历、执法设备投入指标细化,实施效果可以分解为以环境质量指标和减排数据表征的环境效益、处置案件数量、环境罚没金额和处置违法犯罪人次,社会反响转化由网络或微信舆情点击数、转发点赞数等表现。

鉴于法治评估,包括生态环境法治实施评估对健全完善法治体系有极其重要的意义,加强法治评估技术研究,更加系统地探寻法治评估指标的有效线索,对构建科学合理的生态环境法治实施评估指标体系是非常必要的。以下对生态环境法治实施评估指标的搜寻线索进行研讨,试图从多方位考察生态环境法治实施评估指标的线索脉络,并在考虑法治评估指标应具备特质、数据可得性等限制条件基础上探讨指标线索向实证指标转化的技术方法。

二、生态环境法治实施评估指标线索梳理与确认转化

1. 生态环境法治实施评估指标线索梳理。

在信息社会里，各式各类的信息不断涌现。对于评估分析而言，缺乏的不是客观信息数据而是发现。面对海量的信息，需要依照合理的线索搜寻发现潜在的指标，建立评估指标体系。我们认为，生态环境法治实施评估指标的线索来源主要有以下五类：

（1）各地政府部门发布的政策文件，特别是法治建设类和生态环境类的评价考核指标文件（参见表 5-1）。相关政策文件材料反映了国家对当下生态环境、法治建设方面的新目标、新要求、新举措和新观点。认真研读分析这类材料，并从中搜寻符合评估目的、调查目标等需求的关键性论断、概念，往往能够发现非常好的指标线索信息。有时候国家机关发布的与生态环境相关的评估（指标）体系文件，更是梳理评估指标线索的极好机会。如 2016 年 12 月国家发展改革委印发《生态文明建设考核目标体系》建立的资源利用、生态环境保护、年度评价结果、公众满意程度和生态环境事件五大考核目标类别，确认或提出诸如"资源环境约束性指标""公众的获得感"等概念，对生态环境法治实施指标体系构建具有极高的参考价值。有时候我们甚至可以从一些政策文件中直接提取出评估指标样本，如国家发展改革委于 2020 年 3 月发布的《美丽中国建设评估指标体系及实施方案》提出的空气质量优良天数比例（％）、地表水劣 V 类水体比例（％）、生活垃圾无害化处理率（％）、自然保护地面积占陆域国土面积比例（％）等评估指标。

（2）现行法律规范。法律规范是强制和指引人们行为模式的专属工具，对人们的行为划定了标准和界限。生态环境法律规范是调整有关生态环境保护、开发、利用和改善社会关系的法律规范总称。生态环境法律规范中的权利义务性规定往往可以成为相关法治评估指标的潜在线索。以《环境保护法》为例，该法第 6、7、8、9 条中关于政府、企事业单位、群众自治组织、社会组织、公民等环境责任履行规定中，地方各级

人民政府对本行政区域的环境质量负责、公民应当自觉履行环境保护义务、各级人民政府应当加大保护和改善环境、防治污染和其他公害的财政投入、教育行政部门、学校应当将环境保护知识纳入学校教育内容等法律规定都有可能转化成为法治评估评判指标。从政策和法律来源提取的指标具有权威性高、方向性正确、社会现实参考性强的优点。

（3）国内外各类政府机构或重要非政府组织发布的法治评估报告。为了提高法治建设水平，国内许多地方政府或人大都组织开展了各类法治评估工作，形成并公布了大量的法治评估报告。国外像世界银行、世界正义工程等非官方机构也在定期发布法治评估方面的报告，联合国环境规划署近年来也发布了环境法治状况评估报告（参见表 5－2）。这些报告材料对我们发现确认生态环境法治实施评估指标都非常有帮助。

（4）生态环境信息公开报告。国家和各地统计部门、生态环境部门等政府机构通过官网、公共媒体等渠道定期公开发布的诸如生态环境状况公报、环境信息公开报告、各类统计年鉴等也都可以提供一些生态环境法治实施方面的信息数据，它们也有可能成为相关评估指标的线索来源。

（5）学术著作成果。法学、环境科学、社会学等领域的相关学术成果也是生态环境法治实施评估指标的潜在线索来源，而且相关拟定的指标出现频次越高则其转化成为评估指标的可能性越大。2006 年以来，我国法治评估领域的研究成果已经数不胜数（参见本书第一章第二节"国内外法治评估研究与实践"），能够为建立生态环境法治实施评估指标体系建构提供有益启迪。同时，环境法学领域的有关生态环境法律实施评价体系的研究成果，如"构建我国环境法律有效实施评价指标体系的思考"[1]，更是有助于直接指导本领域相关评估指标体系的建设。

除以上几类线索途径外，评估者还可以通过与相关部门或专家学

---

[1]　王彬辉：《构建我国环境法律有效实施评价指标体系的思考》，《湖南警察学院学报》，2015,27（06）：47—54。

者的直接交流，或通过问卷调查法等方式获取指标线索。

表 5-1　我国部分省市政府发布的法治政府建设指标体系文件①

发文部门	文件决定与指数体系	发文时间
杭州市余杭区委区政府	"法治余杭"量化考核评估体系	2007.1
深圳市委市政府	深圳市法治政府建设指标体系（试行）	2008.12
四川省政府	四川省市县政府依法行政评估指标（试行）	2009.8
湖北省委省政府	湖北法治政府建设指标体系（试行）	2010.6
辽宁省委省政府	辽宁省法治政府建设指标体系	2011.8
广东省政府	广东省法治政府建设指标体系（试行）	2013.3
吉林省政府	吉林省法治政府建设指标体系	2014.6
内蒙古自治区政府	法治政府建设指标体系	2017.4

表 5-2　《联合国环境法治报告》环境法治指标框架②

环境法治指标框架
背景因素
- 人口统计学(财富分配；人口密度，年龄结构，城市/农村；教育/识字率；性别平等)
- 经济(自然资源开发利用对国有经济的贡献；人均收入；发展的均匀性)
- 政治(脆弱性；腐败感；法治)
- 法律制度(类型；司法独立；尊重合同和财产权)

---

① 尹奎杰：《法治评估绩效主义逻辑的反思与重构》，《社会科学战线》，2018.2：229。
② UNEP (2019)，*Environmental Rule of Law*：First Global Report，p. 235.

法律与机构
- 法律范围(涉及相关环境问题的国家环境法律)
- 程序机制(透明度和获取信息,公众参与,独立审查和监督实施措施)
- 健康环境权(宪法明确承认权利,由法院裁定其隐含在其他宪法权利中,或由法律保障)
- 自由结社和言论自由的权利(宪法)
- 非歧视权(宪法)
- 边缘化人群(土著人民;妇女;其他)的权利
- 法律多元化(承认规范自然资源的习惯规范)
- 反腐败措施(环境领域)

实施
- 信息收集、管理和使用
- 许可证、执照和特许经营权
- 环境法实施的标准
- 执法(违法次数——贩运、非法污染;人均检查监督次数;提起行政/民事/刑事案件数量;违法犯罪案件数;罚款总金额和拘禁期限)
- 环境审计和体制审查机制
- 腐败(自然资源/特许权;自然资源收入;行政执法过程中)

公民参与
- 知情权(法律/法规/司法裁决;环境状况;环境污染物排放数据/报告/审计;自然资源特许权与收入;媒体)
- 公众参与(参与制定法律和法规,许可/授予特许权;环境影响评估;社区自然资源管理;监督与执行)
- 自然环境守护者(被攻击/杀死的环境守护者数量;被起诉和定罪的攻击/谋杀者数量)

争端解决与诉诸司法
- 有效的争端解决机构(法院和法庭,行政环境法庭,替代性争端解决机构,习惯法法院)
- 诉诸司法(常规;费用;地域可及性;及时性;律师和非政府组织)
- 补救措施

环境成果和现状
- 环境卫生
- 各部门对环境的遵守情况
- 自然资源管理

2. 生态环境法治实施评估指标的确认转化与排除。

从各类线索中梳理搜寻的候选指标并不是最终确定的评估指标,确认入选评估指标体系的指标必须具备代表性、可比性、可靠性和可行性等基本特质。同时,候选指标还要与相关目标任务联系起来,在参考生态环境法治目标、工作任务目标和规划目标等基础上建立评估指标体系。从潜在线索到候选指标再到确认入选指标是一个不太容易的识别排除过程，需要评估者有一定的分析判断能力。最终指标体系的决定因素将取决于获取的相关数据是否符合当次评估目的和调查目标的具体需求，是否来自可靠、可接受的来源渠道，以及能否克服对比地区相关数据空白或差异引发的困难。

三、环境状况指标线索利用问题

环境状况指标是与生态环境法治实施最终成效目标关系最密切的评估指标种类之一。生态环境法治实施评估指标线索最直接的指向通常是反映生态环境质量状况的指标（以下简称环境指标）。该指标大致可分为定性指标、定量指标和描述性指标三类。其中，与定性目标相关的环境指标多以两种方式表达环境治理成效：一是关于人类生产活动的生态效率，如污染物产生排放趋势、不可再生资源等与国内生产总值增长的关系；二是关于自然资源使用的可持续性，如森林、水、矿产资源的利用情况。与量化目标相关的环境指标主要是可以定量分析的生态环境状况指标，如城市空气质量达标率、主要污染物减排量等。描述性指标主要用于反映生态系统相关客观状态的背景和趋势，如周边人口、土壤、水文、濒危物种数量等，尽管该指标表面看与生态环境法治实施成效并无直接联系，但利用这些环境指标在不同时空的变化能够比较直观地体现同一地区一段时期内环境状况向好或向坏发展的趋势，或不同地方在同一时期的横向环境形势优劣比较。生态环境法治实施成效与环境指标之间存在一定关联。生态环境法治实施评估的主要目的之一在于揭示法治实施应对（环境治理）的有效性，而环境指标正是包含有环境质量状况元素的指标。由此，从时空逻辑分析上看，以生态环境法治实施一段时间后空气质量、水环境指标等数据对比，在一定程度上可以反映生态环境法治实施应对的成效。由于环境指标的表现是受到多种因素共同作用的最终结果，所以不能简单地使用环境指标数据机械地解读生态环境法治实施成效，一般需要结合多种背景信息、数据,进行全面客观的分析解读。即在生态环境法治实施评估中,要将环境指标与法治实施成效、内外因以及地方特定条件等因素结合起来考虑。

在认知环境指标对生态环境法治实施评估的支持意义上应注意的是:①指标只是一种评估工具,环境指标也只是法治评估的路径之一。环境指标并不能完整反映所调查问题的全貌,它只是帮助揭示可能的发展趋势并提示在分析和改进问题时需要注意的地方;评估生态环境法治实施问题还必须结合对法治、生态政策背景进行科学和合理的解读才可能获得更全面理解。特别是在解读基础性评估指标变化背后的驱动力时尤其需要借助其他定性和科学信息加以填补。而且,并非所有调查目标都适用量化指标评估。②对环境指标的解读需要考虑其时空背景因素。环境指标的相关性因不同适用对象、地区和范围而异,必须结合该类指标适用的专门时空背景解读指标结论,同时考虑到各地不同的生态、地理、社会、经济、文化等条件。③跨区域评估比较要以统一环境指标标准为基础。在进行跨行政区域的生态环境法治实施评估横向比较时,选取的环境指标应当具有可比性。跨区域评估比较首先要考虑环境指标的标准化方法统一问题。评估结果直接受到所选地方的分母数据(例如地方 GDP,人口,土地面积)和评估方法影响,环境指标的均值和绝对值分别传递的不同信息可使其用于跨区域比较的不同方面。例如,指标均值对于禁限类环境指标的跨区域比较具有更突出效果,而绝对值则在评估全局性环境问题的地区贡献度上作用较好。此外,各地因生态环境条件基础等法治实施条件差异,而导致各地方在制定和颁布旨在落实国家生态环境法律的配套地方性法规或规章上可能会有较大的时间跨度。因此,跨区域比较评估这类生态环境保护法治实施成效中,需要留意各地相关配套地方性法规或规章的出台情况。这一点对跨区域法治实施比较分析是非常重要的。

第二节　以 PSR 模型为基础构建生态环境法治实施评估体系

党的十九大报告指出，"全面依法治国是国家治理的一场深刻革命，必须坚持厉行法治，推进科学立法、严格执法、公正司法、全民守法。"其中严格执法、公正司法和全民守法三者属于法治实施范畴。由此，生态环境法治评估至少可以从立法评估和法治实施评估两个层面展开。立法评估层面最重要的当属有助于完善法律体系建设的立法后评估；在法治实施评估层面，由法治实施概念可以合理地推导出法治实施评估至少可包含执法评估、司法评估和守法评估。从属于生态环境法治评估的生态环境法治实施评估，其所辖范围应是对执法、司法和守法三者实施情况进行重点评价。如此层次推演的目的在于分析厘清能够反映法治评估对象和调查目标的元素，即法治评估指标。虽然立法对法治实施的意义非同小可，但从严格意义上讲，科学立法可以不纳入法治实施评估指标的考量因素。为了针对法治实施领域的法治评估进行专门谈论，本书对法治实施评估体系的构建研究是假定相关法律体系是建立在"科学立法"基础上，即不考虑立法因素对法治实施的影响因素。PSR 模型是生态环境法治实施评估的优选概念框架。遵循"压力-状态-应对（响应）"思维逻辑，该模型可较好展现人们活动（包括法治实践活动）与生态环境间的作用影响关系。其中，压力指标是导致生态环境状态变化的经济、社会和环境影响因子，状态指标主要指生态环境状况的变化，应对（响应）指标则是法律关系主体响应生态环境压力挑战和生态环境状态变化形势所采取的生态环境治理方面的法律政策措施。

一、生态环境法治实施评估指标体系分类

生态环境法治实施评估范畴的调查对象目标可分为两大类：一类以生态环境法治实施整体效果为评估调查目标，不局限于具体的某一部法规或某一个具体法律规定；另一类针对行政执法、环境司法和公众守法中的单方面法治实施响应要素为调查目标指向进行实施效果评估，主要用于检验法治实施中单项要素的表现情况。在前一种评估中，PSR 模型表示人类活动对生态环境系统施加环境污染和资源消耗压力，造成环境质量和自然资源保有状态发生程度不一的不利变化，人类社会采取执法、司法和守法等多种法治实施行动响应此环境不利变化，以保护公众身体健康，使经济发展与环境保护协调发展，并扭转生态环境状况恶化的形势，实现可持续发展的法治目标；后一类评估的 PSR 模型逻辑意指生态环境法治实施中执法、司法或者守法方面存在的各种问题（即压力），造成现有生态环境法治实施的状态表现（状态），以及迫使各方主体在执法、司法、守法等方面采取各种因应改进措施（响应）。根据以上对两类生态环境法治实施评估活动的分析，可以对 PSR 模型基础下这两类评估的指标体系构建分别进行如下讨论。

1. 生态环境法治实施总评估指标体系。

以生态环境法治实施体系应对（响应）之环境问题的类别划分压力类指标（环境问题）为环境污染和资源消耗两项压力指标，此二指标还可以再往下递进分解，环境污染指标细分为更加具体清晰的污染物排放指标如表征污染物排放强度的 COD、SO_2，资源消耗细分为单位产值能耗、单位 GDP 用水量等次生指标；状态类指标以表征法律适用范围内生态环境状况的环境质量指标和自然资源保护指标为代表，同样也可进一步分解设立次一级的指标系列，如大气、水、土壤、湿地、森林、矿藏、自然保护区等环境要素状况指标，以及生态保护红线、生态补偿等与生活和生产关系密切的生态保护状况指标。这些指标可以采用绝对值形式表现，但在作横向比较时宜以人均、本地总面积占比方式等作

标准化处理；响应类指标以人类社会主动回应生态环境问题，维护和改善生态环境质量状况的法治实施措施为指标，又可细分为执法、司法和守法三方面次一级的指标系列。

根据上述思路，可构建出分层次的生态环境法治实施整体类评估指标体系（参见表5-3）。在此体系中，目标层以生态环境法治实施有效性为总目标，表征评估范围内的生态环境法治实施效果。准则层是影响生态环境法治实施的关键方面，包括生态环境压力、生态环境状态和法治实施响应三类。准则层A作进一步解析可形成准则层B，包括环境污染压力、资源消耗压力、环境要素状况、生态保护状况、执法应对、司法应对和守法应对7个类别，准则层B实际上是准则层A的次生指标。指标层需要根据不同评估目的和具体调查目标等因素对拟定不同级别的指标序列进行适当筛选，然后按二、三或四级指标系列组成。

表5-3　生态环境法治实施总评估指标体系

目标层	准则层（A）	准则层（B）	目标层	备注
生态环境法治实施有效性	压力指标	环境污染压力、资源消耗压力	COD、SO_2、酸雨频率、突发环境事件等级与次数、环境违法处罚次数、单位GDP用水量、单位产值能耗……	主观与客观指标、肯定性与否定性指标、定性与定量指标都有。法治量化分析时须进行无量纲化。
	状态指标	环境要素状况、生态保护状况	城市空气质量优良率、地表水劣Ⅴ类水体比例、森林覆盖率、湿地保护率……	
	应对（响应）指标	执法响应、司法响应、守法响应	执法全过程公开、执法普法、执业培训、执法管理预算、环境行政诉讼败诉率、环境资源审判机构设置、专业化审判团队建设、检察机关提起环境行政公益诉讼量、企业环境信息公开、公众参与环境立法与听证、公众满意度……	

2. 生态环境法治实施专项评估指标体系。

为了更加深入地评价判断生态环境法治实施领域某一专门要素（执法、司法或者守法）在响应环境压力和环境状况严峻形势方面的措施效果，快速查找生态环境法治实施存在问题和短板所在，以便采取相应解决对策，可以开展针对生态环境法治实施单要素（如行政执法，或行政执法某一方面）开展专项评估，为此须建立生态环境法治专项评估指标体系。（参见表 5-4）

表 5-4　生态环境法治实施专项评估指标体系

法治实施要素	评估指标		
	压力	状态	应对（响应）
行政执法	企业单位数量，工业结构、生态环境状况……	执法人员人均管辖企业量与人均管辖范围面积、行政复议案件纠错率、行政诉讼败诉率、公众满意度……	严格执法：执法管理制度建设、规范执法程序、政务信息公开、信息共享平台、执法普法、执法培训、执法预算、绩效评估考核、行政追责制、信访举报渠道建设、行政调解机制、生态保护红线划定……
环境司法	生态环境状况、各类生态环境案件一审收案数	环境司法专门机构和专业人员状况、环境公益社会组织数量、案件审结率……	公正司法：涉生态环境司法解释、生态环境案件行刑衔接数据、生态环境审诉机构增长率、检察机关介入生态环境案件数据、生态损害赔偿案件数……
公众（企业）守法	学历、年龄、收入水平、行业背景/企业规模	环境意识、法律意识、社会组织	全民守法：公众参与的制度建设、环境宣传教育、"两会"生态环境提案、环境公益活动、生态环境举报渠道与数量……

表 5-4 是以法治实施单项要素为评估对象的生态环境法治实施 PSR 评估模型，该框架模型专注于法治实施体系建设完善问题，具有更强的针对性。在表格最左侧是执法、司法和守法三个单项评估对象，

压力指标采用生态环境保护现实对各评估对象的相应需求指示，状态为各评估对象的现实状态，而应对（响应）指标则反映各单项领域的能力建设，即采取的各种具体因应措施，它也是法治实施专项评估指标体系中居于最重要地位的指标系列。但表中列举的三类生态环境法治实施评估指标只是对各序列评估指标的提示，每一生态环境法治实施评估项目的评估指标尚需要按照各评估项目的评估目的、数据可得性原则，以及调查目标等其他指标筛选影响因素进行具体甄选识别。

二、生态环境法治实施评估指标甄选

理论上讲，评估指标应涵盖评估对象的各个方面，并在此基础上设立评估体系。但是，无论从法治评估或生态环境法治评估的实践，还是从法治、生态环境法治的内涵和外延看，评估指标体系都不可能包罗万象，事实上也不必要面面俱到。生态环境法治实施是法治实施评估的一种，其以生态环境法治实施为目标，聚焦于反映法治实施状态的严格执法、公正司法和全民守法等理念，然后不断分化成各自独立指标序列。执法即法的执行，是国家行政机关及其公职人员依照法定职权和程序，贯彻、执行法律的活动。司法即法的适用，是国家司法机关依据法定职权和法定程序，具体应用法律处理案件的专门活动。守法即法的遵守，是国家机关、社会组织、企事业单位和公民个人严格依照法律规定开展活动。通过对严格依法保护生态环境、公平合理解决生态环境纠纷和公众参与生态环境建设三方面状况的分析评价，可以反映生态环境法治实施的基本成效。如前所述，科学有效的评估指标体系应具有代表性、可比性、可测量性、可获取性等特性，它是由能够反映评估对象和调查目标的基本特征与本质属性的一些指标组合而成。这些分层级设定的指标组合序列由若干与评估对象的调查目标关联度最高的抽象性概念逐渐向下延展至体现事务微观具体的表象，而由此获取的层层增幅量加大的信息呈反向传递状态，从最毛细的派生指标传至评估对象并回答调查目标假定问题。

　　构建科学有效评估指标体系的基础工作在于依照特定条件、程序，从候选指标清单中筛选适格评估指标，然后组建搭配指标体系。在法治实施评估指标体系中，法治实施响应指标是最需要优先探讨的指标序列，其他两类指标则是可广泛适用于多种评估目的的共性指标：生态环境问题(压力)指标和生态环境状态指标，虽然同属一级指标，但由于这些指标数据可用于多种目的，在特定的评估项目下必须对其选择和验证标准进行界定(在本书中这些共性指标是服务于法治实施响应指标的)。在生态环境法治实施中，目前环境司法暂不适宜作为生态环境法治实施调查目标的主要指向。我国环境司法专门化尚处于发展初期阶段，环境司法功能相对单调性。以量化评估为主要特色的司法评估，经实证测试现有司法数据运用效果不理想，或许是生态环境案件数据偏小，指示意义不强；又或许是难以从海量案件材料中准确合理地抓取相关数据。尽管环境司法在生态环境法治实施体系中已经发挥着积极作用，即便中国裁判文书网存有海量数据，仿佛可以对环境司法进行效果良好的量化评估，利用大数据展现环境司法效果。在我们对环境侵权民事案件责任承担方式的量化评估测试中发现，试图借助司法大数据对环境司法开展定量分析效果不理想。例如，恢复原状是民事侵权责任的承担形式之一，该责任形式对生态环境保护具有特殊的意义，对生态环境侵权损害而言最好的救济形式就是恢复原状，其次是修复环境(生态修复)。《最高人民法院关于审理环境民事公益诉讼案件适用法律若干问题的司法解释》(2015 年 1 月 6 日)也确认了恢复原状和修复环境作为环境民事公益诉讼责任的承担形式。第二十条规定：原告请求恢复原状的，人民法院可以依法判决被告将生态环境恢复到损害发生之前的状态和功能。无法完全恢复的，可以准许采用替代性的恢复方式。人民法院可以在判决被告修复环境的同时，确定被告不履行恢复义务时应承担的生态环境修复费用；也可以直接判决被告承担生态环境修复费用。鉴于此，我们认为，环境民事侵权案件的司法判决中人民法院对恢复原状、生态修复两种责任承担形式的确认采用数据，将是评价司法机关发挥生态环境侵权救济功能中的最佳指标。为此，2020 年 6 月 5 日，我们利用中国裁判文书网，分别使用"恢复原状""生态修复"关键词，对当时所有 7788 件环境污染责任纠纷民事案件的判决结果进行检索，得到如下数据：以"恢复原状"关键词检索得到的案件数是 22 件，其中 21 件判决，1 件是调解；以"生态修复"检索的案件数为 16 件（14 初审，2 终审）。通过全部比较这 38 件案件，"生态修复"案件与"恢复原状"案件无交叉，如此少的数据几乎无法进行有效统计分析，因而也就无法确认司法功能在生态环境侵权救济中能够有效实现最佳生态环境保护目标。另据对公众生态环境领域守法实践与习惯的实证调查，司法救济途径不是公众日常生态环境纠纷解决的主要选择，至少在自然人之间的生态环保纠纷方面，法院定分止争功能极弱。因此，建议对环境司法评估指标宜采取保守态度。

生态环境执法是生态环境法治的重要方面，严格生态环境执法在确保生态环境法治和实现可持续发展目标方面发挥着重要作用。生态环境执法评估指标的最关键之处是行政监管机关的执法能力和执法程序。掌握这两方面的信息就基本可以对环境执法做出大致判断，进而可以对生态环境法治实施评估奠定基础。但是，期待法治实施活动完全由行政执法因素决定既不现实也不可行。现代法治实践表明，并非但凡有法律遵守执行的场合都一定需要行政执法部门来强制执行法律规定。[①] 在我国，党组织、司法机关、第三方组织、企事业单位和公众等都是社会主义法治实施的重要推进力量。

以下尝试在国家和上海层面，对 PSR 模型法治应对（响应）指标序列中的生态环境执法和生态环境守法若干潜在指标进行甄别遴选，分别讨论这些指标能够作为潜在生态环境法治实施评估指标的依据、数据可得性、定位和使用（参见表 5 - 5、表 5 - 6）。

---

① *Regulatory Enforcement and Inspections*，OECD（2014），p. 19.

1. 严格执法指标。

表5－5　严格执法指标参考表

序号	指标名称	解读	依据或意义	数据可得性	使用建议	性质	备注
1	执法公开	生态环境行政执法领域行政执法公示，执法过程公开，执法结果公开。	《关于在生态环境制度推进行政执法公示制度全过程记录制度的实施意见》，"双随机公开"等，把行政执法决定纳入法治实施评估指标体系，考察行政执法程序性指标，对衡量法治实施中的执法和守法都有较大帮助。	属于政府信息公开范畴，数据可得性好。	核心指标	定性指标	公开透明是严格执法的最重要特性。
2	政务信息公开	重大决策、财政、体制	公众参与和监督环境保护的基础和前提；《环境保护法》等法律法规。	政府官方网站公布，数据可得性好。	核心指标	定性指标	透明度是政府法治的重要内容。

173

续　表

序号	指标名称	解读	依据或意义	数据可得性	使用建议	性质	备注
3	公众满意程度	公众对本地区生态环境质量改善的满意程度。	生态环境执法效果需要来自相对人的主观感受,公众守法也依赖于公众对生态环境法治的认可。公众满意度可以比较好地反映以上信息,而且公众主观可接受的信息知的调查结果属于可接受信息来源。	通过对选定范围公众开展问卷调查,一般可比较好地获取相关数据。	合理有效的问卷控制调查法获取的该指标可作为核心指标。	基于主观判断的定量指标	
4	环境在线监测率	利用遥感、计算机等现代电子技术对生态环境质量、污染物排放等指标进行测量和观测。	《环境保护法》第十七条,环境监测可以为管理决策提供科学依据,为监督执法提供有效证据,环境监测数据是环境统计、污染物排放总量核定,排污费考核的依据,目标责任考核的保障。在线监测是提升执法效能的保障,也是生态环境执法能力的体现之一。	数据可得性良好。	核心指标。	定量指标	

续　表

序号	指标名称	解读	依据或意义	数据可得性	使用建议	性质	备注
5	执法人员配置率	以本地执法人员数量占当地人口总数之比。	执法人力资源是加强生态环境执法的根本,基层生态环境执法一在于人手不足。	数据可获取性较好。	核心指标	定量指标	
6	基层执法垂直管理制度	生态环境相关"人、财、物"的控制权从地方上收到国家,统一生态环境系统内的资源配置:市县两级的环境监察职能纵向上收,监测和监察权力集中在省以上生态环境部门;执法权力纵向下沉,集中在县、区级生态环境部门。	中共中央办公厅、国务院办公厅印发了《关于省以下环保机构监测监察执法垂直管理制度改革试点工作的指导意见》	属于国家权威文件精神,相关工作执行落实信息获取容易。	辅助指标	定性指标	

175

续 表

序号	指标名称	解读	依据或意义	数据可得性	使用建议	性质	备注
7	综合执法	整合相关部门生态环境保护执法职能，统筹执法资源和执法力量，推动建立生态环境保护综合执法队伍。	《关于深化生态环境保护综合行政执法改革的指导意见》，建立权责统一、权威高效的依法行政体制，增强执法的统一性、权威性和有效性，为打好污染防治攻坚战、建设美丽中国提供坚实保障。	改革初期阶段综合执法组建整合形式性信息容易获取，但实质性进展效果信息较难获取。	辅助指标	定性指标	当前执法改革政策要求，因现行法律修改进程滞后，实际工作中仍然一些未理顺的地方。
8	执法者普法	发挥国家机关及其工作人员在普法中的作用，在执法过程中做好法律宣传教育，具体的执法方式。执法者普法体现要体现在普法计划、年度普法指标责任清单和普法规章和司法解释起草过程中向社会公众征求意见，体现在对群众关心的热点法规讲解、司法意见和法律法规宣讲等方面。	2017年5月，中共中央办公厅、国务院办公厅印发了《关于实行国家机关"谁执法谁普法"普法责任制的意见》；在时下生态环境政策变动较多时期，实施"谁执法谁普法"使政策公开透明，减少守法者疑虑、顾虑，使普法由静态变成动态。	因涉及多个部门单位，数据可得性一般。	辅助指标	定性指标	谁执法谁普法制度实施时间比较差。

续表

序号	指标名称	解读	依据或意义	数据可得性	使用建议	性质	备注
9	行刑衔接	生态环境监管部门会同公安部门、检察机关建立行政执法与刑事司法衔接机制，有完善的生态环境案件移送标准和程序。	《关于加强环境保护与公安部门执法衔接配合工作的意见》有利于建立联合执法机制，依法严惩环境违法犯罪行为。	作为定性指标，相关信息可得性一般。	辅助指标	定性指标	
10	多种处罚手段综合利用	对环境违法行为的行政处罚是行政执法的规制措施之一。有效的执法形式和特点，综合运用按日计划、查封扣押、停产限产、行政拘留、犯罪移送等多种处理方式。	生态环境执法根据具体问题具体分析采取不同执法策略方式，可以取得比较好的实际效果。例如，对按日计划可以迫使违法者纠正违法行为，防止违法成本低于守法成本高现象；对生产者拒不停止生产经营的，通过做出扣押、停产限产的决定可以有力打击生态环境违法行为，对主要责任人适用行政拘留的决定可以有效地遏制花钱买污染问题。	可通过阅读生态环境部门处罚决定书相关信息、数据获取相关性好。	辅助指标	定性指标	视角新，对衡量反映执法效果具有良好作用。

续　表

序号	指标名称	解读	依据或意义	数据可得性	使用建议	性质	备注
11	内外部管理制度建设	分别适用于系统内部管理和外部环境管理的制度体系化建设情况。	环境管理管制制度是对环境保护具有保障作用的规范性要求，具有强制和引导人们行为模式的作用。	内部制度建设信息不易获取，对外适用的法律制度信息可得性好。	辅助指标	定性指标	
12	信访投诉渠道	公众对疑似生态环境违法犯罪行为进行投诉举报的途径，如热线电话、信访接待制度、网络渠道等。	投诉举报是公众的基本环境权利，也是公众参与的主要形式。《环境保护法》第五十七条。	从生态环境部门官方网站提供信访投诉方式可以很容易获取相关信息。	辅助指标	定性指标	
13	共享信息平台	统一的监管信息共享和业务联动平台，以集约化方式搭建信息归集、监管预警、联合惩戒、随机监查等功能于一体的综合监管平台，增强综合监管力，提升综合监管水平。	《上海市事中事后综合监管平台建设工作方案》（沪府办发〔2016〕29号）和《上海市事中事后综合监管平台运行管理暂行办法》。	相关信息主要通过互联网实现，数据可得性好。	辅助指标	定性指标	

续　表

序号	指标名称	解读	依据或意义	数据可得性	使用建议	性质	备注
14	环保目标责任制执行情况	县级以上人民政府应当将环境保护情况纳入对本级人民政府负有环境保护监督管理职责的部门及其负责人和下级人民政府及其负责人的考核内容,作为对其考核评价的重要依据。考核结果应当向社会公开。	《环境保护法》第二十六条,国家实行环境保护目标责任制和考核评价制度。	属于政府信息公开内容,数据可得性好。	辅助指标	定性指标	
15	管理机构年度资金预算	环境保护管理事务、环境保护宣传和环境监测与监察的经费。	充足的经费是生态执法能力的重要保障,也是严格执法、规范执法的基础。	《环保局年度预算总表》文件,属于政府主动公开信息,数据可得性好。	辅助指标	定量指标	
16	行政复议纠错率、行政诉讼败诉率	相对人不服行政机关行政处罚向上级行政机关申请复议,向人民法院提起行政诉讼,并导致原有处罚被改变案件数与起诉案件总数比。	行政复议和行政诉讼是保障相对人合法权益、防止行政机关违法或不当侵犯的最后救济措施。环境行政复议和环境行政诉讼可以规制、约束生态环境行政违法或行政不当行为。本指标可提供生态环境行政执法跟踪的参考信息的变化。	对政府部门或主导、委托的评估项目而言,数据可得性好。	辅助指标	定量指标	此数据表现为行政机关的完胜率,因此,对行政执法的评价指针意义反而不明显。

续表

序号	指标名称	解读	依据或意义	数据可得性	使用建议	性质	备注
17	执业培训次数	对执法人员开展法律知识、执法技能、查证技巧等方面的训练。	加强执法人员培训和管理，提高人员专业素养和职业道德水平等执法能力建设是加强行政执法效果的重要选项。职业能力的形成不仅需要执法人员在日常工作中学习积累业务技能，还要经过专门的业务培训。通过对基层执法人员开展执法业务培训，有助于提高行政自由裁量准确性，减少执法不合法、不合理问题，还可以加强执法人员调查取证水平。	生态环境部门掌握相关信息，对内部评估而言信息可获得性好。	辅助指标	定量指标	
18	环境突发事件等级数量	由于污染物排放或者自然灾害、生产安全事故等因素，导致污染物或者放射性物质等有害物质进入大气、水体、土壤等环境介质，突然造成或者可能造成环境质量下降，危及公众身体健康和财产安全，或者造成生态环境破坏，或者造成重大社会影响，需要采取紧急措施予以应对的事件。	《环境保护法》第四十七条规定了突发环境事件的风险控制、应急准备、应急处置以及事后恢复等工作要求，明确了政府、政府部门在处置突发环境事件中的责任。	国家统计局官方网站、国家应急管理部官网可以比较容易查到基础性数据。	辅助指标	定量指标	

序号	指标名称	解读	依据或意义	数据可得性	使用建议	性质	备注
19	污染防治攻坚战年度工作目标任务实现率	对各省（自治区、直辖市）党委人大、政府污染防治攻坚战成效的考核数据	《省（自治区、直辖市）污染防治攻坚战成效考核措施》	属于政府任务目标，理应数据可得性好。	辅助指标	定量指标	可以较好地用于各地方开展横向比较，但因政策实施时间不长，纵向可比性较差。
20	内部行政责任追究	对有违法失职行为的行政机关工作人员（公职人员）、行政负责人在系统内部进行惩戒。属于内部监督和责任追究措施。	《环境保护法》第六十八条，对具有法律规定违法行为的，直接负责主管人员和其他直接责任人员给予记过、记大过或者降级处分；造成严重后果的，给予撤职或者开除处分；其主要负责人应当引咎辞职；在行政执法监督中，执法人员不得枉顾生态违法行为的违法情节，违法后果等因素中，意行使自由裁量权，利用执法权力寻租腐败。	行政机关系统内行政处分分数据不容易获取。	谨慎使用，不建议纳入评估指标体系。	定量指标	中央环保督察同责的处分分数据虽易得，但数据相对有限。

续表

序号	指标名称	解读	依据或意义	数据可得性	使用建议	性质	备注
21	重点污染物排放总量控制指标实现率	通过向一定地区和排污单位分配特定污染物排放量指标,将一定地区和排污单位的特定污染物的数量控制在规定限度内的污染控制方式及其管理。	《环境保护法》第四十四条第一款明确规定了国家实行重点污染物排放总量控制制度,确立了其作为我国环境保护基本法律制度的地位。"末端治理"向"源头预防"环境保护理念转变的重要体现,也是改变达标排放无法有效去除环境污染重要手段。	政府生态环境状况公报等官方文件中对此指标的获数据可得性好。	替代指标(备选指标)	定量指标	
22	非强制性管理措施运用	不具有法律约束力的倡导性,自愿性生态环境保护行为准则。	非强制性管理措施具有弥补法律规范不足,改变法律实施效果不佳,可以促使企业在更高水平保护生态环境,超越法定生态环境保护目标。	生态环境部门内部控制信息,外部评估不易获取相关信息。	谨慎使用,不建议纳入常规评估指标。	定性指标	

2. 全民守法指标。

表 5-6　全民守法指标参考表

序号	指标名称	解读	依据或意义	数据可得性	使用建议	性质	备注
1	企业/公众环境意识,法律意识	企业/公众对于生态环境保护,生态环境法律的了解和关注程度。	生态环境领域数量,层级众多的法律规范,各种复杂修改完善的生态保护条款,这些因素阻碍了相关企业单位(特别是小微企业),社会组织和公众充分认知生态保护义务,因而就无法做到全面遵守相关法律规则。除部分故意违法行为外,许多生态环境违法活动是由于相关人对法律规定的许多细节要求不了解,不熟悉,在正常生产生活活动中过失地造成环境污染或生态破坏。	问卷调查法可得	核心指标	定性指标	用于表现生态环境守法基础的主观证据。

183

续表

序号	指标名称	解读	依据或意义	数据可得性	使用建议	性质	备注
2	重点污染物总量控制达标	我国实行重点污染物排放总量控制制度。重点污染物排放由国务院下达,省、自治区、直辖市人民政府分解落实。企事业单位污染物排放执行国家和地方污染物排放标准的同时,应当遵守本单位的重点污染物排放总量控制指标。对超过国家重点污染物排放总量控制指标或者未完成国家确定的环境质量目标的地区,省级以上人民政府环境保护主管部门应当暂停审批其新增重点污染物排放总量的建设项目环境影响评价文件。	《环境保护法》第四十四条,国家实行重点污染物排放总量控制制度;超过控制指标的地区实行区域限批。重点企业落实生态环境守法的核心表现,也是对生态环境质量状态影响力最大的因素之一。	鉴于超标的后果的严重性和后续惩罚的极端严厉性,以及排污许可证管理方式的推进,使该核心指标具有较好的可得性,从环境部门有关许可证管理等方面信息可获取。	核心指标	定量指标	

续表

序号	指标名称	解读	依据或意义	数据可得性	使用建议	性质	备注
3	生态环境类"两会提案"	人大会代表、政协代表在两会上提交生态环境方面的提案数量与指向。	两会代表的特殊身份，使得其生态环境提案成为最具有典型性和代表性的公众参与信号，反映公众关注、参与生态环境的最直接、最重要指标。	《上海市生态环境局政府信息公开工作年度报告》。	核心指标	定量指标/定性指标	该指标还可以反映本地区生态环境法治实施的整体效果。两会提案问题越多，问题越尖锐，就越集中表明相关生态环境管理的公众满意度差、法治效果也不理想。
4	企业环境信息公开	重点排污单位的强制性环境法律义务，定建立环境信息公开制度，是否做到环境信息公开和定期生态环境信息和及时发布突发性生态环境信息。	《环境保护法》第五十五条、《企业事业单位环境信息公开办法》	生态主管部门相关信息，数据可得性好。	辅助指标	定性指标	展现地方生态环境守法生态意识的较好的指标。

生态环境法治实施：评估体系与实证考察

续表

序号	指标名称	解读	依据或意义	数据可得性	使用建议	性质	备注
5	产业园区环境基础设施运维	产业园区环境基础设施规划、配套建设环境基础设施，并保障其正常运行。	《上海市环境保护条例》第41条：加强产业园区环境管理，是保障环境安全和城市安全，实现化工行业发展方式转变和经济转型升级、落实节能减排工作的重要举措。企业密集集中处理了环区为环境污染较高的产业园了环境污染较高但是同时也带来了环区有利条件，必须做好环境基础设施运维管理。	企业环境信息公开规定和政府环境信息公开制度基本可以保证相关信息的数据可得性。	辅助指标	定性指标	
6	行业协会、社会组织作用	在生态环境法治实施中，相关行业协会合作可以与行政执法主体合作，为执法单位创设沟通畅通的沟通渠道，加强执法机构与企业单位之间的理解和反馈。	行业协会也可以在促进企业单位遵守生态保护法律中发挥作用。行业协会可以沟通行政管部门与企业的联系，协助行政机关调整完善执法策略，同时可以提高企业单位守法意识水平，为行政执法和企业守法创造有利条件，取得更好法治实施效果。	可以向有关生态环境部门、行业协会等请求获取相关信息，因属于正面形象类树立相关方的信息、数据可得性较好。	辅助指标	定性指标	

186

续　表

序号	指标名称	解读	依据或意义	数据可得性	使用建议	性质	备注
7	参与立法修法	立法草案公开征求意见，立法专家咨询会	《立法法》第五条，立法应当体现人民的意志，发扬社会主义民主，坚持立法公开，保障人民通过多种途径参与立法活动。	除了有关立法部门可以提供相关数据外，还可以通过网络渠道搜集相关信息。	辅助指标	定量指标	立法机构在新法制定、旧法修改过程中一般会安排专家咨询会，有些广泛涉及公众利益的法律草案也会公开征求公众意见。
8	参加环境听证会、座谈会	在生态环境决策之前，影响生态环境项目批准之前，公众申请或应邀参加听证会、座谈会等参加讨论活动，以及专家参加相关研讨会。	以某种方式参与环境决策是公众参与的形式之一。	数据可得性一般，需要向各相关决策部门了解。	辅助指标	定量指标	对于第三方开展的评估项目，相关信息获取不易。

生态环境法治实施：评估体系与实证考察

续 表

序号	指标名称	解读	依据或意义	数据可得性	使用建议	性质	备注
9	信访投诉举报量	公众向生态环境部门等单位举报疑似生态环境违法犯罪的数量。	信访投诉数量是公众参与积极性的体现，投诉量大表明公众环境意识强、维权意识好、参与环境保护的热情高。	《上海市生态环境局应急中心热线情况简报》	辅助指标	定量指标	信访投诉量大不说明地方生态环境管理不力。
10	生态环境处罚案件数量	表明本地生态环境守法大致情况。	《关于构建现代环境治理体系的指导意见》，生态环境守法是法治实施的重要方面，现代环境治理体系要求发挥企业主体作用，实现多方共治。	《上海市生态环境局政府信息公开工作年度报告》可以获取相关信息。	辅助指标	定量指标	不宜作为生态环境行政执法绩效。

188

续　表

序号	指标名称	解读	依据或意义	数据可得性	使用建议	性质	备注
11	居民生活垃圾分类参与率	居民参与生活垃圾分类投放户数占选定范围居民总户数	《城市生活垃圾分类及其评价标准》《CJJ/T 102－2004》,《上海市生活垃圾管理条例》,实现生活垃圾减量化,资源化,无害化,推进生活垃圾减量和资源循环利用,有利于培养公众环境意识。	从城市生活垃圾管理的主管部门一般可以获取该指标信息,可得性一般。	辅助指标	定量指标	
12	生态环境违法次数企业数量	本区域违法被查处后在一段时间内再次违法被查处的数据;区域内此类违法家数增多,可表明行政执法监管存在不力问题。	企业多次环境违法,表明企业生态环境守法信用差。	当地生态环境部门数据掌握。数据可得性较好。	辅助指标/替代指标	定量指标	

189

生态环境执法和守法不仅是政府、社会采取措施积极应对生态环境压力与环境形势恶化的主要体现，而且两者关系密切。从某种意义上说，执法指标可以反映行政机关促进和激励守法、打击违法的力度，而守法指标则是体现行政机关严格执法带来的效果之一。在假定科学立法的前提下，严格执法和公众守法两大指标基本能够反映生态环境法治实施的基本状况，如果后续再辅以科学量化的公正司法指标信息则反映的准确性就更有保障了（根据我们对上海市公众生态环境守法问卷调查，公众的环境司法偏好度普遍低下，反映出环境司法在生态环境守法某些方面的作用相当有限）。以上关于生态环境执法和生态环境守法的评估指标候选池只是生态环境法治实施的执法和守法领域抽取部分片段进行分析的结果，其仍是非常简单粗略的评估指标体系提示。随着生态环境法治建设不断向前发展，法治实施评估指标也会不断变动发展的，为进一步提高评估指标系列的准确性和充分性，尚需要在政策法律和学理研究基础上，与时俱进搜寻论证更多更符合时代发展的指标。

三、生态环境法治实施评估体系构建

生态环境法治实施评估的 PSR 框架体系，是围绕生态环境法治实施目标层内容，沿着环境压力、环境状态到法治实施响应轨迹，层层推导压力、状态和法治实施组成的准则层，渐次形成细化多面的指标层，从而构建生态环境法治实施评估指标体系。在完成生态环境法治实施评估指标体系基础上，进一步再通过合理选择指标权重、评估方法和评估标准，以实现由定性分析向定量分析的转化，同时也完成了由评估指标向评估体系的过渡。尽管不能认为定量分析更优于定性分析，但比较理想的线路确是按照此进路比较合理。将两种法治分析方式结合起来，从多侧面多视角开展评估可能更加符合法治建设的现实需要。

1. 生态环境法治实施评估指标体系设计思路。

在 PSR 模型的生态环境法治实施评估指标体系设计进程中，第一步是基于"压力-状态-应对"框架进行评估指标分级,即首先确立环境压力、环境状态、法治应对三个二级指标,并依次建立三个二级指标的层级指标体系;第二步是按照这些指标对生态环境法治实施的意义大小依次进行分类,设定对生态环境法治实施最终成效意义显著的为核心指标,设定居于相对次要地位、发挥作用有限或不宜独立表征评估目的和调查目标问题的为辅助指标各级指标均依此方法分类;第三步则是根据指标数据可得性等因素进一步确认筛选并最终确立评估指标体系。按照以上思路,结合生态环境法治理论与实效表现,我们认为,以法治实施有效性为总体评估目的的生态环境法治实施评估,其考察的主要内容应是各种法治实施举措和环境质量的变化状况,从其指标体系的二级指标排列看实际是一个倒 PSR 模型排序,即法治应对作为二级指标最优先的核心指标,环境质量状态也是比较重要的核心指标,环境压力重要度相对弱化。在法治应对指标体系内,严格执法是最关键的三级指标,其中的核心指标应在评估指标体系内占据主导地位;公众守法也具有相当重要地位,其中的主观指标对评估生态环境法治实施意义特殊;公正司法地位不如前二者,但作用加大的迹象已经显露,未来环境司法的指标意义将会越来越突出。

筛选确立生态环境法治实施主要评估指标系统的实用策略是:①执法类指标宜优先关注管理透明度(信息公开)和执法能力建设,从降低数据可得难度考量,应少选择潜在负面性指标,如行政复议纠错率,对于预算经费、投资金额等资金类数据要考虑通货膨胀等其他影响因素的干扰,另外,行政执法次数不宜作为衡量法治实施的关键性指标;②公众生态环境守法类指标可由低层级的认知与遵守生态环境法律,向更高层级的主动参与性指标发展,如参与环保公益活动、参加环境听证会、参与生态环境立法和决策,对生态环境违法行为进行举报投诉等;③出于司法审判特点和数据可得性等方面考虑,司法类评估指标建议选择程序性规则指标而不选择案件数量类、审结时间类等指标;④环境质量类指标须考虑评估目的,如综合评估生态环境法治实施,其评估调查目标是整体的生态环境法治实施成效,则环境质量指标应当选取该区域最具代表性的大气（空气）质量指标、水体质量指标和土壤质量指标等系列环境质量数据作为评估指标。

2. 生态环境法治实施评估指标体系设计。

根据我国社会主义法治体系建设文件精神，再以本书前期研究和调研工作为基础，我们设计了一个适用于理想状况的生态环境法治实施评估指标体系。该体系共设定了 5 个二级指标——严格执法、公正司法、全民守法、环境质量和环境压力，在二级指标项下又设计出 73 个三级指标（见表 5-7，实际工作中可根据评估目的需要对这些指标进行取舍调整）。为了降低生态环境法治实施评估工作难度，以便在有限时间、预算和数据条件下开展概况评价，我们另以追求时效为首要出发点的生态环境法治实施初评项目设计了简化版的生态环境法治实施评估指标体系。其中，共设定二级指标 3 个（严格执法、全民守法、环境质量），以及 12 个三级指标（参见表 5-8）。

表 5-7　生态环境法治实施评估指标体系（理想版）

二级指标 ＼ 三级指标	核心指标	辅助指标
严格执法	1. 行政执法公示 2. 执法全过程记录 3. 抽检情况与执法结果及时公开 4. 政务信息主动公开 5. 行政执法公众满意度 6. 执法力量占比① 7. 在线监测率	1. 综合执法改革 2. "放管服"改革 3. 执法者普法 4. 行刑衔接 5. 行政管理制度 6. 环保目标责任制执行 7. 执法预算 8. 执业培训 9. 综合信息共享平台 10. 综合运用行政执法手段 11. 生态环境部门官网活跃度 12. 自由裁量权行使 13. 环境突发事件 14. 生态破坏责任事件 15. 其他

二级指标 / 三级指标	核心指标	辅助指标
公正司法	1. 司法审判程序公开 2. 案件终审改判率 3. 司法审判时限性	1. 司法机关内部专业机构数② 2. 司法人力资源③ 3. 司法人员专门培训 4. 检察机关介入环境公益诉讼率 5. 专业机构作为诉讼参与人比率 6. 审判文书及时公开
全民守法	1. 生态环境法律意识 2. 两会提案 3. 重点污染物总量控制达标	1. 参加环境公益活动 2. 信访投诉量 3. 生活垃圾分类参与率 4. 专家咨询会 5. 企业环境信息公开 6. 企业环境管理台账 7. 企业单位环境基础设施运维 8. 行业协会、社会组织参与环保 9. 第三方专业机构环保治理 10. 生态环境处罚案件数量 11. 生态环境数次违法企业数量 12. 生态环境网络新闻点击率
环境质量状况（环境治理）	1. 环境空气质量优良率 2. 劣 V 类水体占地表水比例 3. COD 排放总量减少 4. SO_2 排放总量减少	1. 生活垃圾无害化处理率 2. 自然保护地面积占陆域国土面积比例 3. 森林覆盖率 4. 生态环境治理资金投入 5. 单位生产总值能耗降低 6. 万元 GDP 用水量下降 7. 农村环境基础设施 8. 饮用水水源水质 9. 污水集中处理率 10. 荒漠化土地面积 11. 湿地保护率 12. 海洋保护区面积 13. 其他（地区本底值等描述性指标）

三级指标 二级指标	核心指标	辅助指标
环境压力	1. 能源消耗总量 2. 用水总量	1. 年度废水中主要污染物排放总量 2. 年度废气中主要污染物排放总量 3. 酸雨频率 4. 重要水体富营养化 5. 地方产业结构 6. 工矿企业数量 7. 农药、化肥平均施用量 8. 机动车保有量（去除新能源汽车保有量）

注：① 执法力量占比指辖区内有效执法人员数量与辖区总人口数之比；

　　② 司法机关内部专业机构数量指法院环境资源审判机构，以及检察院内设专门机构；

　　③ 司法机关专业人员数量、资质。

表5-8　生态环境法治实施评估指标体系（简化版）

三级指标 二级指标	核心指标	辅助指标
严格执法	1. 行政执法规范性 2. 政务信息主动公开	1. 行政管理制度 2. 执业培训
全民守法	1. 两会提案 2. 重点污染物总量控制达标	1. 企业环境信息公开 2. 生态环境处罚案件数量
环境质量状况 （环境治理）	1. 环境空气质量优良率 2. 劣Ⅴ类水体占地表水比例	1. 单位生产总值能耗降低 2. 生态环境治理资金投入

此简化版指标体系仅选取了严格执法、全民守法和环境质量3个二级指标，未将公正司法指标纳入其中。同时，又将低成本高效率作为主导思想，以指标数据获取便捷易得性、降低评估难度和广泛适应性为主要筛选考量，适度让渡了评估结论的准确性、精确性。

3. 生态环境法治实施量化评估体系构建。

就完整全面的法治实施评估工作而言，其前半段进程多是以定性分析形式进行的，表现为对法治建设情况进行研判描述，并基于特定逻辑分析线索评价法治实施效果的好坏。为了更加直观平白地反映法治实施的状态，往往还可以进一步作量化评估分析，即依据统计数据、对指标体系数据信息赋值加权，再利用建立的数学模型对评估体系计分核算综合指数，最后对指标数值进行解读得出评价结论。通过对各种指标数值的比较或不同时期同一指标的对照反映出法治实施是否有效果，从而比较科学有效地为评估判断提供确凿有据的信息。这种通过建立生态环境法治实施评估模型对法治实施进行量化分析然后得出直观评估指数的量化分析法，从某种程度上讲比定性分析表现得似乎更加客观、简便，而且对评估对象的状况的反映也比较敏感。如前所述，制定评估标准以便为评估指标赋值和设定权重系数的实现途径可以依靠德尔菲法进行，即根据特邀专家组的意见对评估指标体系赋值加权，构建科学合理的量化评估体系。

　　下面以简化版生态环境法治实施评估指标为例，进行简单的赋值、加权测试，由此说明常见的指数法评估体系构建原理。例如，首先设计生态环境法治实施评估指数满分值为 10 分，并基于对三个二级指标及其三级指标系列重要性的认知，设计各二级评估指标的权重系数为：严格执法指标 0.4，全民守法指标 0.3，环境质量状况指标 0.3；然后进一步对其中的核心指标与辅助指标分别设定权重系数为：核心指标 0.7，辅助指标 0.3。在此基础上，还要对各类评估指标数据进行比较复杂的标准化处理，如对定性指标予以主观评分，对定量指标进行无量纲化，得出统一的指标数值，再按照一定公式方可以计算最终的量化评估指数结果。在此，将生态环境法治实施评估指数采取按照加权平均法计算，则其公式为：

$$I = (\sum A_i * 0.7 + \sum a_i * 0.3) * 0.4 + (\sum B_i * 0.7 + \sum b_i * 0.3) * 0.3 + (\sum C_i * 0.7 + \sum c_i * 0.3) * 0.3$$

　　其中，I—生态环境法治实施评估指数

　　　　A—生态执法三级核心指标

a—生态执法三级辅助指标

B—全民守法三级核心指标

b—全民守法三级辅助指标

C—环境质量三级核心指标

c—环境质量三级辅助指标

i—三级指标序号，如 A_1 = 行政执法规范性，a_1 = 行政管理制度

可见，生态环境法治实施的量化评估体系是根据现行法治实施体系建设理论与实践，对严格执法、全民守法、环境质量等指标数据进行标准化处理，然后将指标数值代入设计的公式去计算评估指数。指数评估法等法治量化评估方法兼顾专家与民众双方向的调查方式，该方法不仅有助于保证调查结果充分反映受访者对于周遭环境条件变化的感受，而且此方法通过对不同数据来源和问题类型的信息进行三角剖分法（即通过多种方法收集同一类型的信息数据）能够从多个视角评估法治效果。这种多视角评估法可包容法治方面的不同观点，减少因任何其他特定数据收集方法造成的可能偏差。需要注意的是，指数评估法等量化分析法的局限性也比较明显。指数数据虽然可以或多或少地揭示法治多维度的规律，但却很难明确与之相关要素的因果关系，需要将指数与其他分析工具结合使用，才能比较全面透彻地了解原因后果及可能的解决对策。

以上关于生态环境法治实施评估体系的设计方案只是基于对生态环境法治实施评估进行的初步研究，希望可以为实际工作提供些许参考。不过，理论探讨与实务工作毕竟存在着相当大的距离，虽然在理论上有些评估指标可能非常有意义，然而真正操作起来十分困难，会面临各种客观环境和物质条件的制约。因此，有必要通过考察我国生态环境法治实施建设实践，根据实际测试情况，调整、修订理论设定的指标体系，以便在理论推崇性和现实可行性之间实现平衡。

第三节　行政执法评估指标探讨

　　科学立法和严格执法是法治建设的两个基本条件。完备法律制度体系建立以后,必然要求严格执行法律规范。在高效生态环境法治实施体系中,与生态环境部门关系最密切的当属生态环境行政执法。强化环境管理是我国较早形成的三大环境政策之一。虽然现代环境治理体系坚持多方共治,要求形成全社会共同推进环境治理格局。但政府部门行政执法在生态环境法治实施中的地位和作用依然是主要方面。党的十八大报告将生态文明建设纳入"五位一体"的总体布局以来,国家越来越重视生态环境保护监管执法,行政执法具有了影响法治实施评估结果的重要地位,因此,在法治实施评估中加强对行政执法指标的探讨是非常必要的。

一、行政执法数据是否是一种理想的生态环境法治实施评估指标

　　行政执法数据(行政执法次数、处罚数量与金额等)比较容易被设计为评估行政执法绩效的指标。其可能原因,一是由于该类数据是行政执法活动的直接体现,表现出与行政执法良好的关联性;二是该类数据简便易得,而且数据准确性也比较有保障。但行政执法数据是否确实能客观有效地反映法治实施效果是值得思考的。如何科学有效评估行政执法效果是法治实施评估中需要面临的一大挑战。法治实施效果的好坏与行政执法关系密切,但不宜简单以线性回归法分析评估行政执法与法治实施效果之间的关系。进行法治实施评估过程不仅不能主要根据行政执法数据信息就判断该地区法治实施效果,而且执法机构执法程序方面的数据(如,执法检查次数、行政处罚次数)也不应当作为法治实施评估指标,这些信息与执法机构工作绩效不具有可靠关联性。从严格意义上讲,在法治实施评估中,对于所有出自行政监管机构的数

据信息都要保持谨慎态度。过于高估行政监管执法来源的数据一方面可能会引发行政执法机关过度执法的冲动，另一方面这些被设定与行政机构执法绩效关联密切的数据信息还可能因行政执法机构刻意装饰执法形象或绩效目的而被修改，以至于影响评估结论的准确性与客观性。所以，在设计生态环境法治实施评估指标时，尽管生态环境行政执法次数、查处违法案件数量和相关行政罚款金额能够在一定程度上反映行政监管机构的执法信息，但却不是良好的法治实施评估指标。无论是行政执法内在要求，还是我国"放管服"改革转变政府职能等政策形势都不支持将单纯的行政执法数据纳入生态环境法治实施的行政执法评估指标系统。

1. 严格执法可有效规制相对人守法合规，但执法检查次数不与行政执法效果成正比。

在依法行政的框架下，一切行政执法活动都要有法有据（证据）。行政证据是行政处罚、行政复议和行政诉讼的关键要素。行政机关搜集执法证据的重要方式之一是现场执法检查。在生态环境领域，现场检查是生态环境执法检查的一种主要方式，现场检查权是《环境保护法》《大气污染防治法》等生态环境法律赋予行政机关进行日常监管活动的重要权利，是实现行政目的的一项具有基础性、普遍性的职权。在生态环境行政监管执法中，生态环境行政主管部门或其他依法行使行政监督管理权的部门依法有权到管辖范围内污染物排放单位的生产经营场所进行生态监督执法，检查这些单位是否全面遵守有关生态环境法律规定的要求，是否存在生态环境违法行为。这种实地检查方式能够比较直接迅速地获取排污单位的排污证据和监测数据，为后续行政处罚提供必要的证据基础。行政执法检查也是督促相对人合规守法的一种有效手段。然而，行政执法检查并非行为人合规守法的必要条件，执法检查的次数也不必然与行政执法效果成正比的。如果不甄别辖区内监管对象生产经营和生活活动对生态环境保护影响的差异性等因素，不能有针对性地开展执法监管活动，而是盲目使用有限的执法资源，那么行政机关对相对人进行执法检查次数的多少就无法表征其对法治实施效果的正面意义。

2. 基层行政执法资源有限性要求开展针对性精准执法。

在我国基层行政执法资源普遍不足的背景下,执法资源配置应当与作为执法对象—相对人活动的潜在生态环境风险/危险程度成正比。对诚信守法记录良好的合规企业理应减少执法检查次数,而对违法违规风险高、后果严重的生产经营活动必须加大执法检查力度。从监管执法实践看,行政监管机构不可能对所管辖区域内的每个监管对象都进行同等监督检查执法,更不可能盲目追求高频次的执法检查水平。执法部门通常会按照一定原则、程序和线索事先制定执法计划,确立重点监管对象。这是提高行政监管效率的必然选择。为保证行政监管执法效果,应依照危险比例准则考察监管执法是否已经覆盖了辖区内主要和重要的高风险监管对象,是否做到精准执法管理,做到有所为有所不为。高风险因素不仅包括危害后果严重(如危及公众生命、健康或破坏生态平衡),还包括危害范围广和持续时间长。另外,对同一对象被持续、多个来源投诉举报的情形也应纳入高风险因素。但是,集中执法力量重点关注高风险监管对象也要受到一定限制,以危险相称理由选择重点执法检查对象和频次,并遵守所谓"最低合规阈值水平"准则。此准则要求在现有执法能力水平下,为确保本地合规守法良性状态所必须维持的最小检查对象范围和最低执法次数。窄于此检查对象范围,或是少于该执法次数就无法完成监管执法目标要求。从这个角度看,并非执法次数越多行政执法效果就越好,由此也表明单纯的执法检查次数不宜作为考量执法效果的标准,这至少对生态环境高风险行业和企业以外的相对人来说是如此。

3. 奖优罚懒的差异性行政执法力度与方式符合行政执法效率原则。

行政执法效率原则允许行政机关根据相对人的守法合规表现情况开展"选择性执法"。也就是说,行政监管执法机构可根据监管对象守法合规的历史记录数据和违法情形,合理灵活地行使行政执法自由裁量权,因企制宜调整检查力度和方式,通过奖励引导和威慑施压双重效应,有针对性地对不同相对人进行差异性监管执法。如对生态环境守法记录良好的企业可采取以自主申报为主的监管方式,并适当减少现场执法次数;对出于偶发性疏忽过失原因导致的轻微环境违法可以采取警告等较轻处罚方式甚至免于处罚;对有环境违法不良记录或被屡次举报投诉并查实的企业则适当加大监管力度,按照最高上限进行严厉处罚,同时增加现场执法检查频次以保持一定强度的执法监督压力。这种"奖优罚懒"有差别的针对式执法,可以更有效地配置执法资源,集中执法力量完成执法任务。从行政相对人方面讲,在差异性执法政策下,相对人就拥有了额外的动力去保护环境、遵纪守法,合规企业单位就会更加主动承担生态环境法律义务和社会责任,积极配合生态环境监管申报环保信息数据,以争取和保持良好的守法合规记录。这与当下行政机关对不同信用等级企业采取有区别的监管,对失信企业加大查处力度,对长期稳定诚实守信企业则减少监管频次,保护合法合规企业权益的行政监管改革精神是一致的。这一改革精神显然也不支持简单地以监管执法次数作为评估行政执法效能的指标。

除上述因素外,当前"放管服"改革背景下"双随机一公开""审慎包容""信用监管"等一系列监管制度改革也确认了增加行政执法次数不符合行政执法改革的发展方向。所以,单纯的行政执法次数不宜作为生态环境法治实施评价指标。行政执法评估应自行政执法系统整体层面进行,并重视来自行政相对人的意见。在法治实施评估中,行政执法评估不应当分别孤立地对不同行政机构的各自执法情况进行独立评估。这种缺乏全面系统性观念的评估方式,无法综合客观反映执法效果和相对人的真实体验。对行政执法的评估必须重视行政相对人的认知,在评估中要向被执法对象调查,了解其对法治实施的感受和后果,以此作为对行政执法评估的补充材料。在调查执法机关工作内容的基础上,再从执法相对人的视角审视行政监管执法的工作方式和实效,能够比较全面准确地把握行政执法的实效,也有助于改进执法工作机制,提高行政执法效率,从而建立高效的法治实施体系。

二、政府信息公开透明是行政执法的良好评估指标

政府信息公开透明是现代法治社会的基本特征,公开透明是法治政府、依法行政的核心元素。打造阳光政府的关键是凸显公开透明形象。无论是国家政策法律对政府公开透明的现实要求,还是从其实现的可行性分析,政府信息公开透明都理应纳入行政执法的重要评估指标序列。

1. 公开透明是提升法治实施质效的基本要求。

公开透明是高效法治实施体系的基本保证。首先,公开透明是依法行政、严格执法的关键环节。政务公开、决策执法全过程公开透明是打造法治政府,保持行政执法高效廉洁,维护行政执法权威性的重要举措。合法性、合理性、正当程序性、效率性、诚实守信性和责任性等行政执法准则都要求政府应具备公开透明基本品性。其次,公开透明也是公正司法的基本要求和前提条件。这不仅是由司法中立性和公平性等特性决定的,而且司法公开透明也是我国法律确认的一项"宪法原则"。公众感受司法公正的最直观来源在于司法过程和司法结果的公开透明。再次,公开透明更是全民守法的必要条件和实现公众参与的基本保障。公众知法懂法才能守法,才能合法合理运用法律维护自身权利。信息知情权、参与决策(立法)权、获取司法救济权等公众参与权利的行使也都离不开对各类信息公开透明的保障和指引。最后,公开透明且真实有效的信息是法治高效实施的基础,隐瞒须公开信息或提供虚假信息将极可能严重损害严格执法、公正司法和公众守法,破坏法治实施的根基。

2. 政策法律明确了政府信息公开透明的重要性和法定义务性。

近些年来我国政策法律一再确认了公开透明对于法治政府、司法改革等事业的重要性,公开透明也逐渐成为政府和一些企业相对人的一项法定义务。例如,2014 年 10 月党的十八届四中全会通过的《中共中央关于全面推进依法治国若干重大问题的决定》,中共中央、国务院

于 2015 年 12 月印发的《法治政府建设实施纲要（2015—2020 年）》等重要文件都对行政执法领域的信息公开制度作出专门部署，明确要求全面推行行政执法公示制度、执法全过程记录制度、重大执法决定法制审核制度。2016 年 2 月，中共中央办公厅、国务院办公厅印发的《关于全面推进政务公开工作的意见》更明确指出公开透明是法治政府的基本特征。国务院办公厅印发的《2018 年政务公开工作要点》也把公开透明作为政府工作的基本要求。在法律制度层面，以 2015 年修订实施的《环境保护法》第五十四条规定为基础，政府主动公开环境信息的义务在国家立法层面得到进一步明确，环境信息公开作为公众参与和监督环境保护的基础和前提，日益受到各界的关注。2019 年修订的《中华人民共和国政府信息公开条例》对保障公民、法人和其他组织依法获取政府信息，提高政府工作的透明度，建设法治政府，充分发挥政府信息对人民群众生产、生活和经济社会活动的服务作用做出具体规定，该条例确立了以公开为常态、不公开为例外的基本原则，对现实中存在的行政机关公开内容不全面准确、公开深度不满足群众，以及申请人滥用信息公开申请权力，占用大量行政资源等问题进行了科学合理规制。在生态环境领域，2019 年 6 月生态环境部出台《生态环境部政府信息公开实施办法》，对保障相对人获取生态环境政府信息，促进公众有效参与生态环境保护，规范生态环境部门信息公开程序和责任等政府的生态环境信息公开义务做出了专门规定。国务院办公厅《关于全面推行行政执法公示制度执法全过程记录制度重大执法决定法制审核制度的指导意见》（国办发〔2018〕118 号）和生态环境部印发的《关于在生态环境系统推进行政执法公示制度执法全过程记录制度重大执法决定法制审核制度的实施意见》等文件，对行政执法程序方面公开制度进行了具体规定。此外，"放管服"改革背景下各地开展的"双随机一公开""证照分离""一网通办""互联网＋监管"平台信用监管协同惩戒金融、大数据运用、社会监督等措施也都在信息公开透明方面进行了全方位的实践。需要注意的一点是，法治实施要求的信息公开主体并不限于政府部门，企事业单位也是执行信息公开透明的重要义务主体，只是这一部分不属于行政执法评估指标范围。

3. 信息公开是实现信息共享、提高行政执法效率的基础。

（1）信息公开是行政管理中信息共享的基础。过去相当长时间里，各行政机关内部由于工作职责分工原因，机关各部门间联络不充分，各施其职各负其责为工作常态，甚至同一单位有些部门间彼此从未有过工作交集，更不用说开展合作协作。工作人员常常是只熟悉所管范围相对人情况和职责范围内的具体工作事务，对其他部门工作事务并不了解。不同政府部门或跨地区行政机构之间这种情况更加如此。政府信息沟通渠道主要依赖传统通讯媒体和纸质报告材料在本系统上下级之间传递，同一地区不同行政机构之间或跨地区同一政府部门系统间的交流缺乏广泛深入的业务合作与协作。由于缺乏信息公开机制，行政机构间信息共享也就无从谈起，导致信息重复收集现象泛化。这不仅严重浪费行政资源，降低行政管理效率，因而对相对人造成比较大的负担。以生态环境监管为例，承担生态环境监管执法的机构尽管在生态环境保护方面职责各有侧重，但实际上很多行政管理部门的工作内容和范围经常发生交叉交集，执法工作中所涉及的许多信息是相似且具有共享基础的。至少诸如企业名称、地址、规模，以及生产经营范围等信息对辖区内其他行政执法机构是有共享意义的，具有交叉或相似执法职责的行政监管机构在信息共享共通种类数量上就更加广泛和深厚。某一个执法机构发现的生态违法行为往往会成为另外执法机构的检查线索，这种信息共享将大大提高行政执法监管精准性和效率，提升生态环境精准管理水平。目前各地探索开展的联合惩戒实践就是比较好的例证。

（2）依靠现代信息技术建立的政府综合信息平台，使信息公开、信息共享成为可能。微光电子技术、通信技术、网络技术、感测技术、控制技术、显示技术等现代信息技术已经具有将监管执行机构的一些关键流程数据（如执法计划、执法检查时间、被检查对象、执法人员名单、检查结果记录、违法事实、行政处罚结果，数据统计分析报告）汇集到同一信息软件系统中。这大大加强了信息公开、信息共享的效能，使行政监督执法效率和有效性大幅提升。目前实践较多的是建立统一的行政监管信息平台，通过采纳共同标识符号，在相关行政管理机构间实现行政监管数据信息共通共享，减少行政执法成本，提高行政执法检查效率，同时降低被检查对象的负担。如生态环境管理领域的在线环境监测、互联网等信息获取和传输技术对提高执法能力、构建现代环境治理体系意义明显。上海市事中事后综合监管平台就是监管信息共享和业务联动的一个典型例子。该平台以集约化方式搭建信息归集、双告知、双随机、监管预警、联合惩戒、信息查询等功能于一体构成综合监管职能，增强监管合力，提升综合监管水平。政府各行政管理部门在履行职责过程中产生的行政许可、行政处罚以及其他监管信息都能够在平台上归集，以供市、区相关部门共享使用。因此，为了加强信息公开、信息共享，提高行政管理部门对信息数据的利用效率，除了可以在本地区系统内外建立信息共享平台外，未来还可以探索建立跨区域性（长三角、珠三角、京津冀等）的信息交流平台或系统，为区域行政协同执法监管创造条件。

政府信息公开透明政策法律制度的推出，以及现代科技手段的改进，使得这些年来我国各类生态环境数据信息获取具有了较高保障性，国家、地方的年度生态环境状况公报、信息公开报告、环境统计年鉴等权威报告的连续性发布，使决策、管理、执行、服务和结果等方面的生态环境政务信息中一些具有代表性的数据初步实现了公开透明化，使信息公开指标能够完全满足法治实施评估指标的条件要求。因此，无论从信息公开透明制度对法治实施的必要性，还是从有关信息公开数据资料获取可行性上讲，政府生态环境信息公开都是一个比较理想的生态环境法治实施评估指标。

第六章　生态环境法治实施应对量化分析

　　法治评估研究最有意义的目标在于分析法治有效性,在 PSR 模型中该目标可以解析为压力、状态和应对三部分,但 PSR 模型不应当仅用于对环境压力、状态和应对的平铺描述,其主要关注要害应当是评价法治应对措施有效情况。法律应对措施是直接与法治(体系)联系的法治实施问题。法治量化分析不同于传统法律研究习惯在于其是一种以数字为线索的研究策略。法治量化研究主要依赖定量分析方法,把反映政府法治建设成效客观指标转化为数值表达绩效,用以衡量工作实绩的标尺。借助精确的数值可以比较便利直观地对工作成效按照评分高低进行先后排序,实现奖勤罚懒管理需要。虽然绩效评估等实用性评估最注重的是客观事实而不是主观信息,但在法治实施中也不可避免地要涉及公众满意度等主观价值判断。现实客观指标数据固有的局限性,要求在对客观指标进行定量分析为主的法治实施量化评估中,也要注意合理适当运用主观感觉指标和定性分析,将两类指标、两种分析方式结合使用,使之互为补充,方能较好实现评估目标。问卷调查和大数据分析是综合运用定量、定性分析方式获取主客观信息的两种典型评估研究方法。这两类方法对法治评估分析人员都具有一定的挑战。例如,大范围、多对象的调查问卷不仅需要大量经济成本,也需要较高时间成本,而且问卷发放和回收过程还容易产生信息偏差。大数据分析方法也是法治量化评估的重要方式之一。大数据分析以某种特定标准为线索,需要对现实世界的海量数据信息进行加工处理,再利用现代计算机技术手段分析寻找数据背后的规律,这要求事先进行大量预先研究和数据搜集基础工作。2016 年 3 月,原环境保护部印发的《生态环境大数据建设总体方案》提出在环评、监测、应急、执法、网站等五大领域开展生态环境大数据建设试点。如果生态环境大数据建设能够顺利推进下去,将可以事半功倍地完成生态环境法治实施评估工作。本章重点对公众、生态环境管理部门专家、环境法学者开展问卷调查,并对生态环境法律修改数据、行政不作为司法裁判数据进行统计分析,在初步运用量化评估方法和理论进行生态环境法治实证研究,基本完成法治实施方面的有关调查目标。

第一节 生态环境法治实施效果调查分析

尽管我国生态环境法律体系基本建立,环境保护有法可依的局面已经形成,然而,我国环境保护仍然形势严峻,环境恶化还没有得到根本好转,有些地方环境问题仍存在突破防控尺度的危险。究其原因在于我国生态环境法治体系尚远未成熟,生态环境法律执行落实情况不理想,生态环境法治实施效果不高是很重要的方面。"法律的生命力在于实施,法律的权威也在于实施"。为了使生态环境法律规范落到实处,切实提升生态环境法律实施的效果,必须加快我国生态环境领域的法治体系建设,打造高效的生态环境法治实施体系。这需要对生态环境法治实效不佳的问题进行调查分析,研判生态环境法律实施情况、存在的问题以及影响因素。

采取问卷调查形式对我国生态环境法治实施效果进行调查,有助于初步揭示我国生态环境法律实施效果不理想的主要原因。为了突出调查分析的对比性,分别选择生态环境行政主管部门工作人员与作为公众代表的环境法学者组建不同人群类别进行比较分析,尝试寻找他们之间对于生态环境法治实施的评价认知差异。以下是对长三角地区部分环境法学者和生态环境行政主管部门工作人员作为受访对象进行的一个微型问卷调查的分析成果。①② 本次问卷调查以两组受访对象分别对生态环境立法与生态环境执法两个环节的评价进行对比,考察我国生态环境法律的实施效果。调查累计发放问卷 50 份(理论组的受访者 22 人,管理组的受访者 28 人),回收问卷 49 份,其中有效问卷 48 份。

一、我国生态环境法治实效评价

在全部受访者中,不到三分之一的人认为我国生态环境法治建设实效的总体评价为好,大多数受访者对我国生态环境法治建设实效的总体印象为负面。但是,理论组和管理组对于法律实施效果的总体印象存在显著差异。理论组中几乎所有人都对总体印象作出了负面评价的选择,而半数左右的管理组受访者对生态环境法律实施总体效果的判断是正面肯定的。说明政府行政管理人员对环境立法实施效果的总体印象明显比法学理论研究人员更加乐观。在进一步调查生态环境法律实施效果好的原因环节,"法律体系完善"这一原因选项是受访者最认同的肯定原因,超过七成受访者将其排列在第一位;"守法意识强"选项虽然在整体上受到了较多的关注,但受访者倾向于将其视为重要性较低的原因。可见,"法律体系完备"是我国环境立法实施效果好的相当主要的原因。在造成生态环境法律实施效果不好的原因选项中,"执法不严"不仅受到了最大范围的关注,并且在受访者心目的排序也十分靠前,有半数受访者将其排列在首选地位;"立法质量不高"选项次之,同样得到了较普遍的认同,但绝大多数受访者将其重要性排在"执法不严"之后。不过不同类型受访者对于生态环境法治实效负面印象的原因是有差异的,管理组多强调执法因素,而理论组不仅强调执法因素,同样也非常关注立法因素。

---

① 调查问卷模板见附件五:《生态环境立法实施效果调查问卷(专家卷)》。

② 两组受访对象由"环境法学者组"(简称理论组)和"环境管理人员"(简称管理组)构成。

二、立法环节对生态环境法律实施效果的影响

1. 立法质量的制约因素及原因。

在制约环境立法质量的因素中，受访者最强调的是立法过程中存在的问题，特别是学者们对此态度非常鲜明。其次是法律条款设计也影响着法律实施的效果。调查问卷对立法过程影响立法质量的原因给出了四个选项："部门利益难以协调""立法受其他因素干扰""缺少公众参与"和"其他"。受访者被要求对选中的答案的重要性进行排序。图6-1数据说明，"部门利益难以协调"被关注的程度和优先度最高，"缺少公众参与"的关注程度和优先度相对较低。两组受访者对立法过程影响立法质量原因的认识无明显差别，只是理论组对于"公众参与"的关注要高于管理组。这大概与前面揭示的理论组认为立法过程是影响立法质量的制约因素有关，因为公众参与是立法过程中的一个重要环节，重视立法过程当然也就会更关注公众参与。但是公众参与相对于"部门利益难协调"及其他因素的影响在理论组心目中的优先度并不靠前，大部分人都选择放在这两者之后。

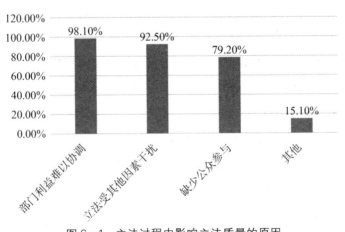

图6-1 立法过程中影响立法质量的原因

2. 条款设计对生态环境法律实施效果的影响。

调查问卷对条款设计影响地方法规实施效果的原因给出了五个选项:"立法技术不高""条款可操作性差""法律规范系统性差""立法不符合实际情况"和"其他"。受访者被要求对选中答案的重要性进行排序。仅就关注度而言,"条款可操作性差"所受的关注程度最高,"法规系统性差,缺乏针对性、协调性、完整性和可理解性"次之。就优先度而言,受访者对于环境立法条款设计影响法规实施效果的原因的排序与关注度基本相同(参见表6-1)。

表6-1　生态环境法律条款设计影响法律实施效果的原因排序

	第一	第二	第三	第四	第五
立法技术不高	19.2%	13.5%	25.0%	26.9%	0.0%
条款可操作性差	42.3%	32.7%	9.6%	9.6%	0.0%
系统性差	19.2%	38.5%	30.8%	3.8%	0.0%
立法不符合实际情况	17.3%	7.7%	19.2%	34.6%	0.0%
其他	1.9%	0.0%	0.0%	0.0%	7.7%

就条款设计对生态环境立法实施效果影响原因的认识而言,工作性质的差异并没有造成认识上的明显不同。但是管理组对于立法可操作性的优先关注度明显高于理论组,而理论组则对立法技术优先度的认识又明显高于管理组。这应该是与两类不同受访对象工作的性质等差异有关,管理组在日常工作中多关心执法是否顺畅问题,如可操作性、可适用性等;理论组更看重法律规范的应然和理想状态,学者们比较关注的是如何进一步提高立法技术层面的问题。

3. 对改进立法质量方式的认识。

调查问卷对于立法质量的提升方式给出了五个选项:"加强(生态环境法律)体系化建设""制定科学管理制度""增强(法律规范)可操作性""完善立法程序"和"其他"。受访者被要求对选中的答案的重要性进行排序。图 6-2 数据说明，仅就关注度而言，"增强可操作性"所受的关注程度最高(97.6%)，"制定科学管理制度"次之(87.8%)。通过调查不同类型受访者对提高立法质量措施认识排序发现，不同工作性质的人员对提高立法质量各项措施的优先度排序有显著差别，主要表现为较多的理论组认为加强法规体系化建设是关键，而较多的管理组则认为增强可操作性应该占据优先位置。可见，受访对象共同认可增强可操作性、制定科学管理制度是提高立法质量的两大重要方面的基础上，理论组比管理组更加看重进一步加强法规体系化建设对于提高立法质量的意义，将近一半的理论组人员认为把加强生态环境法律体系化建设作为提高生态环境立法质量措施的重中之重。

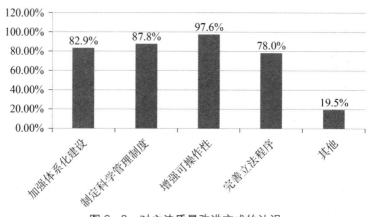

图 6-2 对立法质量改进方式的认识

三、执法环节对生态环境法律实施效果的影响

调查问卷对行政执法影响生态环境法律实施效果情况设置了四个选项："地方保护干扰执法""执法水平低""执法设备差执法手段落后"和"其他"。受访者被要求对选中的答案的重要性进行排序。表 6-2 的数据显示，"地方保护"的优先度要明显优于"执法水平低"。可见"地方保护"被受访者认为是影响生态环境法律实施效果的关键环节之一。不过两组受访者在对执法环节中最首要影响因素的判断上存在一定差

异,管理组最强调的执法水平低下问题,而理论界最关注的是地方保护问题。

表 6-2 生态环境执法对法规实施效果影响情况排序

	第一	第二	第三	第四
地方保护干扰执法	69.8%	13.2%	9.4%	0.0%
执法水平低	11.3%	47.2%	30.2%	3.8%
执法设备差、手段落后	13.2%	32.1%	41.5%	1.9%
其他	5.7%	0.0%	0.0%	11.3%

四、调查结果分析

基于对生态环境法律实施情况的调查分析,似乎可以确认立法环节和执法环节都对生态环境法治建设实效产生明显影响。其中的主要影响因素包括:立法过程、条款设计(立法技术)、执法体制与机制。立法的关键在于立法过程与立法技术,执法的关键在于体制、机制、执法环境与能力。调查还表明,不同类型受访对象由于各自对生态环境法律规范关注视角不同而存在评价的选择性差异现象。因此,在开展问卷研究评价生态环境法律实施效果情况及原因的时候,应当区分不同背景受访者的观点,有所区分地得出研究结论。生态环境管理者多从实用角度评价立法,多强调要"增强法规的操作性,突出可用",更关注法律规范是否方便适用和可用是首要考虑因素。因为这些实务部门的管理者对于法条可操作性的感受比生态环境法治的其他主体都要深刻,只要是法律规定了明确具体可供执法直接适用的条款,对他们而言可能就是不错的法律。法学理论研究者关注的主要是立法质量,特别是从宏观上把握环境立法的合理性与科学性。[1] 学者具有的批判型反

---

[1] 吕忠梅:《环境立法中的专家角色初探》,《中国地质大学学报(社科版)》,2009(6):31。

思研究习惯注定其往往追求的是理论上最佳的立法结果,因此他们在评价立法的时候考虑的因素可能最多、最全面,对法律的评价也最苛刻。

针对以上情况,今后可以采取一些针对性措施加强生态环境法治建设,提高生态环境法治实施效果。在立法环节,要提高立法技术,增加法律规定的可操作性;增加执法强制手段,提高处罚的力度;适时修订更新法规,有条件的地方可以针对地方生态环境问题的特点,积极尝试地方自主立法填补立法空白;加强对执法程序立法;在立法过程中增加公众参与环节。在执法环节,应当尽力制定科学合理的执法管理机制,明确各生态环境管理机构和人员的具体责任划分,建立和强化政府生态环境行政问责机制和执法不作为、乱作为的行政追究机制;加强执法能力建设,切实提高各管理部门协调能力;探索公检法等强力部门介入生态环境执法和鼓励公众参与生态环境监督管理的有效途径。除此之外,还可以在法规中增加鼓励公众参与方面的具体的、可操作性的规定,加强环保理念及法制宣传,提高相对人的环保意识和生态环境守法观念,拓展相对人的监督渠道,建立鼓励举报生态环境违法的机制,减少生态环境违法行为。

第二节　公众生态环境守法调查分析

为了解我国城市居民的生态环境意识状况,调查公众参与环境保护的主观态度与实际行为模式,选择上海市静安区、浦东新区和奉贤区三地进行公众生态环境守法情况对照调查。[①] 静安区是上海最核心中心区之一,居民主要是"土著"上海人;浦东新区是浦东本地居民和新上海人居住较为集中的新发展城区;奉贤区属于上海远郊主要涉农大区,居民主要是本地人口,其中相当一部分人具有或曾经有涉农背景。通

---

① 调查问卷模板见附件六:《生态环境法治实施调查问卷(公众守法)》。

过对这三地调查问卷统计结果比较,还试图查证本次问卷调查法是否存在偏差现象。本次调查共发放调查问卷 600 份,三个区各发放 200 份调查问卷。回收情况为:回收问卷 600 份,其中有效问卷 600 份,有效比率为 100%。[①] 本问卷由 12 道题组成,其中单选题 7 题,排序题 5 题。问卷结果分析采用的是 PASW 统计软件。本次分析报告分为两部分,第一部分是对公众生态环境守法问卷调查数据的常规统计分析,包括对问卷结果的直观分析、部分排序题与年龄因素和环境法律意识因素的交叉关联分析;第二部分是采取量化评价方式,在对单选题 2—7 题合理赋值的基础上,定量分析公众生态环境法治意识、守法态度和行为。

一、问卷统计结果初步分析

调查问卷将受访者按照年龄划分为四个受访组,即 30 岁以下、30—45 岁、46—60 岁和 60 岁四组。各受访组具体年龄分布可参见表 6-3。

表 6-3 受访者年龄分布[②]

		人数	百分比	有效百分比	累计百分比
有效	30 岁以下	89	14.8	14.8	14.8
	30—45 岁	232	38.7	38.7	53.5
	46—60 岁	157	26.2	26.2	79.7
	60 岁以上	122	20.3	20.3	100.0
	总计	600	100.0	100.0	

---

① 在第二部分赋值统计中,为简化统计分析,我们对有选题缺失值的 12 份问卷予以剔除,但这些问卷仍是有效问卷。

② 表格说明:(1)"有效"表示有效的数据值,与之对应的为"缺失",表示受访者漏填或误填情况,扣除缺失值的数值为有效值;(2)"人数"表示选择某项答案的人数。(3)"百分比"表示选择某项答案人数占总数的百分比,此处的百分比是将缺失值计算在内的。(4)有效百分比即是将缺失值排除后进行计算的结果。(5)"累计百分比"即是几项百分比之和。研究分析中的表格未作特殊标识者均遵循本说明。

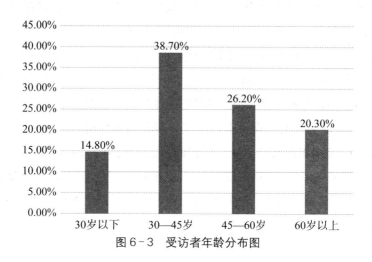

图 6-3　受访者年龄分布图

　　如表 6-3、图 6-3 所示,30 岁以下的受访者 89 人,占总数的
14.8%;30—45 岁的受访者 232 人,占总数的 38.7%;46—60 岁的受访
者 157 人,占总数的 26.2%;60 岁以上的受访者为 122 人,占总数的
20.3%。从数据分布来看,各年龄阶段受访者所占比例较为均衡。从受
访者年龄分布看,30—45 岁受访者最多,30—60 岁占本次调查人数的近
三分之二。似乎可以认为本次调查分析结论更偏向于反映的是中壮年
人员的意见。

　　1. 受访者对生态环境重要性的认识。

　　(1)整体评价。

表 6-4　受访者生态环境重要性认识的提高情况

		人数	百分比	有效百分比	累计百分比
有效	是	586	97.7	97.8	97.8
	否	13	2.2	2.2	100.0
	总计	599	99.8	100.0	
缺失	0	1	0.2		
总计		600	100.0		

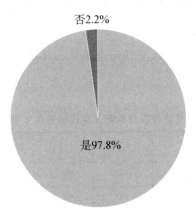

否2.2%

是97.8%

图 6-4 受访者生态环境重要性认识的提高情况

表 6-4 和图 6-4 的数据显示,600 份问卷中,有效回答该问题的共 599 份。其中,586 位受访者认为其对于生态环境重要性的认识有明显提高,占总数的 97.7%,13 位受访者认为其对于生态环境重要性的认识没有明显提高,占总数的 2.2%。从整体来看,认为自身对于生态环境重要性的认识程度有明显提高的受访者居多数,显著高于认为其对生态环境重要性的认识没有明显提高的受访者。

(2) 不同年龄对于生态环境重要性认识程度的影响。

表 6-5 不同年龄对于生态环境重要性认识程度的影响情况

分组 选项结果		年龄				X²	P
		30 岁以下	30—45 岁	46—60 岁	60 岁以上		
生态环境重要性的认识是否有明显提高	是	88	227	153	118	0.619	0.892
	否	1	5	4	3		

表 6-5 的数据显示,经检验,受访者的不同年龄与其对生态环境重要性的认识之间卡方为 0.619,显著性 P = 0.892>0.05 水平,因此受访者的不同年龄与其对生态环境重要性的认识之间的相关性不显

著,换言之,年龄因素对于受访者生态环境重要性认识程度不产生显著影响。

2. 受访者在日常聊天时谈论有关生态环境情况。

(1)整体评价。

表6-6　受访者在日常聊天时谈论有关生态环境情况

		人数	百分比	有效百分比	累计百分比
有效	经常谈论	354	59.0	59.0	59.0
	偶尔谈论	237	39.5	39.5	98.5
	基本不谈论	9	1.5	1.5	100.0
	总计	600	100.0	100.0	

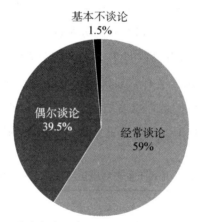

图6-5　受访者在日常聊天时谈论有关生态环境情况

表6-6和图6-5的数据显示,354位受访者经常在日常聊天时谈论有关生态环境情况,占总数的59%;237位受访者偶尔谈论,占总数的39.5%;9位受访者基本不谈论,占总数的1.5%。由此可以看出,绝大多数受访者都会在日常聊天中谈论有关生态环境情况,经常谈论的人数要多于偶尔谈论的人数。

（2）不同年龄对于日常聊天时谈论有关生态环境情况的影响。

表6－7　不同年龄对于日常聊天时谈论有关生态环境情况的影响情况

		年龄				X²	P
		30岁以下	30—45岁	46—60岁	60岁以上		
日常聊天谈论有关生态环境情况	经常谈论	47	127	99	81	13.492	0.036
	偶尔谈论	41	104	55	37		
	基本不谈	1	1	3	4		

　　表6－7的数据显示，经检验，受访者的不同年龄与其在日常聊天时谈论有关生态环境情况之间卡方是13.492，显著性 P＝0.036＜0.05 水平，因此受访者的不同年龄与其在日常聊天时谈论有关生态环境情况之间存在显著的差异，换言之，年龄因素对于受访者是否在日常聊天时谈论有关生态环境情况会产生影响。通过进一步的分析可知，在60岁以上年龄组，受访者在日常聊天中谈论有关生态环境情况差异较大，即经常谈论、偶尔谈论和基本不谈论比例相差较大。

　　3. 受访者参与生态环境活动的意愿。

　　（1）参与力所能及的生态环境公益活动的意愿。

表6－8　受访者参与力所能及的生态环境公益活动的意愿情况

		人数	百分比	有效百分比	累计百分比
有效	是	557	92.8	93.0	93.0
	否	23	3.8	3.8	96.8
	不知道	19	3.2	3.2	100.0
	总计	599	99.8	100.0	
缺失	0	1	0.2		
总计		600	100.0		

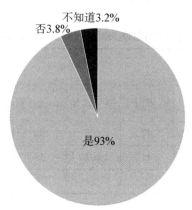

图 6-6　受访者参与力所能及的生态环境公益活动的意愿情况

表 6-8 和图 6-6 数据显示，600 份问卷中有效回答该问题的共 599 份。其中，557 位受访者愿意参与力所能及的生态环境公益活动，占总数的 92.8%；23 位受访者不愿意参与，占总数的 3.8%；19 位受访者不知道，占总数的 3.2%。由此可以看出，绝大多数受访者参与生态环境公益活动的意愿都很强烈。

（2）不同年龄对于参与力所能及的生态环境公益活动意愿的影响。

表 6-9　不同年龄对于参与力所能及的生态环境公益活动意愿的影响

		年龄				X²	P
		30 岁以下	30—45 岁	46—60 岁	60 岁以上		
参加力所能及的生态环境公益活动的意愿	是	84	213	146	114	0.928	0.988
	否	3	9	6	5		
	不知道	2	9	5	3		

表 6-9 的数据显示，经检验，受访者的不同年龄与其参与力所能及的生态环境公益活动意愿之间卡方为 0.928，显著性 P = 0.988＞0.05 水平，因此受访者的不同年龄与其对参与力所能及的生态环境公

益活动意愿之间不存在显著的差异,换言之,年龄因素对于是否愿意参与力所能及的生态环境公益活动不构成显著影响。

4. 居民愿意参与支持保护环境(生活垃圾分类)的原因。

表 6-10 居民愿意参与支持保护环境(生活垃圾分类)的原因:强制法

		人数	百分比	有效百分比	累计百分比
有效	本项未选	2	0.3	0.3	0.3
	排序第一	323	53.8	53.8	54.2
	排序第二	132	22.0	22.0	76.2
	排序第三	94	15.7	15.7	91.8
	排序第四	46	7.7	7.7	99.5
	排序第五	3	0.5	0.5	100.0
	总计	600	100.0	100.0	

表 6-11 居民愿意参与支持保护环境(生活垃圾分类)的原因:专人监督

		人数	百分比	有效百分比	累计百分比
有效	本项未选	3	0.5	0.5	0.5
	排序第一	57	9.5	9.5	10.0
	排序第二	284	47.3	47.3	57.3
	排序第三	184	30.7	30.7	88.0
	排序第四	67	11.2	11.2	99.2
	排序第五	5	0.8	0.8	100.0
	总计	600	100.0	100.0	

表 6-12 居民愿意参与支持保护环境(生活垃圾分类)的原因:自觉

		人数	百分比	有效百分比	累计百分比
有效	本项未选	4	0.7	0.7	0.7
	排序第一	179	29.8	29.8	30.5
	排序第二	133	22.2	22.2	52.7
	排序第三	218	36.3	36.3	89.0
	排序第四	65	10.8	10.8	99.8
	排序第五	1	0.2	0.2	100.0
	总计	600	100.0	100.0	

表6-13 居民愿意参与支持保护环境(生活垃圾分类)的原因：奖励

		人数	百分比	有效百分比	累计百分比
有效	本项未选	9	1.5	1.5	1.5
	排序第一	39	6.5	6.5	8.0
	排序第二	44	7.3	7.3	15.3
	排序第三	96	16.0	16.0	31.3
	排序第四	382	63.7	63.7	95.0
	排序第五	30	5.0	5.0	100.0
	总计	600	100.0	100.0	

表6-14 居民愿意参与支持保护环境(生活垃圾分类)的原因：其他

		人数	百分比	有效百分比	累计百分比
有效	本项未选	166	27.7	27.7	27.7
	排序第一	2	0.3	0.3	28.0
	排序第二	4	0.7	0.7	28.7
	排序第三	4	0.7	0.7	29.3
	排序第四	30	5.0	5.0	34.3
	排序第五	394	65.7	65.7	100.0
	总计	600	100.0	100.0	

表6-15 居民愿意参与支持保护环境(生活垃圾分类)的其他回答

地区	回答内容	人数
奉贤区	教育孩子	1
	社区教育	1
	给孩子做好榜样	1
	小区宣传	1
	社区宣传	1
	学校从小受教育	1
	广告牌灯	1

地区	回答内容	人数
静安区	有人指导	1
	新生活需要	1
	美化环境	1
	群众监督	1
	为孩子做好榜样	2
	罚款	1
	宣传教育	1
浦东新区	自身健康考虑	1
	宣传活动	1

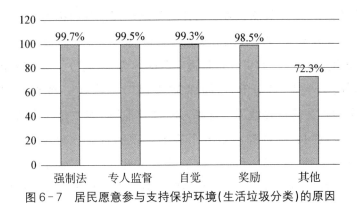

图6-7　居民愿意参与支持保护环境(生活垃圾分类)的原因

表6-16　居民愿意参与支持保护环境(生活垃圾分类)的原因排序情况表

	排序第一	排序第二	排序第三	排序第四	排序第五
强制法	53.8%	22%	15.7%	7.7%	0.5%
专人监督	9.5%	47.3%	30.7%	11.2%	0.8%
自觉	29.8%	22.2%	36.3%	10.8%	0.2%
奖励	6.5%	7.3%	16.0%	63.7%	5.0%
其他	0.3%	0.7%	0.7%	5.0%	65.7%

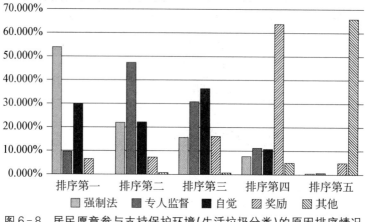

图 6-8　居民愿意参与支持保护环境(生活垃圾分类)的原因排序情况

　　问卷中,对于受访者是否愿意参与支持保护环境(生活垃圾分类)的原因给出了五个答案选项:"法律有强制性规定"(简称为"强制法")、"社区有专人监督(如：垃圾分类投放)"(简称为"专人监督")、"环境保护工作很重要,居民有责任自觉遵守"(简称为"自觉")、"参与后能得到奖励(如：小奖品、积分等)"(简称为"奖励")、"其他"。受访者被要求对选中的答案的重要性进行排序,并在"其他"回答中允许受访者自行填写。有效问卷中选择本题五个答案选项的百分比分别为 99.7％、99.5％、99.3％、98.5％和 72.3％。由此可见,五个答案选项均被认为是居民愿意参与支持保护环境(生活垃圾分类)的原因。通过对比可以发现,在 600 份问卷中,受访者普遍认为"强制法"是居民愿意参与支持保护环境(生活垃圾分类)的最重要原因,"专人监督"[1]紧随其后,成为第二重要原因,"自觉"和"奖励"则分列第三重要和第四重要原因,"其他"选项成为排序最末的原因,而在受访者自行填写的"其他"原因中,"教育"和"宣传"成为提及最多的名词,受访者认为教育孩子、小区宣传是愿意参与支持保护环境的一大原因,同时新生活需要、群众监督、罚款等也是受访者愿意参与支持保护环境的重要原因。

────────────

① "专人监督"可以理解为行政监管执法、社会监督等多元管理。

5. 生活垃圾分类投放情况。

（1）整体评价。

表 6-17　受访者生活垃圾分类投放情况表

		人数	百分比	有效百分比	累计百分比
有效	总是分类投放	557	92.8	92.8	92.8
	有时候分类投放	42	7.0	7.0	99.8
	没有分类投放	1	0.2	0.2	100.0
	总计	600	100.0	100.0	

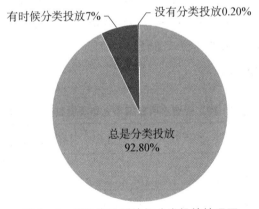

图 6-9　受访者生活垃圾分类投放情况图

表 6-17 和图 6-9 的数据显示，557 位受访者总是分类投放生活垃圾，占总数的 92.8%，42 位受访者有时候分类投放生活垃圾，占总数的 7%，1 位受访者没有分类投放，占总数的 0.2%。由此可以看出，受访者垃圾分类投放意识普遍较高，大多数人总是能做到分类投放生活垃圾。

（2）不同年龄对于生活垃圾分类投放情况的影响。

表 6-18　不同年龄对于生活垃圾分类投放情况的影响情况

		年龄				X^2	P
		30 岁以下	30—45 岁	46—60 岁	60 岁以上		
生活垃圾分类投放情况	总是分类投放	82	216	145	114	4.402	0.622
	有时候分类投放	7	16	12	7		
	没有分类投放	0	0	0	1		

表 6-18 的数据显示,受访者的不同年龄与其生活垃圾分类投放情况之间卡方 = 4.402,显著性 P = 0.622＞0.05 水平,因此受访者的不同年龄与其生活垃圾分类投放情况之间不存在显著的差异,换言之,年龄因素对于受访者生活垃圾分类投放情况不产生显著影响。

6. 所在城市生态环境改善情况。

（1）整体评价。

表 6-19　受访者所在城市生态环境改善情况表

		人数	百分比	有效百分比	累计百分比
有效	是	581	96.8	97.0	97.0
	否	8	1.3	1.3	98.3
	不知道	10	1.7	1.7	100.0
	总计	599	99.8	100.0	
缺失	0	1	0.2		
总计		600	100.0		

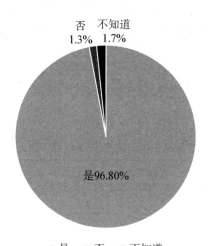

否　　不知道
1.3%　1.7%

是96.80%

■ 是　■ 否　■ 不知道

图 6-10　受访者所在城市生态环境改善情况

表 6-19、图 6-10 的数据显示,600 份问卷中有效回答该问题的共 599 份。其中,581 位受访者认为其所在城市的生态环境越来越好,占总数的 96.8%;8 位受访者认为其所在城市的生态环境未有所改善,占总数的 1.3%;10 位受访者则不知道所在城市生态环境是否有所改善,占总数的 1.7%。由此表明,多数受访者都认为城市生态环境较以往有所改善。

(2) 不同年龄对于受访者评价所在城市生态环境改善情况的影响。

表 6-20　不同年龄对于受访者评价所在城市生态环境改善情况的影响情况

		年龄				X^2	P
		30 岁以下	30—45 岁	46—60 岁	60 岁以上		
所在城市的生态环境改善情况	是	88	223	153	117	7.522	0.275
	否	0	5	3	0		
	不知道	1	4	1	4		

表 6-20 数据显示,经检验,受访者的不同年龄与其对生态环境重要性的认识之间卡方等于 7.522,显著性 P=0.275>0.05 水平,因此

受访者的不同年龄与其评价所在城市生态环境改善情况之间不存在显著的差异。即年龄因素对于受访者评价所在城市生态环境改善情况没有显著影响。

7. 掌握维护合法权益、解决环境纠纷处理知识情况。

（1）整体评价。

表6-21　掌握维护合法权益、解决环境纠纷处理知识情况

		人数	百分比	有效百分比	累计百分比
有效	很了解	234	39.0	39.6	39.6
	知道一点但不太清楚	329	54.8	55.7	95.3
	完全不了解	28	4.7	4.7	100.0
	总计	591	98.5	100.0	
缺失		0	9	1.5	
总计		600	100.0		

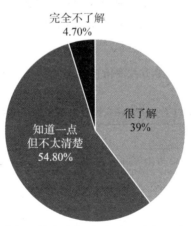

图6-11　掌握维护合法权益、解决环境纠纷处理知识情况

从图6-11所示分析，公众自认非常了解生态环境法律者占受访者四成左右，这个比例已经不算低。自认完全不懂法者仅不足5%，表

明绝大多数上海居民至少对生态环境法律方面尝试有了初步了解。

（2）不同年龄对于掌握维护合法权益、解决环境纠纷处理知识的影响。

表6‐22　不同年龄对于掌握维护合法权益、解决环境纠纷处理知识的影响

		年龄				X²	P
		30 岁以下	30—45 岁	46—60 岁	60 岁以上		
维护生态环境合法权益、解决环境方面矛盾纠纷的法律途径知悉情况	很了解	37	90	51	56	6.099	0.412
	知道一点但不太清楚	46	127	96	60		
	完全不了解	5	11	8	4		

表 6‐22 的数据显示,受访者的年龄与其对掌握维护合法权益、解决环境纠纷处理知识知悉情况之间卡方 = 6.099,显著性 P = 0.412＞0.05 水平,因此受访者的年龄因素与其掌握维护合法权益、解决环境纠纷处理知识情况之间不存在显著的差异。也就是说,年龄因素对于受访者维护生态环境合法权益、解决环境方面矛盾纠纷法律途径的知悉情况无显著影响。

8. 解决生态环境污染侵扰纠纷的方式。

表6‐23　解决生态环境污染侵扰纠纷的方式：直接交涉

		人数	百分比	有效百分比	累计百分比
有效	本项未选	12	2.0	2.0	2.0
	排序第一	261	43.5	43.5	45.5
	排序第二	90	15.0	15.0	60.5
	排序第三	76	12.7	12.7	73.2
	排序第四	71	11.8	11.8	85.0
	排序第五	42	7.0	7.0	92.0
	排序第六	37	6.2	6.2	98.2
	排序第七	11	1.8	1.8	100.0
	总计	600	100.0	100.0	

表6-24 生态环境污染侵扰时矛盾纠纷解决方式：社区干部制止或调解

		人数	百分比	有效百分比	累计百分比
有效	本项未选	3	0.5	0.5	0.5
	排序第一	122	20.3	20.3	20.8
	排序第二	257	42.8	42.8	63.7
	排序第三	82	13.7	13.7	77.3
	排序第四	69	11.5	11.5	88.8
	排序第五	39	6.5	6.5	95.3
	排序第六	23	3.8	3.8	99.2
	排序第七	5	0.8	0.8	100.0
	总计	600	100.0	100.0	

表6-25 生态环境污染侵扰时矛盾纠纷解决方式：报警

		人数	百分比	有效百分比	累计百分比
有效	本项未选	5	0.8	0.8	0.8
	排序第一	92	15.3	15.3	16.2
	排序第二	114	19.0	19.0	35.2
	排序第三	258	43.0	43.0	78.2
	排序第四	91	15.2	15.2	93.3
	排序第五	34	5.7	5.7	99.0
	排序第六	5	0.8	0.8	99.8
	排序第七	1	0.2	0.2	100.0
	总计	600	100.0	100.0	

表6-26 生态环境污染侵扰时矛盾纠纷解决方式：投诉举报

		人数	百分比	有效百分比	累计百分比
有效	本项未选	7	1.2	1.2	1.2
	排序第一	110	18.3	18.3	19.5
	排序第二	90	15.0	15.0	34.5
	排序第三	127	21.2	21.2	55.7
	排序第四	241	40.2	40.2	95.8
	排序第五	14	2.3	2.3	98.2
	排序第六	5	0.8	0.8	99.0
	排序第七	6	1.0	1.0	100.0
	总计	600	100.0	100.0	

表6-27　生态环境污染侵扰时矛盾纠纷解决方式：舆论监督

		人数	百分比	有效百分比	累计百分比
有效	本项未选	27	4.5	4.5	4.5
	排序第一	10	1.7	1.7	6.2
	排序第二	37	6.2	6.2	12.3
	排序第三	42	7.0	7.0	19.3
	排序第四	80	13.3	13.3	32.7
	排序第五	347	57.8	57.8	90.5
	排序第六	55	9.2	9.2	99.7
	排序第七	2	0.3	0.3	100.0
	总计	600	100.0	100.0	

表6-28　生态环境污染侵扰时矛盾纠纷解决方式：法院起诉

		人数	百分比	有效百分比	累计百分比
有效	本项未选	37	6.2	6.2	6.2
	排序第一	4	0.7	0.7	6.8
	排序第二	10	1.7	1.7	8.5
	排序第三	12	2.0	2.0	10.5
	排序第四	30	5.0	5.0	15.5
	排序第五	89	14.8	14.8	30.3
	排序第六	399	66.5	66.5	96.8
	排序第七	19	3.2	3.2	100.0
	总计	600	100.0	100.0	

表6-29　生态环境污染侵扰时矛盾纠纷解决方式：其他

		人数	百分比	有效百分比	累计百分比
有效	本项未选	172	28.7	28.7	28.7
	排序第一	2	0.3	0.3	29.0
	排序第二	4	0.7	0.7	29.7
	排序第三	1	0.2	0.2	29.8
	排序第四	3	0.5	0.5	30.3
	排序第五	6	1.0	1.0	31.3
	排序第六	32	5.3	5.3	36.7
	排序第七	380	63.3	63.3	100.0
	总计	600	100.0	100.0	

表 6‑30　生态环境污染侵扰时矛盾纠纷解决的其他方式

地区	回答内容	人数
奉贤区	找物业公司	4
	找物业公司协调	1
	找熟人沟通	1
	找业委会居委会协调	1
	寻求业委会帮助	1
	以恶制恶	1
静安区	吵架	1
	协同周围群众监督	1
	强制手段	1
	匿名举报	1
	找熟悉对方的人	1
浦东区	寻求业委会	1

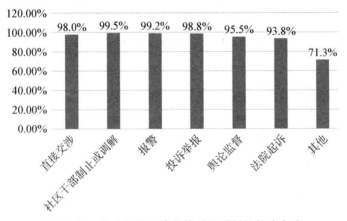

图 6‑12　生态环境污染侵扰时矛盾纠纷解决方式

表6-31 生态环境污染侵扰时矛盾纠纷解决方式排序情况表

	排序第一	排序第二	排序第三	排序第四	排序第五	排序第六	排序第七
直接交涉	43.5%	15.0%	12.7%	11.8%	7.0%	6.2%	1.8%
社区干部制止或调解	20.3%	42.8%	13.7%	11.5%	6.5%	3.8%	0.8%
报警	15.3%	19.0%	43.0%	15.2%	5.7%	0.8%	0.2%
投诉举报	18.3%	15.0%	21.2%	40.2%	2.3%	0.8%	1.0%
舆论监督	1.7%	6.2%	7.0%	13.3%	57.8%	9.2%	0.3%
法院起诉	0.7%	1.7%	2.0%	5.0%	14.8%	66.5%	3.2%
其他	0.3%	0.7%	0.2%	0.5%	1.0%	5.3%	63.3%

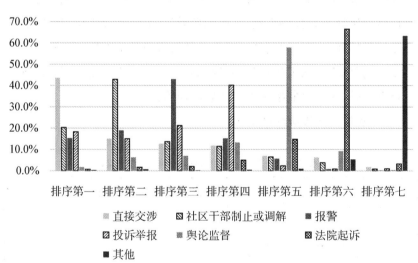

图6-13 生态环境污染侵扰时矛盾纠纷解决方式排序情况

问卷中对于遭遇生态环境污染侵扰（餐馆油烟、邻里噪声）矛盾纠纷时的解决方式给出了七个答案选项：①与造成纠纷的责任人直接交涉，促使其纠错（简称为"直接交涉"）；②找社区居委干部来制止违法行为或调解矛盾（简称为"社区干部制止或调解"）；③报警，请民警来制止违法行为(简称为"报警");④向12345市民热线或其他途径投诉举报,由执法部门调查处理(简称为"投诉举报");⑤向新闻媒体提供消息,引发舆论监督后促使责任人改正(简称为"舆论监督");⑥到人民法院起诉责任人(简称为"法院起诉");⑦其他。受访者被要求对选中答案的重要性进行排序,同时允许受访者在"其他"回答中自行填写其他答案。有效问卷中选择本题七个答案的百分比分别为98%、99.5%、99.2%、98.8%、95.5%、93.8%和71.3%。由此可见,前六个答案选项均被认为是受访者遭遇生态环境污染侵扰(餐馆油烟、邻里噪声)矛盾纠纷时的主要解决方式。通过对比可以发现,本项选择与前面几道选择题的排序比例有较大不同,本题排序选择分流情况比较明显,四成多受访者将"直接交涉"作为遇到生态环境污染纠纷时的首选方案,四成出头受访者将"社区干部制止或调解"作为第二选择,"报警"被四成多受访者放在第三选择,而"投诉举报"、"舆论监督"、"法院起诉"和"其他"分别是受访者排在后三位的选择。在受访者可以自填的"其他"途径中,"找物业公司"成为受访者提及频率最高的解决方式,也有受访者提出通过与对方争吵、采取强制措施等方式解决纠纷。

9. 参与社会活动意愿情况。

表 6-31　愿意参与的社会活动：公益活动

		人数	百分比	有效百分比	累计百分比
有效	本项未选	3	0.5	0.5	0.5
	排序第一	465	77.5	77.5	78.0
	排序第二	59	9.8	9.8	87.8
	排序第三	52	8.7	8.7	96.5
	排序第四	13	2.2	2.2	98.7
	排序第五	8	1.3	1.3	100.0
	总计	600	100.0	100.0	

表6-32 愿意参与的社会活动:听证会

		人数	百分比	有效百分比	累计百分比
有效	本项未选	10	1.7	1.7	1.7
	排序第一	74	12.3	12.3	14.0
	排序第二	337	56.2	56.2	70.2
	排序第三	150	25.0	25.0	95.2
	排序第四	23	3.8	3.8	99.0
	排序第五	6	1.0	1.0	100.0
	总计	600	100.0	100.0	

表6-33 愿意参与的社会活动:法律法规政策征求意见活动

		人数	百分比	有效百分比	累计百分比
有效	本项未选	12	2.0	2.0	2.0
	排序第一	42	7.0	7.0	9.0
	排序第二	172	28.7	28.7	37.7
	排序第三	342	57.0	57.0	94.7
	排序第四	30	5.0	5.0	99.7
	排序第五	2	0.3	0.3	100.0
	总计	600	100.0	100.0	

表6-34 愿意参与的社会活动:其他

		人数	百分比	有效百分比	累计百分比
有效	本项未选	107	17.8	17.8	17.8
	排序第一	7	1.2	1.2	19.0
	排序第二	18	3.0	3.0	22.0
	排序第三	35	5.8	5.8	27.8
	排序第四	397	66.2	66.2	94.0
	排序第五	36	6.0	6.0	100.0
	总计	600	100.0	100.0	

表6-35 愿意参与的社会活动：不愿意

		人数	百分比	有效百分比	累计百分比
有效	本项未选	107	17.8	17.9	17.9
	排序第一	9	1.5	1.5	19.4
	排序第二	5	0.8	0.8	20.2
	排序第三	10	1.7	1.7	21.9
	排序第四	57	9.5	9.5	31.4
	排序第五	411	68.5	68.6	100.0
	总计	599	99.8	100.0	
缺失	数据空白	1	0.2		
	总计	600	100.0		

表6-36 愿意参与的社会活动的其他内容

地区	回答内容	人数
奉贤区	问卷调查	1
	亲子活动	1
	文艺活动	1
	社区讲座	1
	街道文艺活动	1
	讲座	1
	单位组织公益活动	1
	研讨会	1
	老年人旅游	1
静安区	邻居交流活动	1
	网络投票	1
	社会组织公益讲座	1
	工作要求	1
	宣传讲座	1
	商业推销	1
	看电视宣传	1
	宣传活动	1

地区	回答内容	人数
浦东区	NGO 组织的活动	1
	强制参加公益	1
	文体活动	2
	联欢会	1
	亲子活动	1
	小区群众文体活动	2
	各类宣传活动	1
	商场活动	1

表 6-37 愿意参与的社会活动排序情况表

	排序第一	排序第二	排序第三	排序第四	排序第五
公益活动	77.5%	9.8%	8.7%	2.2%	1.3%
听证会	12.3%	56.2%	25.0%	3.8%	1.0%
法律法规政策征求意见活动	7.0%	28.7%	57.0%	5.0%	0.3%
其他	1.2%	3.0%	5.8%	66.2%	6.0%
不愿意	1.5%	0.8%	1.7%	9.5%	68.6%

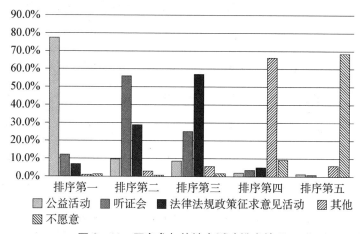

图 6-14 愿意参与的社会活动排序情况

　　问卷中对于受访者愿意参与的社会活动给出了五个选项：①街道、居委等单位组织的各种公益活动（简称为"公益活动"），②涉及动迁、环境影响等事项的听证会（简称为"听证会"），③法律法规政策制定或修改过程中的征求意见活动（简称为"法律法规政策征求意见活动"），④其他，⑤不愿意参加社会活动（简称为"不愿意"）。受访者被要求对选中答案的重要性进行排序，并在"其他"回答中允许受访者自行填写。通过对比来看，近八成受访者一致将"公益活动"作为其参与社会活动的第一选择，远超其他选项；在第二序列中，过半受访者选择了参加"听证会"，近七成受访者将不愿意参加社会活动作为最后选择，这实际表明了他们对不愿意的否定态度。在受访者自行填写的"其他"内容中，受访者回答具有多样性，问卷调查、宣传活动、各类讲座、亲子活动、文艺活动、销售活动等都是受到受访者青睐的社会活动。基于数据分析，"公益活动"是最受欢迎的社会活动形式，其次为"听证会"，大多数受访者不认可"不愿意"选项，表明参加社会活动是公众比较共同的心声。

　　10. 关心的生态环境问题。

表6-38　关心的生态环境问题：空气污染

		人数	百分比	有效百分比	累计百分比
有效	本项未选	1	0.2	0.2	0.2
	排序第一	405	67.5	67.5	67.7
	排序第二	109	18.2	18.2	85.8
	排序第三	53	8.8	8.8	94.7
	排序第四	26	4.3	4.3	99.0
	排序第五	6	1.0	1.0	100.0
	总计	600	100.0	100.0	

表 6 - 39　关心的生态环境问题：水污染

		人数	百分比	有效百分比	累计百分比
有效	本项未选	2	0.3	0.3	0.3
	排序第一	95	15.8	15.8	16.2
	排序第二	334	55.7	55.7	71.8
	排序第三	121	20.2	20.2	92.0
	排序第四	45	7.5	7.5	99.5
	排序第五	3	0.5	0.5	100.0
	总计	600	100.0	100.0	

表 6 - 40　关心的生态环境问题：噪声污染

		人数	百分比	有效百分比	累计百分比
有效	本项未选	3	0.5	0.5	0.5
	排序第一	48	8.0	8.0	8.5
	排序第二	62	10.3	10.3	18.8
	排序第三	236	39.3	39.3	58.2
	排序第四	237	39.5	39.5	97.7
	排序第五	14	2.3	2.3	100.0
	总计	600	100.0	100.0	

表 6 - 41　关心的生态环境问题：垃圾污染

		人数	百分比	有效百分比	累计百分比
有效	本项未选	6	1.0	1.0	1.0
	排序第一	46	7.7	7.7	8.7
	排序第二	87	14.5	14.5	23.2
	排序第三	181	30.2	30.2	53.3
	排序第四	269	44.8	44.8	98.2
	排序第五	11	1.8	1.8	100.0
	总计	600	100.0	100.0	

表6-42 关心的生态环境问题：其他

		人数	百分比	有效百分比	累计百分比
有效	本项未选	157	26.2	26.2	26.2
	排序第一	7	1.2	1.2	27.3
	排序第二	6	1.0	1.0	28.3
	排序第三	7	1.2	1.2	29.5
	排序第四	17	2.8	2.8	32.3
	排序第五	406	67.7	67.7	100.0
	总计	600	100.0	100.0	

表6-43 关心的生态环境问题的其他内容

地区	回答内容	人数
奉贤区	病毒传播	1
	绿化	1
	光污染	3
	病毒	1
	新冠病毒	2
	传染病毒	1
静安区	汽车尾气	1
	光污染	4
	温室效应	1
	海洋生态环境	1
浦东区	尾气污染	1
	动物保护	1

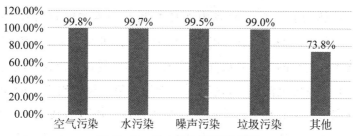

图 6-15　关心的生态环境问题

表 6-44　关心的生态环境问题排序情况表

	排序第一	排序第二	排序第三	排序第四	排序第五
空气污染	67.5%	18.2%	8.8%	4.3%	1.0%
水污染	15.8%	55.7%	20.2%	7.5%	0.5%
噪声污染	8.0%	10.3%	39.3%	39.5%	2.3%
垃圾污染	7.7%	14.5%	30.2%	44.8%	1.8%
其他	1.2%	1.0%	1.2%	2.8%	67.7%

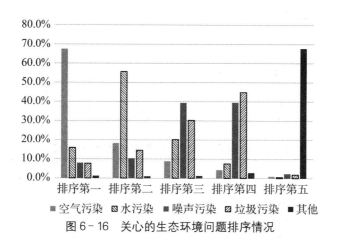

图 6-16　关心的生态环境问题排序情况

　　问卷中对于受访者关心的生态环境问题给出了五个选项：①空气污染，②水污染，③噪声污染，④垃圾污染，⑤其他。受访者被要求对选中的答案的重要性进行排序，同样允许受访者在"其他"回答中自行填写其他具体内容。有效问卷中选择本题五个答案的百分比分别为 99.8％、99.7％、99.5％、99.0％和 73.8％。由此可见，五个答案选项均是受访者关心的生态环境问题，其中，大部分受访者比较共同的观点是最关心空气污染问题，水污染问题则排在第二位。噪声污染和垃圾污染分列第三关心和第四关心。在受访者自行填写的其他内容中，主要可以分为光污染、以新冠病毒为代表的病毒问题和尾气污染问题三类。其中，光污染成为受访者提及其他问题中最多的生态环境问题，病毒问题和尾气污染问题次之。另外，温室效应、海洋环境和动物保护等生态环境问题也得到一些关注，可见受访者对于生态环境问题的关注点还是比较广泛的。

11. 生态环境法律信息获取途径情况。

表 6-45　生态环境法律信息获取途径：传统媒体

		人数	百分比	有效百分比	累计百分比
有效	本项未选	2	0.3	0.3	0.3
	排序第一	249	41.5	41.5	41.8
	排序第二	191	31.8	31.8	73.7
	排序第三	85	14.2	14.2	87.8
	排序第四	69	11.5	11.5	99.3
	排序第五	4	0.7	0.7	100.0
	总计	600	100.0	100.0	

表 6-46　生态环境法律信息获取途径：新媒体

		人数	百分比	有效百分比	累计百分比
有效	本项未选	2	0.3	0.3	0.3
	排序第一	220	36.7	36.7	37.0
	排序第二	249	41.5	41.5	78.5
	排序第三	96	16.0	16.0	94.5
	排序第四	30	5.0	5.0	99.5
	排序第五	3	0.5	0.5	100.0
	总计	600	100.0	100.0	

表6-47　生态环境法律信息获取途径：社区普法

		人数	百分比	有效百分比	累计百分比
有效	本项未选	3	0.5	0.5	0.5
	排序第一	81	13.5	13.5	14.0
	排序第二	105	17.5	17.5	31.5
	排序第三	322	53.7	53.7	85.2
	排序第四	87	14.5	14.5	99.7
	排序第五	2	0.3	0.3	100.0
	总计	600	100.0	100.0	

表6-48　生态环境法律信息获取途径：学校教育

		人数	百分比	有效百分比	累计百分比
有效	本项未选	8	1.3	1.3	1.3
	排序第一	49	8.2	8.2	9.5
	排序第二	52	8.7	8.7	18.2
	排序第三	90	15.0	15.0	33.2
	排序第四	393	65.5	65.6	98.8
	排序第五	7	1.2	1.2	100.0
	总计	599	99.8	100.0	
缺失	数据空白	1	0.2		
	总计	600	100.0		

表6-49　生态环境法律信息获取途径：其他

		人数	百分比	有效百分比	累计百分比
有效	本项未选	150	25.0	25.0	25.0
	排序第一	1	0.2	0.2	25.2
	排序第二	2	0.3	0.3	25.5
	排序第三	4	0.7	0.7	26.2
	排序第四	10	1.7	1.7	27.8
	排序第五	433	72.2	72.2	100.0
	总计	600	100.0	100.0	

表 6-50　生态环境法律信息获取的其他途径

地区	回答内容	人数
奉贤区	老年大学,加强老年人学习	1
	同事交流	1
	家人	1
	家里年轻人告知	1
	社区学校	1
	企业法律咨询	1
	嘎三胡(闲聊,上海方言)	1
	人际交流	1
	各企事业单位开展知识普及	1
	家里年轻人	1
静安区	小区广告栏	1
	邻居交流	1
	海报	1
	宣传单	1
	微信中获得	1
	家庭教育	1
浦东区	活动	1

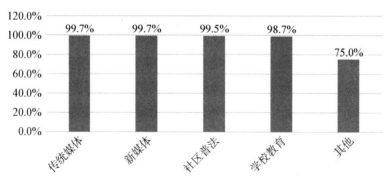

图 6-17　生态环境法律信息的获取途径

表6-51 生态环境法律信息获取途径排序表

	排序第一	排序第二	排序第三	排序第四	排序第五
传统媒体	41.5%	31.8%	14.2%	11.5%	0.7%
新媒体	36.7%	41.5%	16.0%	5.0%	0.5%
社区普法	13.5%	17.5%	53.7%	14.5%	0.3%
学校教育	8.2%	8.7%	15.0%	65.6%	1.2%
其他	0.2%	0.3%	0.7%	1.7%	72.2%

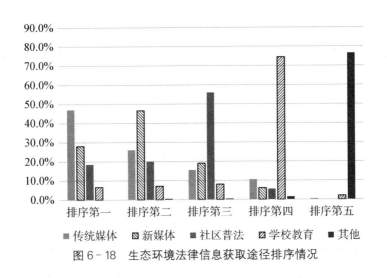

图6-18 生态环境法律信息获取途径排序情况

问卷中对于受访者生态环境法律信息获取途径给出了五个答案选项：①电视、报纸等传统媒体（简称为"传统媒体"），②互联网、手机微信等新媒体（简称为"新媒体"），③街头和社区层面多种形式的公益活动和普法宣传（简称为"社区普法"），④学校对中小学生进行普法教育或组织学生参与公益活动（简称为"学校教育"），⑤其他。受访者被要求对选中的答案的重要性进行排序，并在"其他"回答中允许受访者自行填写。有效问卷中选择本题五个答案的百分比分别为99.7%、

99.7％、99.5％、98.7％和75.0％。由此可见，前四个答案选项均是受访者生态环境法律信息获取途径。其中，最受受访者青睐的生态环境法律信息获取途径为传统媒体，其次是新媒体，社区普法和学校教育分列三、四位，可以看出，媒体仍是公众获取生态环境法律信息的普遍途径。因受访者基本是已经毕业离开学校时间较久的社会人士，所以学校的普法重要性未体现出来。受访者自行填写的其他途径呈现出多样化的特征，主要可以划分为主动咨询、各类宣传活动、知识普及和人际交流四种途径。

二、年龄因素对公众生态环境守法意识与行为的影响①

为了解年龄因素对受访者生态环境守法意识和行为的影响，将年龄因素分别与排序题中公众参与社会活动形式偏好和动机、解决日常生活中生态环境纠纷方式、生态环境法治信息获取渠道等进行关联分析。

1. 年龄因素与参与社会活动情况交叉分析。

如图6-19所示，各年龄组均有七成以上的人将公益活动作为第一位排序，而且各组将公益活动作为第一排序选项的比例随年龄呈现正向增长，即年龄越高的组别首选公益活动的人数比例越高；在其他给定的社会活动选项中，选择听证会作为公益活动之后排序第二的人数比例几乎都在六成左右，唯30—45岁年龄组稍低，该年龄组中有一部分人将法律修改征求意见作为公益活动之后的第二排序，其所占比例数在各年龄组中最高。说明法律修改征求意见等社会活动的潜在积极参与者在30—45岁年龄段；从各年龄组对"不愿意"选项的选择结果和排序情况看，受访者都对不愿意参加社会活动持消极否定观点。

---

① 在以下统计数据中，10以下的数据未列出，故表现为0。

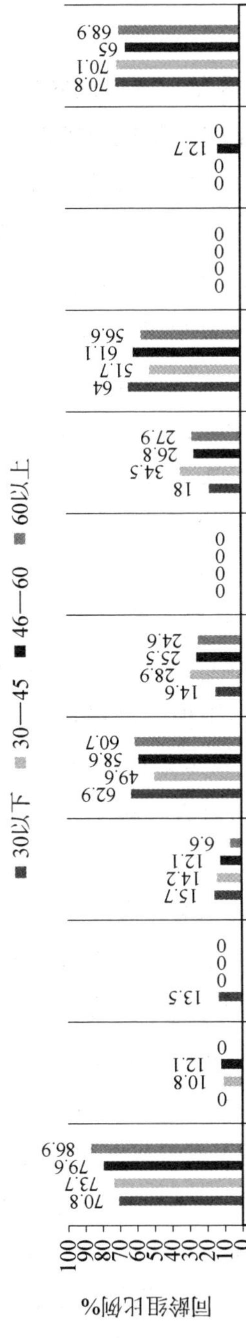

图例比例/%

	公益活动1	2	3	听证会1	2	3	法律修改征求意见1	2	3	不愿意1—3	4	5
30以下	70.8	0	13.5	15.7	62.9	14.6	0	18	64	0	0	70.8
30—45	73.7	10.8	0	14.2	49.6	28.9	0	34.5	51.7	0	0	70.1
46—60	79.6	12.1	0	12.1	58.6	25.5	0	26.8	61.1	0	12.7	65
60以上	86.9	0	0	6.6	60.7	24.6	0	27.9	56.6	0	0	68.9

■ 30以下　■ 30—45　■ 46—60　■ 60以上

图 6－19　年龄因素与参与社会活动交叉分析图

2. 年龄因素与居民愿意参与支持保护环境（生活垃圾分类）的动机交叉分析。

由图 6-20 所示，各年龄组均有半数左右的人认同法律强制和监管分居第一、二位序；小部分人认为自觉应当是比较优先的排序，其中30—45 岁年龄组持自觉观点的人占该年龄组人数的近四成，这明显高于其他年龄组，同时该组对法律强制因素是自己参与环境保护活动的认同度比较明显地低于其他各年龄组，可见具有强制性的法律规定和监督管理是促使公众生态环境守法的主要原因，而中壮年人相比较而言具有更好地参与环境保护自觉性和主动性；经济奖励虽然有积极作用但并不是公众参与垃圾分类投放等环境保护活动的最主要动因。

3. 年龄因素与解决矛盾纠纷途径交叉分析。

由图 6-21 分析可得，各年龄组均有相当部分人员把直接交涉和社区干部调解放在第一二位序，其中 30 岁以下年龄组倾向于直接交涉的人数比例在各组中最高，而 46—60 岁年龄组第一选择是社区干部调解的比例较其他各组的比例更高一些；在这两项选择以外，各组选择向优先环保热线举报投诉的人数比例略高于报警，新闻媒体和法院起诉都是受访者最不优先考虑的选项。由此至少可以得出结论：我国公众解决日常生态环境纠纷的首选方式是与对方直接交涉，其次是找社区调解，司法救济是最末位的选择。

4. 年龄因素与生态环境法律信息获取来源交叉分析。

由图 6-22 分析可得，传统媒体和新媒体是各年龄组两大主要的生态环境法律信息来源，七成以上受访者将此两项排在前两位；30—45岁年龄组优选新媒体的教育传播功能，更年轻者和 45 岁以上者对传统媒体依赖优先度逐次上升，新媒体优先度依次下降，过半年长者主要依靠传统媒体获取生态环境法律知识。各组对社区普法的排位顺序明显认同属于第三位顺序。可能因受访者基本属于已经走上社会的非学生，所以学校普法被放在明确选项的最末位。因此，媒体是生态环境法律知识的主要来源，相当一部分中青年受访者更倚重新媒体的宣传传播功能，年长者仍以传统媒体为接受信息的主要来源。社区集体普法

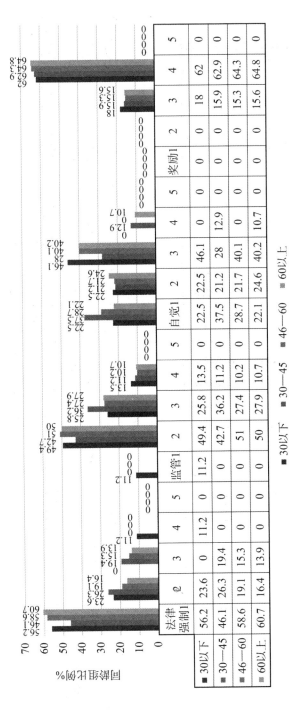

图 6-20　年龄因素与环境保护行动机交叉分析图

	法律强制1	2	3	4	5	监管1	2	3	4	5	自觉1	2	3	4	5	奖励1	2	3	4	5
30以下	56.2	23.6	0	11.2	0	11.2	49.4	25.8	13.5	0	22.5	22.5	46.1	0	0	0	0	18	62	0
30—45	46.1	26.3	19.4	0	0	0	42.7	36.2	11.2	0	37.5	21.2	28	12.9	0	0	0	15.9	62.9	0
46—60	58.6	19.1	15.3	0	0	0	51	27.4	10.2	0	28.7	21.7	40.1	0	0	0	0	15.3	64.3	0
60以上	60.7	16.4	13.9	0	0	0	50	27.9	10.7	0	22.1	24.6	40.2	10.7	0	0	0	15.6	64.8	0

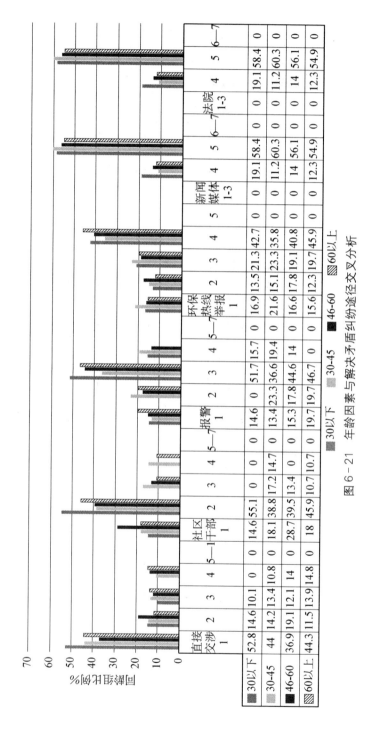

图 6-21　年龄因素与解决矛盾纠纷途径交叉分析

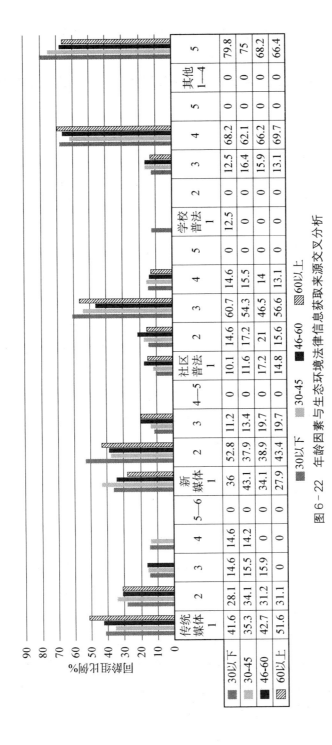

图 6 - 22　年龄因素与生态环境法律信息获取来源交叉分析

宣传活动不如公众个人自我学习、自我加强生态法律修养的作用。

三、环境法律意识因素对公众生态环境纠纷与法律信息获取途径的影响

1. 环境法律意识与日常环境纠纷解决途径关联分析。

单纯由图 6－23 看，虽然三类人群都将直接交涉作为第一选项且差异不显著，但三类人群将直接交涉放在第二位序的数据结果表明，知法程度越高就越倾向于直接交涉；不了解者比其他人群似乎更愿意举报投诉；不了解法律将报警放在第一选项比例显著高于其他人；法院选项属于公众的末位之选，而且不了解者几乎不会考虑法院救济途径。

2. 环境法律意识与生态环境法律信息获取来源关联分析。

传统媒体和新媒体是普法效果最佳的两种形式，不注重媒体宣传渠道的人其法制意识薄弱的可能性更高；不了解者的法律知识主要来源于社区普法，但看来社区普法效果比较一般；不知法者对学校普法的认可位置前移，说明其主要法律知识来源于曾经的学校教育，但学校普法效果的持久性似乎并不理想。

四、公众生态环境守法量化评估分析

除了以上对公众问卷主观判断数据进行客观统计分析外，还可以对上海市公众生态环境守法情况通过主观赋值加权方式进行量化分析。即单选公众生态环境守法作为一级指标，以问卷中能够反映公众生态环境守法行为和环境意识的第 2—7 题调查信息核心内容作为二级指标，并基于专业分析判断各指标在表达公众生态环境守法上的贡献和地位，对各二级指标赋值和加权，最后通过加权平均得出公众生态环境守法指数数值，该指数对有针对性地提出改善公众生态守法的对策建议具有初步参考意义。

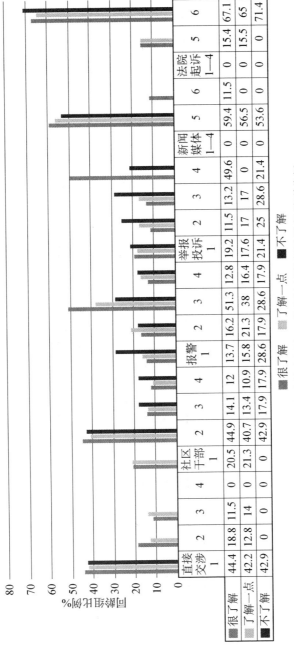

	直接交涉				社区干部				报警				举报投诉				新闻媒体			法院起诉		
	1	2	3	4	1	2	3	4	1	2	3	4	1	2	3	4	1—4	5	6	1—4	5	6
很了解	44.4	18.8	11.5	0	20.5	44.9	14.1	12	13.7	16.2	51.3	12.8	19.2	11.5	13.2	49.6	0	59.4	11.5	0	15.4	67.1
了解一点	42.2	12.8	14	0	21.3	40.7	13.4	10.9	15.8	21.3	38	16.4	17.6	17	17	0	0	56.5	0	0	15.5	65
不了解	42.9	0	0	0	0	42.9	17.9	17.9	28.6	17.9	28.6	17.9	21.4	25	28.6	21.4	0	53.6	0	0	0	71.4

图6-23 环境法律意识与日常环境纠纷解决途径关联分析

很了解　　了解一点　　不了解

回答比例%

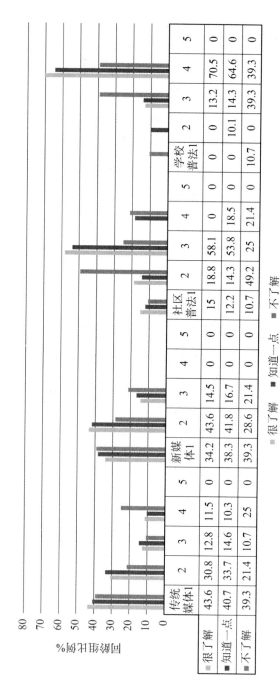

	传统媒体1	2	3	4	5	新媒体1	2	3	4	5	社区普法1	2	3	4	5	学校普法1	2	3	4	5
很了解	43.6	30.8	12.8	11.5	0	34.2	43.6	14.5	0	0	15	18.8	58.1	0	0	0	0	13.2	70.5	0
知道一点	40.7	33.7	14.6	10.3	0	38.3	41.8	16.7	0	0	12.2	14.3	53.8	18.5	0	0	10.1	14.3	64.6	0
不了解	39.3	21.4	10.7	25	0	39.3	28.6	21.4	0	0	10.7	49.2	25	21.4	0	10.7	0	39.3	39.3	0

回答比例%

■很了解 ■知道一点 ■不了解

图6-24 环境法律意识与生态环境法律信息获取来源关联分析

1. 赋值设计说明。

为了对生态环境法治实施中全民守法情况进行定量分析,以下对公众生态环境守法问卷第一大题中的第2—7小题进行赋值加权分析。因本次调查主要目的在于了解公众生态环境守法情况,特别是期望考察公众在生态环境保护方面知法懂法情况及相关影响,因此本次赋值设计着重考虑公众环境行为、环境意识,其中对公众知法懂法选题的赋值最高,对公众愿意主动参与环境保护选题也给予较高赋值。具体赋值情况参见表6-52。

表6-52　单选题2-7赋值表

单选题\选项	题2	题3	题4	题5	题6	题7
(1)	1	1	2	2	1	3
(2)	0	0.2	0	0.5	1	1
(3)	/	0	0	0	0	0

2. 量化结果统计分析。

回收的600份问卷中有12份问卷存在答案缺失情形,为简化评估,此处统计分析时剔除了这部分问卷,仅对剩余588份问卷进行量化分析。在统计过程中,先按照1‰比例去除极端分数值(去掉3个最高分和3个最低分)以尽量减少偏差,然后采取加权平均法计算指数数值。按照测试评分等级划分标准,把守法总分得分在85以上定为优,75—84设定为良,60—74为一般,60以下则为差。上海公众生态环境守法最后得分转化结论为"良"。当然这个量化评价结论是基于非常简单、模糊的初级评估体系得出的粗略结论,但大致反映了法治量化评估分析的基本内容和一般过程。公众生态环境守法的量化分析结果见表6-53。

表6-53　上海市公众生态环境守法指数

得分　　題目	题2(Q2)	题3(Q3)	题4(Q4)	题5(Q5)	题6(Q6)	题7(Q7)	指数(总分)
平均分	0.983	0.67	1.87	1.899	0.988	1.740	8.12
百分比得分	98.3	67.1	93.3	94.95	98.8	58.13	81.2

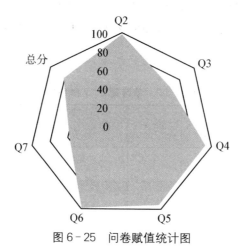

图6-25　问卷赋值统计图

由问卷赋值计算统计图6-25看出,上海市居民在日常生活中主动参与环境保护,在环境意识提高和对周边生态环境的关注度等方面情况良好,生态环境守法评分较高。但是居民在掌握了解生态环境法律知识方面不理想。不过这又似乎表明生态法律知识不是影响公众生态环境守法行为的决定性因素。

五、公众生态环境守法情况调查结论

1. 问卷统计分析结论。

通过对上海市三个行政区数百名普通居民生态环境守法情况问卷调查结果分析,似可得出如下初步结论:

（1）绝大多数居民不仅生态环境意识比以往有了提升,而且也愿意主动参加环境公益活动,并且公众生态环境意识成熟度在城区、乡镇

地区间的表现差异不大;

（2）生态环境问题成为许多家庭的日常谈论话题,公众普遍对周边地区生态环境状况变化情况比较敏感,也基本认同政府这些年来在改善生活环境和生态环境方面努力的成效;

（3）年龄因素不是影响公众环境知情权、环境参与权落实的显著因素,但年龄对公众环境信息获取渠道、参与环境保护的方式和动机,以及解决环境纠纷的偏好还是有一定影响的;

传统媒体依然是公众获取生态环境信息的主要渠道,加强新旧两类媒体中生态环境宣传力度对步入社会的成年人有着较大正面作用;

（4）影响公众亲身参与环境保护（生活垃圾分类投放）成效的最主要原因依次是:立法强制、监督管理、自觉自愿和奖励措施。法律规范和监管执法是保证全面守法的重要保证,依靠公众自觉自愿保护环境并成为生态环境守法主流模式仍需要较长时日,激励引导措施尚无法替代强制性措施的地位,绝大多数公众初步具备了一定的法律维权意识;

（5）社区自治在公众生态环境守法中可以发挥良好作用。邻里间环保纠纷的救济途径不因维权意识和法律知识的提升而发生明显变化。自治协商是百姓解决日常环境纠纷的主流文化,无论是知法懂法者还是法律知识欠缺的人都以直接交涉和寻求社区帮助为主要的纠纷解决方式。

本次问卷调查还发现一个现象,即问卷设计不当会导致调查结果偏离。必须切记在问卷题目设计上不宜提出超越普通公众熟悉的话题,不能在针对公众的调查问卷中设计技术性较强的专业问题,否则调查效果不会理想。生态保护和法治建设等都涉及较强专业知识和科学知识,相关问卷设计尤其要注意这个问题。公众版生态环境法治实施调查问卷中的问题应当是被调查者能够比较容易即可完成选项的题目,如参加听证会、对环境质量主观感受、环境纠纷经历、生活垃圾分类、环境信访举报、法治宣传教育、生态保护法律政策认知等公众亲身经历和普通认知水平即可回答的问题。专业性问题调查只能依靠向专家学者进行访谈和问卷等途径获取。

2. 生态环境法治实施的全民守法评估指标验证。

（1）法制强制力是公众生态环境守法的主要动力，因此，建立科学完备的法律制度体系对生态环境法治实施意义重大，行政执法监管、社会监督和信息公开也是公众守法的重要保障；

（2）各类媒体是培养公众环境意识和生态环境守法的主要方式，执法者普法不能替代媒体和社区宣教普法的作用；

（3）行政执法和司法机关的作用主要体现在对相对人的法治威慑和权利救济，以及行政执法机关的依法行政和权利拘束方面；

（4）环境司法对一般公众生态环境守法的影响不大，公众生态环境纠纷的主要救济仍以民间自治方式为首选，这一选择不受年龄、法律意识和生态环境知识等因素影响；

（5）在对不同地区人群进行的比照测试后未见各组调查结果出现明显差异，各组统计结果情况一致，表明评估结果出现偏差的可能性不大。

第三节　法治数据实证分析

一、数说生态环境法律修改

法律应是时代的反映，这意味着法律规定必须与现实经济社会政治等条件相适应，不适应经济社会发展形势的法律规范不是好的法律，其实施效果必然要打折扣。通过分析法律制定年代、法律修改次数和时间间隔将有助于了解法律规范的现实适应性指标，因而也有助于测评法治实施效果。这是对法治实践的总结，也是本书前述立法后评估等研究的结论。下面以生态环境领域若干主干法律的修订修正等修法信息为统计分析对象，由生态环境法律修改次数、时间间隔和条款数量变化等趋势分析验证我国目前完备生态环境法律体系的历史演进与发展轨迹。

1. 数说《环境保护法》修改。

（1）修法信息统计。

表 6-54 《环境保护法》修法章节条款数据统计表

各章节名称 法律版本	条款总数	总则	（环境）监督管理	保护和改善环境	防治（环境）污染和其他公害	法律责任	附则	新增结构（章节）
1979（试行）	33	11（+第五章科学研究和宣传教育）	3（第四章环境保护机构和职责）	6（第二章保护自然环境）	11	2（第六章奖励和惩罚）	1	
1989	47	8	6	8	10	11	2	
2014 修订	70	12	15	22	13	11	1	6信息公开和公众参与

（2）统计图示与数说分析。

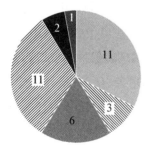

■总则（+科学研究和宣传教育）

▨（环境）监督管理（环境保护机构和职责）

■保护和改善环境（保护自然环境）

▨防治（环境）污染和其他公害

■法律责任（奖励与惩罚）

■附则

图 6-26 1979 年《环境保护法(试行)》各章节条款分布图

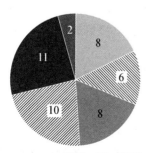

▨总则（+科学研究和宣传教育）

▨（环境）监督管理（环境保护机构和职责）

■保护和改善环境（保护自然环境）

▨防治（环境）污染和其他公害

■法律责任（奖励与惩罚）

■附则

图 6-27 1989 年《环境保护法》各章节条款分布图

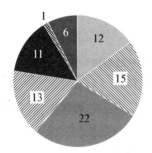

■ 总则（＋科学研究和宣传教育）

▨ （环境）监督管理（环境保护机构和职责）

■ 保护和改善环境（保护自然环境）

▨ 防治（环境）污染和其他公害

■ 法律责任（奖励和惩罚）

▨ 附则

■ 信息公开和公众参与

图 6-28 2014 年《环境保护法》各章节条款分布图

我国环境保护立法始于 20 世纪 70 年代末期，1979 年 9 月全国人大常委会原则通过了《中华人民共和国环境保护法（试行）》。这是我国历史上第一部综合性环境保护基础法。它引进了当时国际上的"环境影响评价"制度和"污染者付费"原则，规定了环境影响报告和排污收费制度。同时，还根据国情，创建了"三同时"等制度。该法初步确立了中国环境法作为一个独立法律部门的地位。1989 年 12 月由第七届全国人民代表大会常务委员会第十一次会议通过，正式颁布《中华人民共和国环境保护法》（以下简称《环境保护法》）。该法以 1982 年《中华人民共和国宪法》为依据，总结了《中华人民共和国环境保护法（试行）》试行十年和环境保护工作的经验，对环境保护的对象、任务、指导思想和基本原则、环境管理体制、保护环境的基本要求及措施、法律责任等，作了更全面系统的规定，具有历史进步意义。

1989 年《环境保护法》的条款总数较 1979 年的试行法增加超过 40％，章节结构也有较大的变化：《环境保护法（试行）》中条款数占比最大的是总则（含"科学研究和宣传教育"一章）与"防治环境污染和其他公害"两章，分别占条款总数的 32％；由于 1989 年《环境保护法》取消了"科学研究和宣传教育"一章，加之在表格中将其归为总则部分，相较于试行法总则的条款数减少了近 30％，占比由 32％降至 18％；"环境保护机构和职责"一章改为"环境监督管理"，条款数增加达到 100％；"保护自然环境"一章改为"保护和改善环境"，条款数增加超过

30%;"防治污染和其他公害"一章改为"防治环境污染和其他公害",条款数由 11 条减为 10 条,占比由 32%降至 22%;"奖励和惩罚"一章改为"法律责任",其一跃成为 1989 年《环境保护法》条款数占比最大的章节,达到 24%,条款数增加了 450%;最后,附则由 1 条增至 2 条。

2014 年 4 月 24 日,中华人民共和国第十二届全国人民代表大会常务委员会第八次会议修订通过了《环境保护法》,自 2015 年 1 月 1 日起施行。与 1989 年《环境保护法》相比,新修法条款总数由 47 条增至 70 条,增幅接近 50%。其中,总则条款数增加达到 50%;"环境监督管理"一章改为"监督管理",条款数增加了 150%,占比也由 13%增至 19%,体现了对政府监督职能的强化;"保护和改善环境"一章的条款数增幅最大,达到了 175%,成为《环境保护法》条款数占比最大的章节,占比由 18%增至 28%;"防治环境污染和其他公害"又改回了"防治污染和其他公害",条款数增加了 30%,不过由于条款总数的大幅增加,其条款数占比反而有所下滑,由 22%降至 16%;"法律责任"一章条款数没有变化;附则由 2 条减为 1 条。值得注意的是,《环境保护法》新增"信息公开和公众参与"一章,共 6 条,将政府环境信息公开的主体范围从环境保护主管部门扩大到环境保护主管部门以及其他负有环境保护监督管理职责的部门。《环境保护法》涉及九大环境事务主体,包括国家、政府、环保部门、有关部门、其他国家机关、企业事业单位、公民个人、社会组织、环境服务机构(专业机构);其中,政府有关部门主要指12 类:有关行业、军队环保部门、教育部门、农业部门、民政部门、公安机关、"财政"部门、"税收"部门、"价格"部门、"政府采购"、保险监管机构、信用管理机构。其他国家机关采取了 8 种表述:使用财政资金的其他组织、上级(环保)机关、接受举报的机关、人民代表大会、人大常委会、任免机关、监察机关、人民法院;其他主体包括四类 18 种:一是企事业单位类主体,如企业、事业单位、其他生产经营者、建设单位、农业生产经营者、畜禽养殖场、小区、屠宰企业;二是自然人类主体,如公民、个人和环保志愿者;三是社会组织,如社会组织、基层群众性自治组织、学校和新闻媒体;四是环境服务机构,主要有环境影响评价机构、环境状况调查评价专业机构、监测机构、环境监测设备运维机构和防治污染设施运维机构。

2. 数说《大气污染防治法》修改。

（1）修法信息统计。

表6‑55 《大气污染防治法》修法章节条款数据表

各章节名称\法律版本	条款总数	总则	大气污染防治标准和限期达标规划	大气污染防治的监督管理	大气污染防治措施					重点区域大气污染联合防治	重污染天气应对	法律责任	附则
					燃煤和其他能源污染防治	工业污染防治	机动车船排放污染	扬尘污染防治	农业和其他污染防治				
1987	41	8	/	8	5（防治烟尘污染）	/	/	9（防治废气、粉尘和恶臭污染）	/	/	/	9	2
1995修正	50	9	/	9	9（防治燃煤产生的大气污染）	/	/	11（同上）	/	/	/	10	2
2000修订	66	10	/	13	8（同上）	/	4	10	/	/	/	20	1
2015修订	129	7	10	14	11	7	18	5	13	7	5	30	2
2018修正	129	7	10	14	11	7	18	5	13	7	5	30	2

（2）统计图示与数说分析。

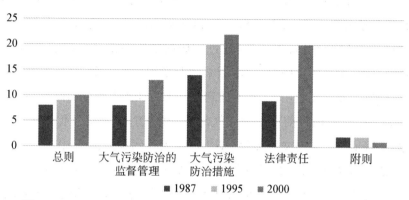

图 6 - 29　1987、1995、2000 年《大气污染防治法》修改各章节条款分布图

《中华人民共和国大气污染防治法》（以下简称《大气污染防治法》）是 1987 年由全国人大常委会通过的,1995 年 8 月进行第一次修正。2000 年 4 月进行第一次修订。2015 年第二次修订。2018 年又进行第二次修正,调整了一些措辞,适应由"环境保护部门"转变为"生态环境部门"称谓。

《大气污染防治法》在 1995 年第一次修正时条款总数增加了约 20%,其中总则和"大气污染防治的监督管理"一章条款数增加了约 12%;再往下看,1987 年和 1995 年《大气污染防治法》并未规定"大气污染防治措施"一章,只规定了"防治烟尘污染(防治燃煤产生的大气污染)"和"防治废气、粉尘和恶臭污染"两章,为了方便叙述,同时根据 2000 年《大气污染防治法》的相关规定,上述两章可归为"大气污染防治措施";与 1987 年《大气污染防治法》相比,1995 年《大气污染防治法》的"大气污染防治措施"条款数增加了约 40%;"法律责任"章节的条款数仅增加了约 10%;附则的条款数没有变化。2000 年和 2015 年《大气污染防治法》进行了两次大修订,2015 年修订的版本对章节结构进行了较大的调整,条款内容也有大幅度的增加。与 1995 年《大气污染防治法》相比,2000 年《大气污染防治法》的条款总数又增加了约 30%;总则部分增加了约 10%;"大气污染防治的监督管理"一章的条款数增加了超过 40％；"大气污染防治措施"一章的条款数增加了10％；"法律责任"一章的条款数大幅增加，达到了 100％；附则的条款数从 2 条减为 1 条，减少了 50％。2015 年《大气污染防治法》的第二次修订是 2014 年《环境保护法》通过后修改的第一部环境保护单项法。新修订的《大气污染防治法》由原来的七章增加到八章，章节的内容也大幅增加，条款总数由 63 条增加到 129 条。如此大幅度的修改一方面是为了扭转我国目前严重的大气污染，另一方面，是为了保障公众健康，更好地进行生态文明建设。2018 年《大气污染防治法》作第二次修正，条款总数和各章节的条款数都没有变化，仅在 2015 年修订版的基础上对环保管理部门、执法机构名称等个别条款的法律术语进行了修改。（参见表 6－55）

3. 数说《固体废物污染环境防治法》修改。

（1）修法信息统计。

表 6－56 《固体废物污染环境防治法》修法章节条款数据表

各章节名称 / 法律版本	条款总数	总则	固体废物污染环境防治的监督管理	固体废物污染环境的防治			危险废物污染环境防治的特别规定	法律责任	附则
				一般规定	工业固体废物污染环境防治	城市生活垃圾污染环境的防治			
1995	77	10	4	11	9	7	17	15	4
2004修订	91	10	5	11	11	12	17	21	4
2013修正	91	10	5	11	11	12	17	21	4
2015修正	91	10	5	11	11	12	17	21	4
2016修正	91	10	5	11	11	12	17	21	4
2020修订	126	篇幅大增，扩展为九章：总则 12、监督管理 19、工业固体废物 11、生活垃圾 17、建筑垃圾与农业固体废物等 14、危险废物 18、保障措施 9、法律责任 23、附则 3							

（2）统计图示与数说分析。

《固体废物污染环境防治法》是 1995 年制定的,2004 年进行了第一次修订,2013 年、2015 年、2016 年分别对特定条款进行了修正。与1995 年《固体废物污染环境防治法》总条款数相比,2004 年以后修订法的总条款数增加了 18%,法律责任条款数增加了 40%,固体废物污染环境的防治中的生活垃圾污染环境防治条款数增加了 70% 以上;监督管理、危险废物污染环境防治等其他章节条款数目几乎无增减。2020年该法做了全面修改,扩展为九章 126 条,进一步细化或增加了生活垃圾、建筑垃圾和农业固体废弃物,增加保障措施一章。(参见表 6 - 56、图 6 - 30)

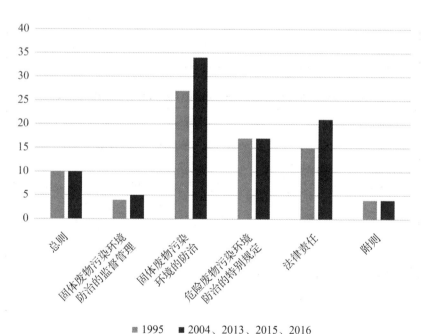

■ 1995　■ 2004、2013、2015、2016
图 6 - 30　《固体废物污染环境防治法》修改各章节条款分布图①

---

① 未包含 2020 年 4 月以后修订数据。

4. 数说《水污染防治法》修改。

（1）修法信息统计。

表 6-57　《水污染防治法》1984—1996 年章节条款数据统计表

各章节名称 法律版本	条款总数	总则	分则				法律责任	附则
			水环境质量标准和污染物排放标准的制定	水污染防治的监督管理	防止地表水污染	防止地下水污染		
1984	46	5	3	10	13	5	7	3
1996修正	62	5	3	16	14	5	13	4

表 6-58　《水污染防治法》2008—2017 年章节条款数据统计表

法律版本	条款总数	总则	分则									法律责任	附则
			水污染防治的标准和规划	水污染防治的监督管理	水污染防治措施					饮用水水源和其他特殊水体保护	水污染事故处置		
					一般规定	工业水污染防治	城镇水污染防治	农业和农村水污染防治	船舶水污染防治				
2008修订	92	10	6	12	11	4	3	5	4	10	3	12	2
2017修正	103	11	7	13	12	5	3	7	4	13	4	22	2

（2）统计图示与数说分析。

为方便图表归纳，将《水污染防治法》中位于"总则"和"法律责任"之间的章节统称为"分则"。

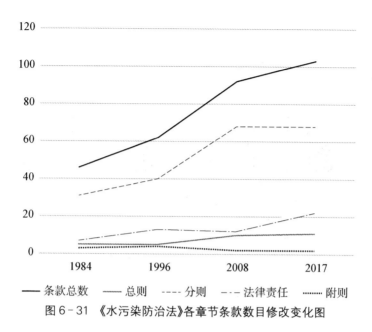

图 6-31 《水污染防治法》各章节条款数目修改变化图

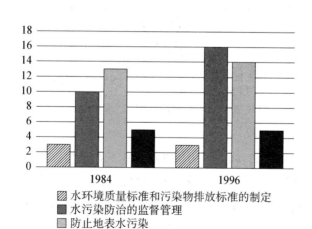

图 6-32 1984、1996 年《水污染防治法》分则各章节条款分布图

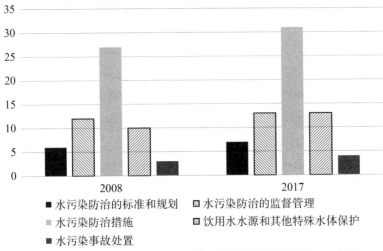

图 6-33 2008、2017 年《水污染防治法》分则各章节条款分布图

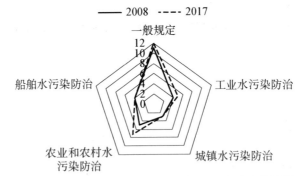

图 6-34 2008、2017 年《水污染防治法》"水污染防治措施"变化图

  《水污染防治法》前后经历了两次修正一次修订。与 1984 年《水污染防治法》相比,1996 年第一次修正时总条款数增加了约 25%,条款总数从 46 条增加到 62 条,增加条款主要集中在"第三章　水污染防治的监督管理"和"第六章　法律责任",条款分别增加约 40% 和近 50%,增加的条款细化了政府和企业对于治理水环境的责任分配。总则的条款数没有变化。2008 年的修订使《水污染防治法》与 1984 版本发生了根本改变,总条款数量正好翻了一番。2008 年的修订不仅在 1996 年《水污染防治法》的基础上进行了结构上的调整,例如将"水环境质量标准

和污染物排放标准的制定"一章改为"水污染防治的标准和规划",概括性更强了,而且条款总数大幅增加,从 62 条增至 92 条,主要针对以往水污染防治行政监管权交叉、权责不明的问题,还有我国重要的江河、湖泊流域如何统筹规划、协调治理的问题进行说明。值得注意的是,2008 年修订的《水污染防治法》对于水污染的分类标准做了比较大的调整,从笼统地概括成"地表水污染"和"地下水污染"调整为按水的用途分类,分为"工业水污染""城镇水污染""农业和农村水污染"等,使得水污染防治的措施更有针对性。同时,针对水污染事故的突发性特点,专门增设"水污染事故处置"一章。

2017 年《水污染防治法》与 2008 年版本相比,条款总数增加了约 10%,主要集中在"法律责任",增加了近 50%。而"水污染防治的标准和规划""水污染防治的监督管理""水污染防治措施""饮用水水源和其他特殊水体保护""水污染事故处置"章节的条款数分别有少量增加,变化不大;总则增加了一条,附则无增减。虽然 2017 年修订的《水污染防治法》在条款数量上有所增加,但是结构并没作大调整,只对内容进行了一定幅度的修改,如首次确立"生态化"立法目标、"河长制"法律地位,不过这次修法的重点在于"法律责任"部分。主要背景原因在于 2014 年我国对《环境保护法》做了很大的修改。2008 年的《水污染防治法》与新修订的《环境保护法》已很不适应了,另一个重要原因在于 2015 年实施的《水污染防治行动计划》。

5. 数说《水法》修改。

(1) 修法信息统计。

表 6-59 1988《水法》章节条款数据统计表

条款信息法律版本	条款总数	总则	开发利用	水、水域和水工程的保护	用水管理	防汛与抗洪	法律责任	附则
1988	53	9	14	6	8	6	7	3

表 6-60　2002 年至今《水法》修法章节条款数据统计表

各章节条款 / 法律版本	条款总数	总则	水资源规划	水资源开发利用	水资源、水域和水工程的保护	水资源配置和节约使用	水事纠纷处理与执法监督检查	法律责任	附则
2002 修订	82	13	6	10	14	12	8	14	5
2009 修正	82	13	6	10	14	12	8	14	5
2016 修正	82	13	6	10	14	12	8	14	5

（2）统计图示与数说分析。

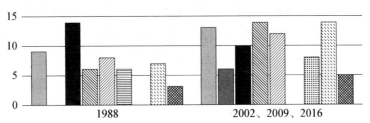

图 6-35　《水法》历次修改各章节条款分布图

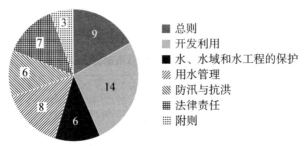

图 6-36　1988《水法》各章节条款分布图

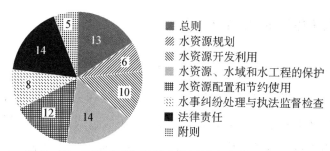

图 6‐37　2002、2009、2016 年《水法》各章节条款分布图

　　《水法》最初在 1988 年通过并实施,在 2002 年进行修订,后于 2009、2016 年经历两次修正。与 1988 年《水法》相比,2002 年《水法》的条款总数增加超过 50%,总则条款数增加超过 40%;新增了"水资源规划"一章,共 6 条;"开发利用"一章修改为"水资源开发利用",条款数和占总条款数的比重不增反减,条款数减少了近 30%,占比由 26% 减至 12%——前者是 1988 年《水法》最大的占比,说明我国管理水资源的理念发生了重大转变,从"重开发"逐渐走向"重保护";"水、水域和水工程的保护"一章改为"水资源、水域和水工程的保护",条款数直接增加了超过 130%,如上所述,条款的增减体现的是整体思路的转变;"用水管理"一章改为"水资源配置和节约使用",条款数增加 50%,章节名称的改变凸显了"节约"二字;由于《防洪法》的出台,2002 年《水法》中"防汛与抗洪"一章直接被删除;"法律责任"条款数增加了 100%,追责机制的覆盖面更广,违法成本大大增加;"附则"由 3 条增加到 5 条,增加的条款主要是说明部分 1988 年《水法》的内容在 2002 年时已制定相关的法律,各自依照相关法律的规定进行管理。2009 年《水法》在 2002 年《水法》的基础上仅对其第七十二条引用的"治安管理处罚条例"修改为"治安管理处罚法";2016 年《水法》也只对第十九条进行了修改。

二、行政不作为案件大数据分析①

行政不作为是行政主体在负有法定义务时未积极依法履行职责，反映出了政府机构履责消极问题。行政不作为在主观上表现为行政主体对其行政职权的放弃，客观上则表现为不履行或拖延履行所承担的行政作为义务。行政不作为是法治政府的反向否定性指标，它理应成为考察评价法治政府的重要负面指标之一。虽然行政不作为的概念在学界与实务界一直存在较大分歧，但这并不影响其成为行政诉讼案件中非常重要的一种诉讼案由。② 以下以中国裁判文书网（http://wenshu.court.gov.cn/）获取的 2016 年全国中级人民法院以上审理的一审、二审和再审等行政诉讼案件判决书为检索范围，对其中行政不作为案件进行相关统计分析，主要围绕信息公开类型行政不作为进行实证分析，试图从一个侧面探究我国依法行政的状况。

在学理研究上，有人将行政不作为的种类总结归纳为拒绝履行、不予答复和拖延履行，行政复议不作为和行政不作为，排除性行政不作为和受益性行政不作为等，并由这些行政不作为现象分析把握行政不作为的共同规律及个性特征。③ 出于实证研究简便性、严谨性考虑，本书以中国裁判文书网中有关行政行为类型的划分标准，将行政不作为主要分为政府信息公开不作为、行政补偿不作为、行政裁决不作为、行政处罚不作为等。本次研究主要考察政府信息公开不作为问题。

1. 行政不作为案件数据对政府信息公开和行政复议作为严格行政执法否定性指标妥当性的验证。

通过对行政不作为案件类型统计数据分析，可以从一个侧面揭示

---

① 本次对行政不作为案卷数据统计分析的目的是试图找寻行政执法领域最主要的纠纷所在，从而确立行政执法的重要评估指标，以及验证否定性指标是否能够作为评估法治实施有效性的指标品种。为保证分析数据的充足性，行政不作为案卷不限于生态环境类案件。
② 2004 年 1 月 14 日《最高人民法院关于规范行政案件案由的通知》，法发［2004］2 号。
③ 尚海龙、伊士国：《行政不作为类型化研究现状与反思》，《人民论坛》，2014(23)。

制约我国行政执法实效的一些负面因素。根据 2016 年度（包含 2017 年上传网站）全国行政案件裁判文书的数据统计，得出全国的行政案件判决书共 38080 份。以案由而非裁判结果为筛选条件，从中筛选出 3626 份行政不作为案件判决书。[①] 对 3626 份行政不作为案件判决书依据案由筛选可得，标明了行政行为种类的不作为案件判决书 1147 份，未标明行政行为种类的不作为判决书（案由为空白）2479 份。在行政行为案件中检索搜寻行政不作为并不容易，有些案件是在行政行为施行过程中的不作为，而更多的是难以判断不作为的具体类型，这大概是某些不作为案件难以标明行政行为种类的原因所在。在对行政行为类案件中的不作为进行进一步细化筛选，经常出现一个案件包括多个行政不作为情况。为了简化分析，这里仅对 1031 件单一行政不作为类型案件进行统计。在图 6－38 所示的二十种行政不作为类型案件中，政府信息公开不作为、行政复议不作为、行政登记不作为、行政许可不作为和行政补偿不作为的案件发生数排在前五位。这五类案发数量相加约占统计案件总数的 80% 左右；而行政规划不作为、行政救助不作为、行政批准不作为的案件数量都只有 1 件，几乎无研究意义。因此，似乎可以初步认为信息公开不作为、行政复议不作为是较好反映严格执法的否定性指标。

2. 地方两类主要行政不作为案件数量之比对信息公开、行政复议指标合理性的验证。

为了评判全国各地区法治政府建设状况，通过我国各地区主要类别行政不作为案发数量可以在一定程度上展现地域差异和反映各地区依法履行政府职能、依法行政、执法、对行政权力的制约和监督的情况。《政府信息公开条例》要求"提高政府工作的透明度，促进依法行政，充分发挥政府信息对人民群众生产、生活和经济社会活动的服务作用。"

---

① 案件发生数不等同于法院最终认定案件数，不过它能够反映某种类型纠纷的发生情况。

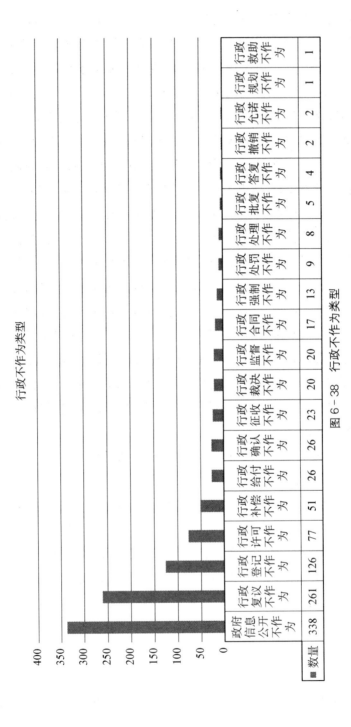

数量	政府信息公开不作为	行政复议不作为	行政登记不作为	行政许可不作为	行政补偿不作为	行政给付不作为	行政确认不作为	行政征收不作为	行政裁决不作为	行政监督不作为	行政合同不作为	行政强制不作为	行政处罚不作为	行政处理不作为	行政批复不作为	行政答复不作为	行政撤销不作为	行政允诺不作为	行政规划不作为	行政救助不作为
■	338	261	126	77	51	26	26	23	20	20	17	13	9	8	5	4	2	2	1	1

图 6－38　行政不作为类型

272

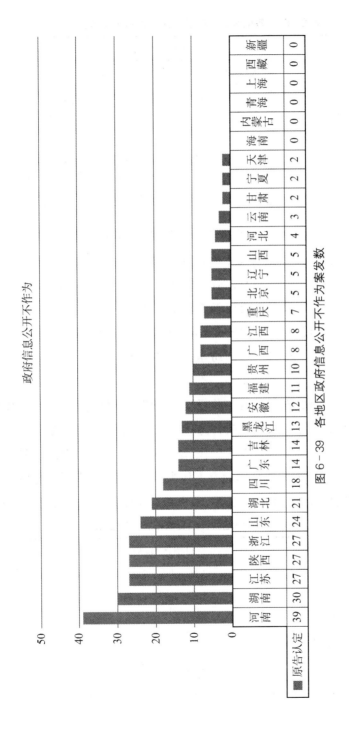

图6-39　各地区政府信息公开不作为案发数

政府信息公开不作为

	河南	湖南	江苏	陕西	浙江	山东	湖北	四川	广东	吉林	黑龙江	安徽	福建	贵州	广西	江西	重庆	北京	辽宁	山西	河北	云南	甘肃	宁夏	天津	海南	内蒙古	青海	上海	西藏	新疆
原告认定	39	30	27	27	27	24	21	18	14	14	13	12	11	10	8	8	7	5	5	5	4	3	2	2	2	0	0	0	0	0	0

表 6‑61　各地区政府信息公开行政不作为案发数

信息公开不作为案发数	案件数区段	省自治区直辖市	
		大于 30	1 地：河南
		10—30	13 地：湖南、江苏、陕西、浙江、山东、湖北、四川、广东、吉林、黑龙江、安徽、福建、贵州
		小于 10	17 地：广西、江西、重庆、北京、辽宁、山西、河北、云南、甘肃、宁夏、天津、海南、内蒙古、青海、上海、西藏、新疆

由图 6‑39、表 6‑61 可知,2016 年行政不作为案件中政府信息公开不作为案件发生数排名前十的分别是河南、湖南、江苏、陕西、浙江、山东、湖北、四川、广东、吉林。政府信息公开不作为案发数最突出的省份为河南(39 件),数据说明该省相较于其他省份而言,政府工作透明度、依法履行职能方面存在较多争议。这些数据表明,政务公开、政府透明、依法履职方面的行政纠纷争议至少在近半数地区还是比较突出的。

《行政复议法》对行政机关及行政人员依法履职做出规定。行政复议是行政机关实施的被动行政行为,兼具行政监督、行政救济和行政司法行为的特征和属性。若在对公民、法人和其他社会组织的权利救济及对下级行政机关的监督问题上不作为争议严重,将不利于提高行政机关的依法行政能力和保障公民、法人和其他社会组织合法权利诉求。

表 6‑62　各地区行政复议不作为案发数

行政复议不作为案发数	案件数区段	省自治区直辖市	
		大于 20	3 地：浙江、福建、江苏
		10—20	8 地：山东、安徽、湖北、湖南、黑龙江、河南、吉林、四川
		小于 10	20 地：河北、辽宁、北京、广西、江西、广东、陕西、天津、贵州、内蒙古、山西、甘肃、海南、宁夏、重庆、青海、上海、西藏、新疆、云南。

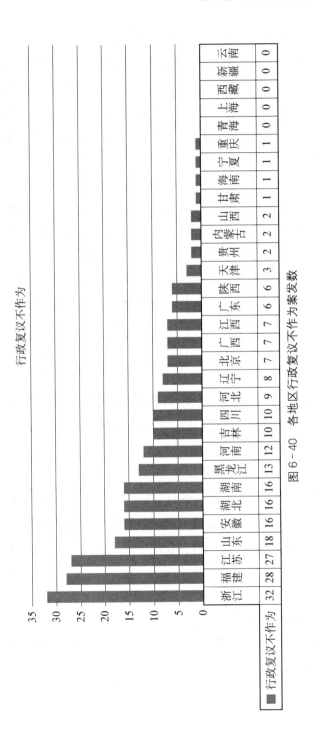

图 6 - 40　各地区行政复议不作案发数

行政复议不作为	浙江	福建	江苏	山东	安徽	湖北	湖南	黑龙江	河南	吉林	四川	河北	辽宁	北京	广西	江西	广东	陕西	天津	贵州	内蒙古	山西	甘肃	海南	宁夏	重庆	青海	上海	西藏	新疆	云南
行政复议不作为	32	28	27	18	16	16	16	13	12	10	10	9	8	7	7	7	6	6	3	2	2	2	1	1	1	1	0	0	0	0	0

按照图 6 - 40、表 6 - 62 所示，浙江省行政复议不作为案发数 32件，约占统计案件数 34.58％；福建省 28 件，约占统计案件数 26.17％；江苏省 27 件，占统计案件数 25.23％。此三省行政复议不作为案发数量较为突出。若以案发数量 10 为分区划段界限，案发数量多于 10 的省份只有 11 地，少于 10 的省份却有 20 地，这说明行政复议不作为纠纷案件发生地区相对集中。

3. 更加客观的分析：法院认定之行政不作为。

虽然从中国裁判文书网中案由是不作为的行政案件可以初步分析我国行政不作为案件的概况，但这些案件并不一定是客观真实的行政机关不作为。唯有经过人民法院终审判决认定的行政不作为才算是行政不作为。基于此，在对 2016 年全国中级人民法院以上审理的行政案件中原告诉称行政不作为的 3626 件案件判决书以人工筛选方式进行甄别，统计出其中被终审法院认定属于行政不作为的案件数据为 1111件，约占原告诉称行政不作为案件总数（3626）的 30.6％左右。检索筛选的线路是：对全国行政案件裁判文书的数据，依照案由进行筛选，得到原告起诉行政不作为数量与类型，再按照一审认定行政不作为二审再审维持的筛选方式可得到法院认定的行政不作为数量与类型。从图6 - 41 可知，原告诉称与法院认定的不作为数量之间具有显著差异，法院认定数占总案发数的比率较低。例如，政府信息公开不作为原告诉称数为 338 件，法院认定数只有 135 件，相差 203 件；行政复议不作为原告诉称数有 261 件，法院认定数为 86 件，相差 175 件。不过经法院最终认定的行政不作为案件中，政府信息公开不作为和行政复议不作为依然排在前两位，再次说明客观现实中信息公开不作为和行政复议不作为也确实是行政不作为的两个主要类型，验证了以信息公开和行政复议作为严格执法否定性评价指标的合理性。另外，在 2016 年度各省级行政区法院认定行政不作为排名中，河南省和山东省的问题最突出（参见图 6 - 42）。

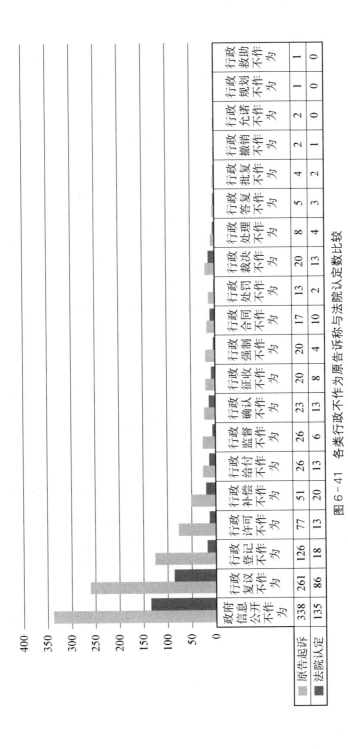

图 6-41　各类行政不作为原告诉称与法院认定数比较

	政府信息公开不作为	行政复议不作为	行政登记不作为	行政许可不作为	行政补偿不作为	行政给付不作为	行政监督不作为	行政确认不作为	行政征收不作为	行政强制不作为	行政合同不作为	行政处罚不作为	行政裁决不作为	行政处理不作为	行政答复不作为	行政批复不作为	行政撤销不作为	行政允诺不作为	行政规划不作为	行政救助不作为
原告起诉	338	261	126	77	51	26	26	23	20	20	17	13	20	8	5	4	2	2	1	1
法院认定	135	86	18	13	20	13	6	13	8	4	10	2	13	4	3	2	1	0	0	0

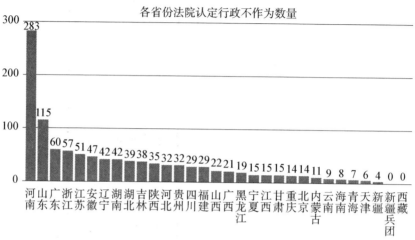

图6-42　各地区经法院认定行政不作为数排名

4. 行政不作为案件数据统计分析结论。

基于法院行政案件中的行政不作为案件发生数量分析，可以为法治实施评估指标有关严格执法方面提供以下初步验证：①政府信息公开不作为不仅是行政不作为纠纷的主要类型，也是依法行政、严格执法中客观存在的主要问题；行政复议也是行政不作为纠纷易发、多发的类型，将政府信息公开和行政复议作为法治实施的行政执法评估指标具有相当合理性；②否定型指标虽不是主要的评价指标类型，但也能作为法治实施评估的指标品种；③进行各类不作为争议的地域比较，可以从一个侧面比较地区间在严格执法、法治政府建设方面的情况表现差异，还可以反映各地行政不作为纠纷的主要问题所在；④在诉争的行政不作为案件中，只有小部分案件最终得到法院终审确认，其中，政府信息公开不作为案件数量最大，行政复议次之。

第七章　生态环境法治实施应对实证考察

根据 PSR 模型框架理论、法治评估方法和生态环境法治实施评估体系等研究所得,生态环境法治实施有效性主要体现在响应生态环境压力与环境状况变化的法治实施应对上,且生态环境执法和守法是此法治实施应对的两大主要表现方面。本章采用定性分析方式对新时代我国生态环境法治应对实践进行实证考察,重点对生态环境行政执法领域的"放管服"改革举措、乡村生态环境保护实践比较、世界级生态岛法治实践和域外城市管理执法经验等方面进行研究。

第一节　生态环境行政执法"放管服"改革

党的十八大以来,党中央、国务院把处理好政府与市场关系、转变政府职能作为全面深化改革的关键,大力推进简政放权、放管结合、优化服务。各部门各地区纷纷出台文件,要求加快审批制度改革、强化监管执法、优化公共服务。为了适应新形势新要求,合理改进生态环境法治应对实效,生态环境部门在生态环境法治实施环节大力推进简政放权、放管结合、优化服务,并在"放管服"改革背景下,通过"证照分离""一网通办""互联网＋监管"平台、信用监管、协同惩戒、金融、大数据运用、社会监督等措施,保证"放管服"改革和加强事中事后监管工作。如积极修改相关规范性文件,强化红线、底线、上线和清单的宏观管控;加快事前审批制度改革,通过下放和取消行政审批事项,提高审批效率,服务实体经济;通过强化事中事后监管执法,营造公平发展环境。这些应对生态环境保护新形势新状态的法治实施变革,对改善行政执法效能,促进生态环境保护与经济社会协调发展的法治目标实现取得了比较积极效果。

一、我国生态环境领域的"放管服"改革

长期以来,我国对环保执法监管奉行强监管原则,环保部门内部对审批环节多、时间长、存在交叉重复等现象,企业往往抱怨环保审批"慢、难、繁"。为适应改革要求,生态环境部门近些年来提出了"放得开""管得住"的自我要求。特别是 2018 年以来,生态环境部按照党中央、国务院决策部署,把做好"六稳"[①]工作摆在突出位置,以解决突出生态环境问题、改善生态环境质量、推动高质量发展为重点,将深化生态环境领域"放管服"改革、优化营商环境作为重点工作任务,严格监管与优化服务并重。生态环境部领导提出生态环境领域"放管服"改革需要处理好简政放权与强化监管、顶层设计与基层创新、"放管服"改革与生态环境领域其他改革、改革创新与法治建设的关系四组关系。[②]2018 至 2019 年间,生态环境部先后出台了多个重要指导性文件,明确了措施和要求,突出抓好顶层设计,严格依法依规监管,大幅减少审批许可,加大帮扶指导力度,持续完善环境政策,围绕加大"放"的力度、优化"管"的方式,提升"服"的实效,精准"治"的举措等方面提出具体措施。

第一,在"放"方面,完善市场准入机制、精简规范许可审批事项、深化环评审批改革。基本思路包括:①大力推进减权放权,继续削减生态环境审批事项;②及时推动修订"放管服"改革配套法律法规;③继续推进环评审批改革,提高审批效能;④加快推动生态环境行政许可标准

① 稳就业、稳金融、稳外贸、稳外资、稳投资、稳预期。
② 李干杰:《持续深化"放管服"改革推动实现经济高质量发展和生态环境高水平保护》,2018年 8 月 31 日在全国生态环境系统深化"放管服"改革转变政府职能视频会议上的讲话。

化建设;①⑤规范生态环境领域中介的服务和收费。各级生态环境部门积极推动修改相关的法律法规、部门规章、规范性文件,推动行政审批持续精简。例如,依照《环境影响评价法》,探索建设项目环境影响评价备案制、告知承诺制作为简政放权的落脚点,以此为事中事后提供经验;进一步梳理生态环境领域市场准入清单,清单之外不得另设门槛和隐性限制,全面实施市场准入负面清单;持续推进"减证便民"行动,进一步减少行政申请材料;推进道路运输车辆年审、年检和机动车排放检验"三检合一"等。以上海市为例,当地生态环境部门先后采取多项相关具体落实举措。如按照 2017 年原环境保护部取消 21 件环境保护规范性文件精神,清理规范行政审批事项,对审批事项做减法;整合衔接实施控制污染物排放许可制、深化环评制度改革、划定并严守生态保护红线等制度等。

第二,在"管"方面,强化事中事后监管,推动出台关于全面实施环保信用评价的指导意见。基本思路是:①全面推进生态环境保护综合执法;②加快推进生态环境信用监管;③突出监管重点,完善监管措施;④落实监管责任,建立尽职免责机制。仍以上海为例,上海市生态环境部门在审批权下放及进一步减少许可事项以后加强了事中事后监管,在加强源头把关,围绕区域规划环评、"三线一单"等制度做文章,倒逼地方政府强化区域环境质量改善。如出台相关文件对一些环评报告书进行抽查;加快推动排污许可证发放,推动企业按照排污许可要求加强自身监管。行政执法也得到进一步加强,在执法检查中把事中事后监管作为重要方面,设定具体时限规定各级生态环境部门实现"双随机、一公开"监管常态化,全面推进行政执法公示制度、执法全过程记录制度、重大执法决定法制审核制度。

第三,在"服"方面,增强企业绿色发展能力。基本思路为:①持续开展"减证便民"行动,提升政务大厅"一站式"服务功能;②创新生态环境公共服务方式,探索利用市场化、社会化手段;③推动环保产业发展。

---

① 《深化"放管服"改革 促进企业发展》,《中国环境报》,2019 - 12 - 25(003)。

在优化服务举措方面,生态环境部近几年出台了三份重要文件:一是2018年8月印发的《关于生态环境领域进一步深化"放管服"改革 推动经济高质量发展的指导意见》;二是2019年1月印发的《关于支持服务民营企业绿色发展的意见》;三是2019年9月印发的《关于进一步深化生态环境监管服务推动经济高质量发展的意见》。这些文件从放出活力、管出公平、服出便利、治出精准等方面提出了多项举措。

二、"放管服"改革的重点领域

1. 加大简政放权力度,取消多项行政审批事项。①

通过修订《环境影响评价法》,取消了行业主管部门预审、试生产审批、竣工环保验收许可和环评机构资质许可等4项行政许可,建设项目环评领域仅保留了1项建设项目环境影响报告书(表)行政审批。2019年11月实施的《建设项目环境影响报告书(表)编制监督管理办法》取消了建设项目环评机构资质准入,后又出台了《建设项目环境影响报告书(表)编制能力建设指南(试行)》等三个配套文件,通过更严格的监管,防范环评市场放开后环评技术领域可能出现的工作质量下降和市场秩序混乱等风险,为保证环评制度的有效实施提供技术支撑。同时上线运行环评信用管理平台,强化了信用监管,震慑了环评领域违法违规行为。

2. 环评手续做减法,服务中小企业做加法。②

(1)简化中小企业环评手续,对环境影响很小的建设项目环评由审批改为备案管理。2016年11月,原环境保护部印发《建设项目环境影响登记表备案管理办法》,对环境影响登记表实施备案制改革,改革后无需审批,仅需依法在网上备案系统填报环境影响登记表进行备案。

---

① 《生态环境部:深化"放管服"改革 支持中小企业发展 严禁"一刀切"》,《纸和造纸》,2020,39(01):45—46。
② 《深化"放管服"改革 促进企业发展》,《中国环境报》,2019-12-25(003)。

（2）优化环境影响评价分类管理名录,简化环评类别。对于有一定环境影响的中小企业,规定环评管理将根据其实际环境影响大小实施分类管理。将部分行业建设项目类别由编制环境影响报告书降级为编制环境影响报告表,或由编制环境影响报告表降级为填报环境影响登记表;下放 41 类建设项目审批权限,仅保留了新建炼油等可能造成重大生态破坏或环境影响的项目审批权。这些优化举措切实减轻了企业负担,降低项目建设成本。

（3）提高服务质量,缩减环评审批时间。提高环评审批办事窗口服务质量,推动网上"不见面"审批,简化申请材料,细化办事指南,为企业办理环评手续提供便捷服务。通过建立绿色通道机制,在环评报批前介入服务,指导优先避让环境敏感区并采取严格保护措施,提前开展现场踏勘和技术指导。除特别复杂项目外,环评审批时间得以大幅压缩。

三、生态环境领域"放管服"改革的上海实践

1. 优化和改革环境管理制度体系。

（1）对《上海市环境保护条例》做重大修改,确立地方环境管理制度新布局。2015—2016 年,上海市环保部门根据国家部署和行政管理改革要求,积极探索环境管理制度改革创新,取消了建设项目试生产审批,并按照"简政放权、提高监管效率、严格环境管理"的要求,对传统环境管理制度作整体上的优化、整合,进一步简化审批环节。总的思路是将排污许可证作为环境管理的核心制度,衔接事前环评审批和事中事后监管。企业在落实环评规定的措施后,可以直接申领排污许可证,不再设置竣工验收、排污申报等环节。此外,还重点对环境影响评价、总量控制和排污许可等制度做了改革和优化。新修订的《上海市环境保护条例》将这些改革的内容用法规进行了固化。

（2）印发《关于加强微生物菌剂环境安全管理若干事项的通知》,完善环境安全管理制度规范。根据《上海市环境保护条例》的规定,上

海市为了进一步简政放权，取消了微生物菌剂应用环境安全许可事项。在取消审批的基础上，专门制定了《关于加强微生物菌剂环境安全管理若干事项的通知》，对如何加强用于环境污染治理和生态环境保护的微生物菌剂的环境安全管理，如何依法行政及强化和明确提供、应用及环境安全评价相关单位的主体责任，以及如何切实加强事中事后监管等，进行了切实规范。

（3）印发《上海市排污许可证管理实施细则》，细化排污许可证的管理程序与要求。国家在《环境保护法》《水污染防治行动计划》《大气污染防治行动计划》《关于加快推进生态文明建设的意见》《生态文明体制改革总体方案》等一系列法律与政策文件中强调完善排污许可制度，并要求"尽快在全国范围建立统一公平、覆盖所有固定污染源的企业排放许可制"。为此，上海在 2016 年 7 月修订的《上海市环境保护条例》中明确了"本市依法实施排污许可制度"，并将排污许可制度作为上海市固定污染源环境管理的核心制度。上海在前期试点工作的基础上，将排污许可证定位为企业的环保身份证，并作为企业守法的文件、环保执法的基础和综合管理的平台。

（4）印发《上海市环境保护局关于优化本市建设项目环境影响评价文件审批时限的通知》，缩短环评审批时限。2018 年 1 月，上海市发布了《上海市人民政府办公厅关于印发〈进一步深化本市社会投资项目审批改革实施办法〉的通知》，提出了压缩行政审批时限的要求。为此，原上海市环境保护局制定了《关于优化本市建设项目环境影响评价文件审批时限的通知》。自 2018 年 3 月 1 日起，环境影响报告表的审批时限调整为 10 个工作日（不含法定公示时间）；环境影响报告书的审批时限调整为 20 个工作日（不含法定公示时间）。各区基层环保部门及有审批权限的管委会甚至还可根据实际情况进一步压缩审批时限。

（5）围绕建设项目环评改革，印发规范性文件将改革决策全部转化为具体制度要求。①制定《上海市建设项目环境影响评价公众参与办法（试行）》，规范和优化本市建设项目环境影响评价过程中的公众参与活动，保障公众依法享有的知情权、参与权和监督权；②《上海市建设项目环境影响评价分类管理重点行业名录(2019年版)》,优化营商环境,提高建设项目环境影响评价审批效率,更好地发挥环境影响评价制度功能;③制定《加强规划环境影响评价与建设项目环境影响评价联动的实施意见(试行)》,充分发挥规划环境影响评价的宏观引导功能,提高建设项目环境影响评价的审批效率;④制定《上海市建设项目环境影响评价文件行政审批告知承诺办法(试行)》,转变环境影响评价管理方式,提高建设项目环境影响评价审批效率;⑤制定《上海市建设项目环境保护事中事后监督管理办法(试行)》,加强建设项目环境保护事中事后监管。

2. 规范行政监督管理,强化环境执法措施。

(1)修订《上海市环境保护行政处罚裁量基准规定》,进一步规范上海行政处罚裁量权的行使。该规定明确采用百分比裁量模式,即根据违法行为设定若干裁量因素,按照不同的情节和危害程度确定各项裁量因素的百分值;明确规定了六种从重处罚的情形,规定对符合从重处罚条件的案件,经行政执法单位负责人批准后,可以在裁量表裁定的基础上增加一定的百分值;明确了存在特定情形的,经集体审议,可以直接按照该违法行为法定最高处罚额度予以处罚。另外还建立了轻微违法免罚制度,取得较好实施效果。

(2)印发《上海市环境保护约谈规定(试行)》,规范本市环境保护约谈工作。该文件明确了约谈的适用范围、启动条件、约谈内容和具体程序,从制度上规范了督促区政府及相关企业切实履行环境保护责任。

(3)印发《关于进一步加强环境监管,强化按日计罚等执法措施运用的通知》,加大执法力度。我国新修订的生态环境法律法规赋予了生态环境执法人员按日计罚、查封扣押、限产停产、移送行政拘留等执法措施,为加强环境执法监管,上海市生态环境局专门发文对强化这些执法措施的运用提出明确要求。

3. 聚焦环评审批改革取得实质性突破。

为优化营商环境、激发市场活力、推动高质量发展，根据生态环境部授权，上海秉承坚守生态环境底线、"放管服"统筹兼顾的改革思路，形成了以分类管理、源头减量、优化简化、强化监管、优化服务为核心的"1＋8＋5"环评改革政策体系。2019年4月30日，上海市印发了《本市环境影响评价制度改革实施意见》(沪府规[2019]24号)。为配合总体方案的实施，相关配套政策也陆续发布。上海市环评审批改革主要有六方面举措。

(1) 分类施策，突出重点。把审批重点聚焦在环境影响大、风险高的行业和项目上，严格环评审批，确保环境质量，管控环境风险。2019年6月出台《上海市建设项目环境影响评价分类管理重点行业名录(2019年版)》，着重关注6个重点行业、22种特殊工艺和本市生态红线范围内的建设项目，通过目录制管理方式，严把环境准入关，强化事中事后监管。

(2) 审慎豁免，应放尽放。2018年5月出台《〈建设项目环境影响评价分类管理名录〉上海市实施细化规定(2018版)》，细化和完善了20个行业43个项目类别的环评分类管理要求。2019年2月出台《上海市不纳入建设项目环评管理的项目类型(2019年版)》，对生态环境影响小、风险低的项目，直接免于办理环评手续，豁免范围涵盖产业发展、社会服务、基础设施和环境治理4个类别。

(3) 区域联动，手续简免。2019年6月上海市出台《加强规划环境影响评价与建设项目环境影响评价联动的实施意见(试行)》，在规划环评措施落地的区域，项目环评实行联动简化。新政实施后，联动区域内约90％的项目可简化环评办理流程，缩短环评审批时间，为区内企业节约时间和成本，推动项目尽早开工建设。

(4) 优化公参，主动公开。2019年6月上海出台《上海市建设项目环境影响评价公众参与办法(试行)》，在依法保障公众的知情权和参与权的同时，合理优化公众参与模式。新政实施后，环评文件编制时间显著缩短，环评信息主动公开量大幅增加。

（5）强化监管，属地管理。2019 年 6 月出台的《上海市建设项目环境保护事中事后监督管理办法（试行）》按照分级、分类原则强化事中事后监管。新政实施后，各级生态环境主管部门的事中事后监管大幅提升。

（6）主动服务，一网通办，再造审批流程。上海市于 2018 年 3 月印发《全面推进"一网通办"加快建设智慧政府工作方案》，推动线上线下流程服务再造，以打造智慧型政府服务群众。2019 年上海又提出通过全力推进业务流程革命性再造提升行政效率，系统重构部门内部操作流程、跨部门跨层级跨区域协同办事流程。为此，上海市生态环境主管部门通过制定并发布行业环保守则，明确相关行业的环境管理要求，指导企业落实环境主体责任；全面推行"一网通办"，进一步提升环评审批信息化能力，依托大数据管理，全市环评审批实现"一网受理""网上审批""实时查询""电子证照"，审批材料目录化、标准化、电子化。目前，上海市生态环境管理通过电子证照入库等方式在法定时限、法定材料的基础上实现了生态环境行政审批流程再造。

4. 开放生态环境监测服务市场，加强监测数据管理。

（1）制定《上海市环境监测社会化服务机构管理办法》，开放环境监测服务市场。上海市生态环境局根据国务院办公厅和原环境保护部相关文件要求，制定了《上海市环境监测社会化服务机构管理办法》，对在上海范围内开展第三方环境监测委托服务和自动监控监测设施运营维护的监测机构和运营机构以备案管理的方式实施行业统一管理。该办法的出台，表明上海市生态环境部门将以积极、审慎和包容的态度开放环境监测服务市场，逐步形成政府环境监测力量与社会检测资源的良性互补，促进环境监测服务自适应体系建立，使地方环境监测事业逐步实现规范管理、合作共赢和全面提高。

（2）印发《上海市环境监测数据弄虚作假行为调查处理办法》，加强对违规行为的查处力度。环境监测数据弄虚作假行为严重干扰了政府环境管理与科学决策，损害了环境监测数据的公信力和权威性。上海市生态环境局根据国家有关文件精神要求，制定了《上海市环境监测数据弄虚作假行为调查处理办法》。该办法与《上海市环境保护条例》《上海市深化环境监测改革提高环境监测数据质量实施方案》（沪委办〔2018〕19 号）和《关于加强本市生态环境监测机构监督管理工作的通知》（沪环保总〔2018〕409 号）等法律或文件配套衔接，进一步明确上海相关职能部门在环境监测数据弄虚作假案件调查处理中的职责，并对涉嫌弄虚作假的机构和个人实施联合惩戒和信息公开，以保证环境监测数据全面、准确、客观、真实。

得益于各地类似于上海生态环境系统在"放管服"改革中实施的多项有效举措，我国生态环境保护行政管理效能有了比较明显的提升，行政管理相对人也得到了普遍受益。在 2018 年世界银行营商环境评价中，生态环境领域减少了 1 个办理环节（取消验收许可）、减少用时 46 天，占整个建筑施工许可指标提升幅度（共减少 2.6 个环节、92 天）的 38.5％和 50％，推动我国这一指标全球排名从 172 提升至 121。这是对各地生态环境部门的行政管理改革成效最好佐证。

第二节　江浙沪地区乡村生态环境法治实践

行政执法水平对法治实施成效高低产生直接影响，但不可否认法治实施效果同时也受许多其他因素（如公众守法、公正司法）制约，有时候行政执法以外因素的影响可能甚至更大。行政执法毕竟不可能满足社会管理的全部需求，单靠生态环境行政监管执法无法实现生态环境法治实施的目标。且不说法治实施本就不是行政执法的独家专利，有限的行政监管力量不可能（也不应当）对管辖范围内所有监管对象都及时高效开展全覆盖、不间断的现场检查。行政执法的常态是执法人员按照既定的执法检查计划，根据上级指令或信访投诉信息对一些具有特定意义的相对人开展针对性的专项执法检查。在这种情况下，考察行政执法评估结果对区域法治实施状况虽有一定参考意义，但并不能完全反映该区域法治实施客观面貌。特别是在我国广大农村地区，生态环境行政监督执法力量长期薄弱,根本无法承担法治实施目标任务,乡村生态环境法治实施的主要形式更主要的是在国家政策引导和资金项目支持下开展村民自治,即通过发挥乡村党员干部带头作用,引领村民自觉遵守执行生态环境法律规定,推动实现乡村生态环境法治目标。另外,在进行跨区域法治实施比较时,法治实施问题必须与当地经济、行政、社会、文化和自然等综合条件相联系,外延宽泛的生态环境法治实施更是如此。经济发展水平、工业产业结构、公众收入水平、文化传统,特别是当地气候水文地理地貌等自然条件都与生态环境法治建设有着极为密切的关系。

为了解我国不同地区乡村生态环境法治实施情况,调查比较不同地区农村落实"绿水青山就是金山银山"理念,保护乡村生态环境的现实状况,近期我们选择"江浙沪"三省市乡村地区曾经入选过原国家住建部"美丽宜居村庄"名录的部分村庄作为考察对象,重点调研了这些农村地区的生活污水处理和生活垃圾分类处置情况。

一、农村生态环境理应是我国生态环境法治实施的重要着力点

农业一直是我国国民经济的命脉,农业的发展与否直接关系着社会的稳定与发展。虽然我国每年的一号文件是农业方面的,但是长期以来我们经济社会发展状况所反映的仍是"城市中心主义"①。为应对我国生态环境问题"二元化"不平衡加剧、乡村生态环境压力加大的严峻形势,必须加强广大乡村的生态环境保护与法治实施响应。这不仅是我国农业大国的现实需求,也是美丽中国、美丽乡村的发展要求。

1. 我国农村生活垃圾处置现状不容乐观。

目前我国农村生活垃圾的现代化处置仍处于初步探索阶段。随着农村环境综合整治工作的推进,在一些试点地区开始取得了一些成效,

---

① 所谓城市中心主义是指在长期的城乡二元结构下,我国城市被赋予优先考虑的地位,国家采取的是优先发展城市,以城市为中心。即在政策的制定取向与实施目标上,城市比农村处于更加显著的位置。

如江浙沪等经济发达地区由于经济基础较好,农户家庭或乡村生活区大多添置有专门垃圾桶,能够进行定期处理。然而我国农村多数地区生活垃圾乱堆乱倒状态还是比较普遍的。近几十年来,我国农村生活垃圾产生量快速增加,由于缺乏专门有效的垃圾处理设施和运行管理机制,农户的生活垃圾多被随意堆放、就地焚烧,许多地区农村生活垃圾问题未得到有效解决,导致大量生活垃圾随意丢弃,侵占大量土地,散落村头屋旁,造成村庄环境面貌较差。农村日常生活垃圾乱抛乱撒,大多散落在农村河沟边,而且相当部分浸泡在水体中,甚至部分地区将收集好的垃圾运送到附近的河道违法倾倒,造成地表水体污染。生活垃圾渗出液中即可能含有有毒有害重金属和难以降解的有机物质,这些物质进入水体和农田后,还会严重污染土壤和地下水环境。此外,垃圾堆放村头,蚊蝇鼠害滋孽,部分垃圾本身就含有病原体,也成为疾病的滋生地和传播源。

2. 我国农村水环境问题因地域和经济发展程度不同存在较大差异。

我国农村水环境问题的地域差异性特点比较突出。北方农村水环境问题多在于绝对可用水量严重不足的水量短缺问题,南方水系丰富、经济发展较好地区的水环境问题多在于地表水、地下水人为污染造成的水质性短缺问题。我国许多地方农村生活污水一般呈粗放型排放。[①] 由于缺乏足够的资金,农村地区多无力建设生活污水的排水管网系统和集中的处理设施,或是由于居住比较分散,生活污水不便收集集中处理。一些村庄没有排水沟渠和污水处理系统,污水沿道路边沟或路面排放至就近的水体。集镇、村庄等人口集中的河段,生活污水对水体污染影响更加严重。过去在经济发达地区,众多乡镇小工业企业缺乏防治污染的设施,往往一个小工厂就可以污染一条河,成为严重的农村污染来源。不少地区的大中型工厂,把自己不愿生产或加工的有毒有害产品委托或转给乡镇企业去生产,导致有毒物质"下乡"。

---

① 张增胜:《农村生活污水分散处理技术研究进展》,《污染防治技术》,2008 年(12)。

在本次调研的江浙沪长三角地区,其农村水环境问题主要是由于传统农业生产、日常生活和工业生产带来的水质污染问题。例如,农田施用的化肥经雨水冲刷和渗透,进入农村饮用水水源,水体的有害物质不断增多,使水体的污染问题日益严重;农药在喷淋过程中,部分药物会随降雨或灌溉进入江河,农药废水、洗涤药具、倾倒剩余农药等,都会污染地表水体和地下水;农村地区不少养殖场粪便随地堆积,污水任意排放,畜禽粪便中细菌、病原微生物数量丰富,给农村饮用水水质带来病原微生物的污染。

3. 建设美丽宜居乡村,推进农村生态文明,是实施乡村振兴战略的重要步骤。

目前全国还有近 1/4 的村生活垃圾没有得到收集和处理,80% 的村庄生活污水没有得到处理,约 1/3 的行政村村内道路没有实现硬化。[①] 乡村是生态涵养的主体区,良好生态环境本是农村最大优势和宝贵财富。在生态文明和社会主义新农村建设逐步深入的时代背景下,乡村生态环境保护已经成为我国乡村工作主要内容。党的十八大提出,推进生态文明建设、建设美丽中国,美丽乡村建设作为重要的细胞工程,农村人居环境工作成为生态文明建设重要的组成部分。2017年中央一号文件明确要求推进农村生活垃圾治理专项行动,提出"深入开展农村人居环境治理和美丽宜居乡村建设"的目标[②]。2018 年中央一号文件提出要坚持人与自然和谐共生基本原则,树立和践行绿水青山就是金山银山理念[③]。当下,"绿水青山就是金山银山"理念已经越来越深入人心,各地农村在"美丽乡村"建设工作中,开展了多种形式生态环境治理实践。

---

① 《建设新时代美丽乡村》,《人民日报》(2018 年 12 月 29 日 01 版)。

② 《中共中央、国务院关于深入推进农业供给侧结构性改革加快培育农业农村发展新动能的若干意见》(2016. 12. 31)。

③ 《中共中央　国务院关于实施乡村振兴战略的意见》(2018. 1. 2)。

二、江浙沪地区农村生态环境保护实践

　　位处长江三角洲地区的江浙沪三地是我国综合实力最强的经济中心，也是我国率先跻身世界级城市群的地区。江浙沪地区以其雄厚的经济基础、丰富的江南文化底蕴和优越的自然资源环境条件，引领了我国生态文明建设和环境保护的发展方向。从考察总体情况看，我国农村村民由于邻里彼此间都比较熟悉，村委自治管理比较容易开展，而且我国农村许多传统朴素的生产生活习惯与现代自然和谐的生态伦理十分契合。就乡村生活垃圾投放和生活污水排放处置而言，农户宽敞的居住环境空间等条件便于垃圾分类收集，农村生活垃圾分类投放常常比城市开展的更好；但由于乡村居住位置分散、经济实力有限，使得农村生活污水处置往往不能像城市一样全部都连接到市政污水纳管并汇总到污水处理厂进行统一处理，农村生活污水集中处置在一些地方依然比较困难。除了靠近乡镇政府所在地的村庄、居住比较集中且集体经济具备一定实力的村落才能实现依靠污水处理厂进行污水集中处置，其他的村庄往往只能采取集中与分散相结合的污水治理模式，建立小规模的乡村污水处理站和家庭自建化粪池处理生活污水。除了这些共性的情况外，江浙沪三地农村地区生态环保实践模式还是有着比较明显差异的。浙江结合其乡村自然条件优越、环境优美的特点，主要走的是大力发展乡村生态旅游的"生态保护型"与"休闲旅游型"相结合的美丽乡村创建模式；江苏省苏南地区主要走的是"产业发展型"美丽乡村创建模式，苏北地区则通过调整产业结构和布局，实现从"招商引资"到"招商选资"的转变；上海美丽乡村建设将生态、产业、文化协同发展作为重要方向，走的是大都市背景下的美丽乡村"融合"之路，即"打造农村一、二、三产业融合发展新格局，建设既有现代文明、又具田园风光的美丽乡村"。

　　1. 浙江美丽宜居乡村的生态环保实践。

　　生活垃圾投放和生活污水排放是农村生活性污染的两大主要形

式。垃圾分类是垃圾减量化、资源化、无害化利用的起点,涉及每一户每一人,决定着后续环节的质量和效果。在这方面,考察走访的浙江省各乡村都已经着手开展,村民也逐步具有垃圾分类的知识和理念。工作的推动上,都是整合各方力量,综合施治。在各乡村考察点中,对于生活垃圾分类标准并没统一,有的乡村按照"可回收"和"不可回收"分类,有的分为"可腐烂"和"不可腐烂",还有的是按照"可堆肥"与"不可堆肥"划分,甚至还有地方进行了更加进一步细分;在垃圾处理的过程上,基本上都是"户集——村收——乡(镇)运——县处理"这样一个流水线,在这一过程中垃圾逐步整合、细化、分流,从而达到减量与再利用的预期效果。浙江省乡村考察点的农村污水主要源自生活废水,这除了村民日常生活耗水之外,还包括农家乐所产生的污水废水,也有些乡村曾经主要污水是来自乡镇工业企业。最近几年各村已经都开始重视生态环保问题,工业企业大多被关停搬迁了。一些污水治理比较先进的乡村各种措施多管齐下,生态环境保护效果明显。如同城市生态环境治理一样,乡村垃圾分类投放、处置还是生活污水处理都会遇到设备购置、运维、人员方面的经费困难。从村层面的投入情况实践看,村集体经济发展水平和财力多寡对其经费投入能力影响很大,如果村集体财力不足,就无法投入很多。一个值得注意的情况是,尽管浙江省乡村居民(特别是农家乐、林家乐发达地区)生态环境意识和守法情况良好,但他们主动承担额外绿色环保费用的自觉性尚不具备,仍需要进一步培养和激发村民的环保生态意识和责任。

2. 江苏省美丽宜居乡村的生态环保实践。

对江苏省乡村的考察主要集中在苏南和苏中地区。苏南地区的村庄各具特色,休闲观光农业、丝绸纺织业以及与互联网密切关联的光纤产业等经济项目有力带动了当地经济的发展。由于保留了一部分集体土地,乡村经济实力普遍较强,可以为本地环境保护工作提供比较稳定的资金支持。苏中地区考察走访的南通市通州区乡村地区地理位置优越,党组织坚强有力,经济相对发达,环保工作细致到位,但与苏南地区相比差距明显,存在的一些困难更加突出。

（1）苏南地区乡村生态环保实践。①健全的乡村垃圾分类投放流程。苏南地区农村垃圾分类情况整体比较好,村民对于生活垃圾分类的意识在逐步提升。②完善的生活污水处理设施。苏南地区优越的地理条件和强大的经济实力,使得其农村生活污水处理利用情况非常良好。苏南地区乡村的水系发达,地势平缓,村落居住环境和人口密集度都十分有利于农村生活污水的集中处理。③充足的乡村生态环保经费保障。从苏南地区乡村看,由于这些村镇集体经济普遍实力雄厚,因而能够为乡村垃圾分类和污水处理提供强劲的经济支撑。充足的物质保障与合理的奖励机制使苏南地区农村村民文明程度和生态环保意识有了很大提升。村民大多能够自觉遵守环境保护的相关法律和村规民约,实现了由过去的"人破坏生态环境"到如今"良好生态环境改造人"的转变。

（2）苏中地区（南通）乡村生态环保实践。苏中地区乡村近些年越来越注重经济建设与环境保护协调发展,过去乡镇的"招商引资"已经向"招商选资"转变,乡镇工业产业正逐渐被关闭或迁往工业园区,村民生态环保主动性和守法自觉性比以往有较显著改变。①乡村生活垃圾分类与生活污水处理情况。苏中地区一些农村开始推行农村生活垃圾分类投放,部分乡村的生活垃圾已开始实行"户收集,村集中,镇转运,县处理"流程,村镇普遍建立了保洁员网络,负责清运村民与企业的生活垃圾。南通地区农村生活污水处理方面情况较好,乡间河水水质好转,基本看不到河里有垃圾漂浮的情况。乡村禽畜养殖场已经陆续关闭或搬迁养殖,实行集中养殖,比较有效改善了乡村居住环境。②村民生态环保观念与环保参与自觉性普遍提高。农村环保工作最重要的是改变农民的观念。伴随着产业结构调整、生态环保宣传教育的加强,以及良好居住环境的建成,苏中地区村民环保意识普遍得到提高,生态观念逐渐树立,村民开始自觉遵守生态环保规定,维护良好乡村环境。一些村镇通过党员大会、组长会议、播放显示屏等方式,在村民中宣传注入"绿色元素",树立环保观念、倡导生态理念。乡村生态环境管理注意从思想根源入手,将理念倡导作为加快生态文明建设的突破口,依托广大党员干部,在全村范围内大力宣传推广生态文明理念。随着环保意识的提高,村民对涉及自身利益的生态环境问题非常关心,对于环境违法行为积极进行举报。当然,观念的转变并非易事,有时候还需要下大力气花相当的时间才能取得效果。在有些乡村,有的农户特别是年长村民还不能改变长期形成的传统生产方式和生活习惯,不容易接受新生事物。

3. 上海市美丽宜居乡村的生态环保实践。

上海乡村生态环境建设主要通过不断加大农村环境整治力度,大范围推进村庄改造工程,抓紧开展农村基础设施建设与改造、并以乡村旅游为主要抓手推进。一些乡镇村庄依托本地自然条件和历史底蕴,挖掘传统文化特色,在传统农业、设施农业基础上,开拓推出了多种符合绿色发展方向的乡村经济产业形式,同时越来越注重加强农村生态环保管理。如开展"五违四必"整治、水环境综合治理、化肥和农药减量化行动,实行农田休耕养地,推进农业废弃物的资源化利用等农村生态环境整治工作,逐步走上农村绿色发展的道路。

对上海乡村的生态环境保护调研是以远郊奉贤区和崇明区为考察对象,主要对当地美丽乡村建设中有关生态环保的实践情况进行了实地走访。虽然奉贤区和崇明区都属于上海郊区,并且两地在传统上也都以农业为主,但因各自不同的地理区位、自然条件和发展定位,这两个地区在建设美丽乡村的生态环保实践中又有着明显的不同。奉贤区由于与上海中心城区同处一块陆地,城乡人员往来交通较为便捷,当地乡镇工业产业发展较早,乡村经济基础比较好。由此奉贤的农村生态环境问题,如化肥农药污染、养殖业污染、工业污染、水资源破坏等也相对出现较早较多,产业结构调整和向绿色产业发展转型对其经济的冲击比较大,生态环保压力也较大,环保管理人员与资金缺口明显不足。崇明区与上海市主城区隔江相望。受限于交通,该区农业以外产业发展起步晚,崇明是上海市仅存的低城市化区域。凭借生态环境开放利用"后发优势",再加上建设"世界级生态岛"的目标定位,崇明区农村生态环保工作的起点、目标和发展步伐明显领先于上海其他市郊地区。近几年崇明岛内确立以绿色发展、循环发展、低碳发展为基本发展路径,大力倡导绿色农业、生态农业,积极调整区内产业结构,关停了数百家高污染工厂。各行政村已经普遍开展生活垃圾精细化分类和绿色账户管理，探索开创了农村污水分散式处理的新模式。①

三、江浙沪地区农村生态环境法治实施(守法)经验与思考

1. 培养正确生态环境观念是乡村生态环境守法的根本。

乡村生态环境法治实施，首先的是树立正确的生态环境理念观念。树立和坚持"绿水青山就是金山银山"理念是江浙沪等地区乡村生态环境保护和经济发展的最主要经验。乡村地区发展经济，重中之重是让绿水青山化为金山银山，使良好的生态环境资源转化为经济效益和民生成果，消除环境保护与经济发展的对立矛盾，村民在尝到生态环境保护的甜头后就会更加积极地参与环境保护、遵守环境法律，生态环境保护与经济建设、民生改善形成理想的互动循环关系。清晰的观念是指引正确行动的方向和动力保障。保护生态环境，建设美丽乡村需要公众具备良好的生态环保观念。只有公众(村民)树立正确的生态观、环境观才能使其在日常生产和生活消费活动中自觉践行绿色环保理念，才能自觉做到垃圾分类投放，否则即使乡村环保基础设施再完备、垃圾分类设计再科学合理，也不可能收到良好的效果。江浙沪乡村生态环境管理最核心的工作就是注重加强宣传教育，努力提高村民生态环保意识，这也成为了各村推进乡村生态环境建设的重要经验。

2. 发挥村镇干部党员模范带头作用，是形成遵纪守法保护生态环境良好氛围的关键。

在农村生态环保工作中，村镇党员干部的模范带头作用至关重要。发挥共产党员在生态环境保护方面的榜样作用几乎成为一种共通的做法。在乡村调研考察中我们发现，凡是生态环境法治贯彻落实较为突出的村镇，其基层党员干部都能以身作则，能在村民中树立起威信，从而带领广大民众保护乡村生态环境、遵守法律政策规范，使家家户户不

---

① 参见本章第三节有关内容。

仅更容易接受环保理念,在行动上也能积极地配合落实乡村生态环境保护工作布置。通过发挥农村党员干部模范带头作用,形成爱护环境、保护生态的社会氛围,实现乡村生态环境建设目标。

3. 地方政府高度重视、保持各类政策间协调是有效推进美丽乡村建设的保障。

农村垃圾分类投放减量和污水处理等生态环境治理工作,是当前农村开展的一项重要而又有难度的工作,期间难免碰到一些新问题。为了顺利有效推进此工作,必须依靠党和政府的坚强领导。调研发现,乡村生态环保工作的开展,往往是地方政府首先启动并作为推进的保障力量,同时乡村自治组织作为着手实施的积极力量,透过各种具体工作机制,方能顺利推进落实。同时,在保护乡村生态环境,推进美丽乡村建设的过程中,往往还会受到其他一些政策制度的限制。不同部门基于各自职责推出的目的不一的各类涉及经济社会文化生态等政策,难免存在不尽一致甚至互相牵制的规定内容,这对乡村生态环境保护客观上会造成消极影响。例如,发展规模化绿色农业产业、环境集中整治、环保基础设施用地等方面有时会受到农村土地政策的制约。为了消除公众的疑惑,有效保护乡村生态环境,必须捋顺各项政策间关系,减少彼此矛盾冲突之处,使上级政府部门、乡村基层组织与干部群众形成合力,共同推进美丽乡村建设。

4. 资金技术是乡村生态环境法治实施的物质基础。

农村生态环境法治实施要依靠资金技术的支撑。一方面,经济基础决定上层建筑,在生态环境领域也不例外。只有村镇经济实力雄厚,才能有充足的资金购置环境保护设备,才能确保激励村民进行垃圾分类的奖励机制得以有效推行。虽然国家和地方每年会发布众多支持农村基层生态环保资金项目,但这些项目一般都规定要有以本地资金配套支持作为立项和资金拨付的先决条件,这常常使得各地乡镇因自身资金有限无法配套支持和运维这些项目,导致农村基层单位对申报和开展相关项目的积极性不高。另一方面,生态环境保护也离不开科学技术,技术往往决定着(乡村)生态环境治理能否行稳致远。在农村垃圾处理过程中,终端垃圾处置的技术决定着起点的垃圾分类的最终价值。积极开发、推广、使用先进而且价格低廉的各种新技术,是乡村环境治理的决定性因素,这在农村秸秆焚烧问题上表现得最为明显。当前,农村市场机制的引入和运用相比于城市还是远远不足。

5. 村民生态环境守法是乡村生态环境法治实施的主要方面。

农村生态环境法治建设当然也是我国生态环境法治建设的组成部分。长期以来我国农村生态环境法治的贯彻实施主要依赖的是村民自治。在广大农村地区,生产生活方式、村居布局与结构条件,以及村民长期形成的劳作习惯,再加上农村基层现有生态环境行政执法与生态环境专业司法力量的严重不足,决定了我国乡村生态环境法治实施的主要方面不在专业执法和环境司法,而主要在于广大村民全面守法。因此,与城市地区生态环境法治实施的着眼点在于行政执法不同,评估乡村生态环境法治实施效果应当以生态环境守法为重要对象,应当以村民生态环境守法意识、乡镇党员干部带头作用发挥、事关生态环境的激励与约束多种政策措施、村规民俗生态环境宣教与环境意识培养为主要线索,同时还要考虑当地的经济社会发展因素。

第三节　高水平生态环境发展样本的法治实施考察——上海市崇明世界级生态岛生态环境法治实践

2017 年 6 月 23 日,上海市人大常委会通过的《关于促进和保障崇明世界级生态岛建设的决定》以"环境优先"理念,把建设世界级高水准生态岛作为上海市崇明区未来发展定位,将节约优先、保护优先作为基本方针,以绿色发展、循环发展、低碳发展为基本途径,确立崇明生态环境与经济社会发展的目标与要求。作为上海市生态保护最好、环境最优的行政区,这些年崇明区在高水平建设生态环境与经济社会的法治实践中取得了一些值得总结的先进经验,考察研究其法治建设路径对我国地方生态环境法治实施具有良好的借鉴意义。

一、上海市崇明区的生态环境保护与建设概况

　　上海市崇明区是我国第三大岛，也是世界最大的河口冲积岛。由于地处长江河入海口的独特地理位置，崇明区的生物多样性十分丰富。同时，崇明区又是上海最重要的生态屏障，其丰富的生态资源为上海市生态空间扩张和生态安全起到了举足轻重作用，对长三角、长江流域乃至全国的生态环境和生态安全也具有重要意义。近年来，上海市为了扭转长期面临的部分生态系统功能严重退化、物种濒危程度无法根本缓解的局面，陆续出台了多项涉及生态环境管控的制度规范和发展规划。例如，《上海市环境保护条例》专章规定了"绿色发展"，提出建立健全生态补偿、绿色采购、绿色出行、绿色办公等生态友好制度；《上海市饮用水水源保护条例》划定调整了上海饮用水水源保护区范围，制定了饮用水源分级管理、生态补偿、法律责任等保护饮用水水源环境质量以及保护饮用水水源规定；《上海市九段沙湿地自然保护区管理办法》规范了自然保护区的范围，设定了核心区、缓冲区和实验区三个功能区的划分及相关管理规定。其他的地方生态环境保护规范性文件还包括《上海市实施〈中华人民共和国野生动物保护法〉办法》《上海市绿化条例》《上海市森林管理规定》《上海市崇明东滩鸟类自然保护区管理办法》《上海市金山三岛海洋生态自然保护区管理办法》《上海市长江口中华鲟自然保护区管理办法》等地方法规和规章，以及《上海市环境保护三年行动计划》《上海市滩涂资源开发利用与保护规划》《上海市林地保护利用规划（2010—2020年）》等地方性规划。2013年上海发布《上海市生物多样性保护战略与计划》（2012—2030），提出了上海生物多样性保护战略的指导思想、基本原则、总体目标和战略任务，上海生物多样性保护的优先区域、优先领域和保障措施。以上这些文件中有多项都涉及崇明生态环境保护，如建立东滩鸟类国家级自然保护区、九段沙湿地国家级自然保护区、长江口中华鲟自然保护区，以及崇明西沙国家湿地公园等自然保护地。除此之外，还先后专门出台了《关于促进和保障

崇明世界级生态岛建设的决定》《崇明世界级生态岛发展"十三五"规划》《崇明生态岛建设纲要(2010—2020 年)》等多项针对崇明生态岛建设的重要文件和规划方案,为实现崇明生态环境保护奠定了政策基础。

1. 崇明生态环境保护新成效。

为了落实上海市委、市政府有关建设世界级生态岛的目标要求,保护建设好崇明生态环境,崇明区委区政府、乡镇基层政府部门积极履职尽责开展工作,区内各单位和广大群众也积极支持配合,在产业机构调整转型、乡村水环境治理、农村面源污染治理、土壤环境治理等生态环境保护方面都取得了比较显著的生态治理成效,岛内传统污染型、耗能型企业已基本关停并转。在淘汰传统企业,实现新旧动能转换过程中,崇明区积极培育生态产业,大力发展都市现代绿色农业、农业生态旅游,并在生态环境保护管理方面开展了一些创新探索。如建立了生态文明建设考核评价体系,试点探索了领导干部自然资源资产离任审计等制度。2018 年 4 月,上海质量认证咨询中心曾对崇明居民进行了一项崇明生态环境质量满意度测评,主要考察空气质量、生物环境、绿色植被、水体环境、环境治理、发展环境共六项指标。调查结果表明,崇明生态环境质量得到了广大市民的认可,整体满意度达 82.11,处于满意水平,质量感知总体评价 82.08。[①] 图 7-1、图 7-2 分别是测评中居民对崇明生态居住环境质量满意度和生态环境质量感知度的调查统计数据。

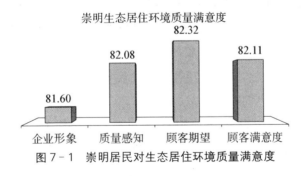

图 7-1　崇明居民对生态居住环境质量满意度

---

① http://www.sohu.com/a/280317629_391450(2019 年 9 月访问)。

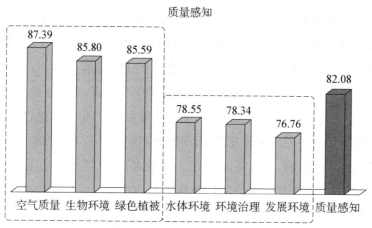

图 7-2　崇明居民对本地生态环境质量的感知度

2. 崇明生态环境保护面临的困难。

上海市崇明区在生态保护方面取得迅速发展的过程中也碰到了一些困难,对崇明乡镇农业生态环境保护提出了比较严峻的挑战。

(1) 民众思想意识仍有疑虑。由于生态岛建设初始阶段生态惠民效应尚不明显,如何促进生态优势向发展优势转化的路径还需要进一步探索,目前岛内民众对生态岛建设的思想认识与现实发展需要还有距离。在世界级生态岛建设中,生态环境管理应当分阶段有步骤安排。在初期阶段,崇明乡镇生态环保工作首先关注的应是培育民众正确的生态观和发展观,特别要重视培养群众形成良好生态环境改善生活的观念。虽然生态环保已经成为崇明群众的共识,但大多数民众对生态环保的认知及良好生态观尚未达到适应世界级生态岛目标要求的水平。正确清晰的观念是指引正确行动保障。建设世界级生态岛离不开公众参与,公众参与又要以公众良好生态环保观念为基础。只有公众(村民)树立正确的生态观、环境观才能使其在日常生产和生活消费活动中自觉践行绿色环保理念,才能长效地形成绿色生产生活方式。

(2) 短时期内生态保护与经济发展冲突集中显现,岛内生态环境管理机制仍有待完全理顺。崇明是上海农业农村大区,无论是基本农田,还是农业人口,在全市都占有绝对比重。这些年崇明发展的状况是农业发展能级不高、农村发展活力不强,村镇小工业企业成为当地经济收益的重要来源。在当前生态岛建设初期阶段,崇明区对传统工业产业开展的关停并转力度大,对一些村镇、一些村民的经济收入产生了比较明显的压力。当前崇明的生态产业基础仍然薄弱,生态旅游业、体育产业、文化创意产业等一批新兴产业虽在极力培育,但多旅融合综合效益在短时间内还无法充分发挥,尚未形成产业规模。工业方面,受限于国家宏观布局影响,海洋装备产业"一业独大"现象较为明显,在工业中的占比超过六成,其中船舶制造业比重在80%以上,工业产业结构单一,相关性、融合性弱,产业创新要素交流空间小。服务业方面,受交通、金融、物流以及上下游产业链缺乏等产业要素制约,现代服务业整体水平不高。

长期以来,崇明岛内行政区划、企业体制复杂,生态空间管理效率不高。岛内部分中小河道由在崇市属企业管理,一定程度上影响了区内水环境整体性地建设、管理和保护,甚至岛内个别区域属于江苏省行政区划范围,这也极不利于崇明生态环境整体管控效果。另外,位于长兴岛的部分涉央企等重工业单位的生态环境管理协调机制也不很顺畅,区域整体生态管理效果不理想。例如,崇明大量涉及长兴基地振华重工集团、中海运等污染扰民的信访投诉中,单纯依靠岛内区级管理机构和现有监管机制难以有效解决这些大型国企引发的生态环境问题。

二、上海崇明生态环境保护的法治实践与需求

1. 崇明岛生态环境保护立法实践与需求。

（1）崇明生态环境保护立法实践。除国家和上海市有关生态环境保护的一般性法律规范以外,上海针对崇明生态环境保护方面出台了一系列政府规章和其他规范性文件。其中《关于促进和保障崇明世界级生态岛建设的决定》是关于崇明世界级生态岛建设发展的全方位、综合性的地方基本法律文件。该文件明确将"世界级生态岛"作为崇明未

来努力建设的目标愿景,把生态文明建设放在发展的突出战略位置,要求崇明岛将生态理念与新型城镇化、城乡一体化发展相结合,优化空间发展格局,推动生态、生产和生活空间融合发展;提出了崇明世界级生态岛建设中有关循环经济、水体、大气和土壤污染防治,生态惠民、公众环境意识等问题,并就相关立法活动、生态环境司法工作作出部署。这一个文件构成了崇明区域法治体系的基础,并由此形成了所谓崇明"1+X"法律规范保障体系。这个体系中包括了上海先后制订修定的《上海崇明禁猎区管理规定》《上海市崇明东滩鸟类自然保护区管理办法》《修改〈上海市九段沙湿地自然保护区管理办法〉的决定》《崇明区绿色交通发展指导意见》《崇明世界级生态岛规划建设导则》《上海崇明公益林管理办法》《关于推进崇明区垃圾综合治理工作的指导意见》《崇明区生态保护红线区域管控办法(试行)》《崇明区自然生态空间用途管制试点方案》等一批政府规章和其他规范性文件,以及《崇明世界级生态岛发展"十三五"规划》《崇明区总体规划暨土地利用总体规划(2017—2035)》等规划文件。

(2)崇明生态环境保护的立法需求。①解决现实问题的市级相关配套实施文件需求。崇明世界级生态岛建设是一项综合性、开放性、长期性的系统工程,其相关法治体系建设也是如此。《关于促进和保障崇明世界级生态岛建设的决定》第十一条规定,在遵循法制统一原则的前提下,上海市政府应先行先试,就崇明生态岛建设制定政府规章或者规范性文件。根据这一授权性规定,地方政府在未来一段时期内,应当从生态岛建设的实际需要出发,陆续出台相配套的政府规章或者规范性文件,以确保主要立法文件精神和相关原则性内容能够真正落地。这不仅是非常有必要的,而且是崇明生态岛建设中碰到的诸多现实问题和部门工作困境对各配套性立法的迫切需求。②地方生态环境保护的立法需求。崇明生态岛建设对地方生态环境立法的现实需求至少包括三个方面:一是尽快制定解决当前崇明生态岛建设过程中诸如产业结构调整、生态红线划定、保护地、生态旅游、行政首长生态责任第一人等引起生态公平、生态补偿、外来生物物种入侵、执法权能不足、生态保护绩效评价等方面的制度规则,如生态保护红线监管、生态补偿、生态信用监管等;二是要建立有关与周边省市、域内央企协商共管的跨区域监管规范,协调推进跨地区生态环境监管执法机制建设;三是加强本地农村生态环境保护规范建设,例如,当前上海(崇明)农村生活污水处理设施的建设改造、运行维护及其监督管理尚无直接法律依据,为此需要尽早对农村生活污水管理规则作出制度安排。受专门适用崇明的有关地方立法层级和规制生态环境保护范围的限制,崇明生态环境法治保障的主要方面不在立法活动,而在于法治实施方面。毕竟立法效果的实现还得依靠法律实施,依靠执法、司法和守法等的全面实施。

2. 崇明生态环境保护执法实践与需求。

(1) 崇明生态环境保护执法实践。近几年,崇明生态环境保护监管执法力度逐年递增。针对各类环保违法违规问题,崇明区生态环境管理部门对生态环境违法行为进行严厉行政处罚,全面适用执法新措施,充分运用按日计罚、停产限产、停水断电、行刑衔接等手段,开展严格的环境执法。环保、水务、交通、建管、农业等相关部门不断加大针对大气污染、噪声、水体污染、高污染机动车、扬尘渣土、混凝土搅拌、垃圾处置、畜禽养殖等方面环境违法的执法力度,增强了当地生态环境保护监管执法威慑力,提高了区域环境执法监管工作能级和企业守法意识。①全面实施"河长制""环长制",积极推进专项行动计划。崇明区已经建立较为完整的区、乡镇、村三级河长体系,实现本区河长制工作全覆盖、全公示;按照"乡镇分企,环保分片"的原则,落实以党政领导负责制为核心的责任体系;推进实施多轮环保三年行动计划、清洁空气行动计划、全面实施水污染防治行动计划、土壤环境调查评估及生态修复技术研究与示范项目建设和崇明农用地详查等专项行动。另外,通过制定实施《崇明区红榜企业制度实施办法》,对符合崇明区生态岛建设要求的落户企业加强政策支持。②找准工作重点,大力开展专项整治,协调处置生态环境扰民纠纷。崇明严格实施了环境监察"双随机"抽查机制,认真开展重点企业、重点行业日常监管,围绕既定重点工作,对野生动物保护、非法捕捞、畜禽养殖污染、危险废物规范化管理、工业企业

VOCs污染等进行了各类专项整治。同时,把群众生态环保诉求最强烈、最突出的问题作为最重要工作,把解决相关信访问题作为生态环境保护工作的着力点,沟通、协调、处置、解决环境扰民纠纷。③加强生态环境管控,整改环保督察发现问题。崇明区配合上海市生态环境局完成生态保护红线划定、制定《崇明区生态保护红线区域管控办法(试行)》,划定东滩、北湖、东风、西沙等生态保护红线和四类生态空间,对生态红线划示区域实施最严格的管控措施、最严厉的监管执法。④强化保障,优化服务,不断提升生态环保工作能力。崇明区生态环境管理机构持续加强环保宣传,坚持开展环保法律、环保知识进企业、进社区、进学校等活动,举办环保专题培训,组织法律知识竞赛、环保科普等活动;开展了环评审批流程再造,完善审批流程,建立条块结合的工作机制,积极参与项目环评前期辅导;试行容缺受理机制,采取并联受理、串联审批的模式,主动对接服务,优化程序,提高效能;全面取消建设项目试生产行政审批,对建设项目进行分类管理,简化一般建设项目审批程序。此外,还注重强化环境监测为环境管理服务的责任意识,充分发挥生态环境预警监测平台作用,认真开展环境质量监测、生态环境预警监测、污染源及主要污染物总量减排监测、信访监测等各类环境监测工作,为环境治理和监管执法提供技术支撑。

(2)对标建设世界级生态岛的生态环境保护监管执法需求。①构建联防联控的生态环境监管体系。一是需要尽快建立内部协调完善的环保监管机制。一方面,条线部门之间的联勤联动和协同执法有待进一步强化;另一方面,生态环境队伍的建设亟待加强,职能部门整体认识和业务能力需要提高,还需进一步加强对基层的指导和服务。二是需要理顺跨区域、跨部门的外部协调合作机制。生态环境整体性与崇明岛域内行政区域划分、不同企业属性的矛盾,要求生态环境保护监管执法突破行政区域局限,与江苏省启东市、在崇央企等方面沟通协商,成立切实运作有效的监管执法机构和机制,推进形成切实可行的区域生态环境共防、共治、共管机制。②形成与世界级生态岛相匹配的环保执法能力。崇明在推进世界级生态岛建设,沿着"生态优先、绿色发展"

之路向前进的过程中，需要处理许多历史遗留问题，解决这些问题离不开生态环境监管执法的规范，而且对于现实发生的各类生态环境违法违规问题也需要通过执法及时解决，这些都使得一线环保执法任务繁重，需要有充足高效的执法能力作保障。但崇明区现有环境监察执法人员配置严重不足，无法应对岛域行政管辖范围大、企业分布散的特点，生态环境保护监管执法效率受到较大影响，难以满足世界级生态岛建设以及生态环境保护执法工作的现实需求。

3. 崇明生态环境保护司法实践。

崇明生态环境法治实践的最大亮点在于生态环境司法，包括环境资源审判和生态检察两方面。

（1）崇明区生态环境审判实践。上海市崇明区人民法院于2016年在全市率先成立环境资源审判庭，集中办理涉环境资源的民事、行政、刑事及执行案件。自成立专门审判机构以来，崇明区人民法院的环境资源审判主要受理的是环境污染和资源保护两类案件，前者包括畜禽养殖处罚、关停类，资源再生利用污染类，建筑工地扬尘、噪音类和不规范浴场处罚、关停类，后者有滩涂承包、节能减排纠纷类。虽然崇明生态环境案件体量小，但涉及类型广、法律关系复杂，且各方主体利益冲突大，矛盾易激化。根据《上海市崇明区人民法院环境资源司法保护状况（2016.6—2018.5）》，2016年6月—2018年5月，崇明区法院共受理各类环境资源案件150件，结案148件，存案2件（见图7-3）。

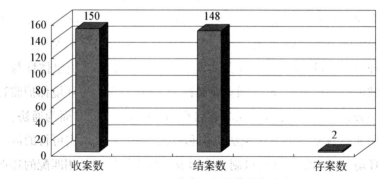

图7-3　环境资源案件收结存分布

在受理的 150 件案件中,诉讼类案件收案 26 件,其中民商事诉讼案件 21 件,占 14%;行政诉讼案件 5 件,占 3%;行政非诉审查案件 66 件,占 44%;执行案件 58 件,占 39%。(见图 7-4)

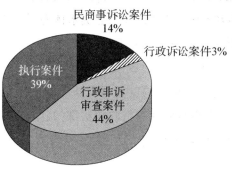

图 7-4 受理环境资源案件类型分布

在审结的 148 件案件中,诉讼类案件结案 24 件;行政非诉审查案件结案 66 件;执行案件结案 58 件。在已结的 24 件诉讼案件中,判决 15 件,占 63%;裁定准予撤诉 8 件,占 33%;调解 1 件,占 4%。(见图 7-5)

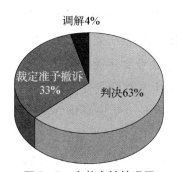

图 7-5 案件审结情况图

(2)崇明区生态检察实践。近些年崇明区人民检察院办理的生态环境类刑事案件主要是集中在非法捕捞、非法狩猎("破坏资源")和骗取生态补贴(分布在征地拆迁、节能减排领域)等方面的职务犯罪案件。

①生态检察。针对生态领域专业性强，贴近民生等特点，结合生态检察的理念，崇明区人民检察院将生态检察的重点集中于环保、林业、水务等领域的行政执法部门。②环境公益诉讼。崇明区人民检察院对群众反映较多的土地违法行为采取高压态势，加大公益诉讼办案力度；开展多种公益诉讼专项行动，部署开展了黑臭水体专项监督整治、禁渔期电捕鱼民事公益诉讼等公益诉讼专项行动，集中精力、集中时间做好重点领域专项治理。③多方协作形成生态环境保护合力，提升法律监督能级。崇明区人民检察院紧扣检察监督保护生态环境的公益目的，在依法办案的同时，注重稳妥处理与行政执法部门、生态保护区、外省市院、社会公众的关系，努力形成公共利益保护合力，切实提升法律监督能级。

4. 崇明生态环境保护守法。

按照多元生态环境治理体系理论与实践，崇明区的生态环境守法实践包括了各政府部门、企业和公众等主体遵守生态环境法律规范的活动。在法治政府建设和世界级生态岛建设的双重要求下，崇明区各政府部门已经能够自觉对标世界水平服务国家战略，无论是在依法制定各类规章制度、规划，执行法定职能，还是在宣传普及生态环境法律过程中，都能够努力尽职履责，严格遵守生态环境法律义务，积极为"绿水青山就是金山银山"提供崇明案例；在企业守法方面，崇明产业结构调整基本完成后，在崇企业大多能够遵守生态环境保护方面的法律法规要求，自觉承担保护生态社会责任，遵守排污标准达标排放，主动公布企业生态环境信息；在公众生态环境守法方面，崇明各级党组织、政府和群众性自治组织分别通过加强基层党组织建设、生态环境整治、村规民约和开展群众喜闻乐见方式的宣传活动教育群众保护生态环境，并通过围绕"生态惠农、诚信利农、文明育农"建立农村生态诚信系统建设试点等措施，引导公众在生态岛建设从我做起，自觉履行环境保护法律义务。一些乡镇还尝试引入乡贤资源和项目，促进生态岛建设。在农耕文化传统影响和生态立岛原则推进崇明世界级生态岛建设时代背景下，多数崇明居民对生态环境保护开始有了比较正确的认知，具备了基本的生态环境意识,也初步了解了生态优先、绿色发展理念,能够按照法律规范要求履行自己生态环境保护义务,分类投放生活垃圾、整治保持门前屋后环境、理性表达生态环境利益等。但是崇明生态岛建设毕竟尚处于初始阶段,生态惠民愿景的实现还需要时日。再加上"五违四必"综合整治、生态保护红线划定等确实在某种程度上给岛内部分居民造成了现实利益的损失。当前崇明区除涉及居民自身利益的有关生态环境投诉举报等环境信访以外,公众投身生态环境保护的自觉性和主动性还比较有限,广大居民积极参政议政的局面也尚未形成,崇明公众生态环境守法希望与挑战同在。

第四节　他山之石：世界级生态宜居城市的法治实施经验

在一项较为权威的全球最宜居城市（World's most livable cities）排行榜中[①],加拿大温哥华市连续多年名列前茅。温哥华之所以受到如此好评,除了得益于其好山好水的自然环境和四季宜人的气候条件外,与其城市执法管理等法治实施也密切相关。

一、城市管理章程是城市执法管理的有效依据

加拿大城市管理章程（bylaw）是对城市管理中若干事务进行规管的非刑事类法规,其宗旨是为了维护城市和谐秩序,实现辖区安全、卫生和福祉。它与严格意义上的法律（由加拿大国家或省立法机关制订通过）的主要区别在于,城市管理章程的立法机构即市议会并不享有独

---

① 经济学人智库年度公布的"全球宜居城市指数"报告。经济学人智库（EIU）,全称 The Economist Intelligence Unit,是经济学人集团（The Economist Group）旗下的商业分析机构。主要为全球商业与各国政府决策者提供针对国家、产业及管理领域内的经济预测分析与咨询服务。参见 https://baike.baidu.com/item/%E7%BB%8F%E6%B5%8E%E5%AD%A6%E4%BA%BA%E6%99%BA%E5%BA%93/18484917（2020 年 5 月 20 日访问）。

立立法权，此立法权限来自于国家权力部门或上级机关的授权规定。从规则普遍适用效力角度看，城市管理章程与其他法律一样都必须得到遵守，拒不执行者会被采取强制措施，情节严重的还可能经司法程序被指控构成刑事犯罪。从内容与范围上看，城市管理章程的规定五花八门，几乎包罗万象，涵盖了所有与城市生活、生产及建设活动相关各方面的公众日常行为举止。在温哥华的城市发展变迁过程中，由于发展速度快、城区规划变化大，导致其现有各类城市管理章程数量众多，而且每部管理章程都体量庞大，篇幅少则五六页，多的甚至长达上百页。以当地泊车管理章程规定为例，相关章程广泛涉及停车位面积、位置、建筑要求等方方面面，且随着时间推移还多次进行了修订添补，试图查找章程的具体内容需要仔细阅读理解文义，非经抽丝剥茧是无法完全理清规则确切含义的，恐怕唯有专业人士方能完成此任务，普通百姓大多只是对其中最常识性的基本规范要求有所了解。

二、城市管理者的基本情况

在温哥华街道上，不时可以看到身穿不同样式制服的管理人员。他们一般两到三人一组，驾驶汽车、骑自行车或步行在街头或社区巡查，这些被统称为"城市管理章程执法官"（bylaw enforcement officer）的人类似于我国城市管理人员，主要负责执行城市各项管理章程。在加拿大早期的城市管理（如机动车停放）中，相关管理工作主要由警察担任执行。后随着城市人口和机动车数量不断增加，公众对政府管理能力的要求越来越高，地方警察对承担琐碎的事务性管理工作和处置大量日常轻微违法行为逐渐不堪负荷。因此，20世纪70年代起，加拿大逐步引入城市管理章程执法机制，由城管章程执法员替代警察从事城市日常巡查管理，这不仅使警察能更加集中力量打击城市违法犯罪行为，而且降低了城市管理成本。

1. 城市管理章程执法官的种类。

城市管理章程执法官受雇于市、镇或地区政府部门，主要负责在街道或社区等地巡查执行各类城市章程和调查处理公众相关投诉事项。在这些管理人员中，既有政府体制内的长期正式职员，也有短期（几个月或一年）的临时受雇人员（两者外观着装无区别）。温哥华城市管理人员的岗位分工比较细，常见岗位有机动车停车收费与罚款、市容市貌管理、城市环境卫生监督、生活噪声纠纷处理、居民违章搭建、动物管制、违法建筑物业监察、社区安全巡查，以及出租车违规督察、酒类专卖督察等。在温哥华这样的大城市，城市管理执法官员按照不同岗位各司其职，执行各自行业和辖区范围内的城市管理章程，教育劝诫公众遵守城市的各项管理规定，维护城市秩序。不同种类城市管理章程执法官身穿不同款式制服，并佩戴"温哥华市 + 具体管理种类（如泊车管理）"字样标识的臂章，也有的只是简单在自己衣服外面套上一件标注有其所属岗位字样、颜色鲜艳的反光背心。

2. 城市管理章程执法官的执法权。

城市管理章程执法官的工作主要是处置所辖区域轻微违规行为和收缴各类市政费用。为此，城市管理章程执法官被授予有特殊调查权，可以对违反本地规章制度的行为进行调查、报告、警告和处罚，在特殊情况下还有权在未取得调查令的情况下进入私人物业开展调查执法工作，这是一项连警察都不享有的特权。为了保证执法官的安全和执法效率，部分城市管理章程执法官还配有防爆喷雾、警棍等执法装备，但在日常管理上仍以批评教育和开具罚单等非暴力方式为主。

3. 城市管理章程执法官的资质能力要求。

城市管理章程执法官的招募条件因工作岗位不同而略有差异，一般要求有高中以上文凭，无犯罪和不良档案记录，有良好口头、书面沟通技巧和调查访谈能力，了解基本法律知识和司法系统运作机制，并且持有驾照、急救和计算机等方面的专业证书。有时还要求有一定年限的相关经历，或经过专业培训取得证书。一个称职的城市管理章程执法者必须具备敏锐观察力、快速应变力和准确判断力，能够及时化解潜在纠纷和应对处理突发情况。

4. 城市管理的执法保障。

城市管理章程执法官在执行公务时受到刑事法律特别保护，对拒不履行执法指令的当事人，执法官员有权采取强制措施。被调查、教育的对象通常会比较配合和服从执法指令，但也确实存在当事人阻碍、袭击或拒不配合执行指令的情形，这种情况下执法官员可以呼叫警察支持或是向法院提起控告，使违法者承担刑事责任，以保障执法权威。有时候，警察会陪同城市管理章程执法官一道执行一些可能需要采取强制措施的任务。为了防范城市管理章程执法官在执法中的风险，温哥华城市管理部门经常对执法官员进行个人防卫和危险应对方面的技能培训，并为一些岗位的执法官员配置了警械器具。

三、温哥华城市管理执法的经验启示

尽管加拿大在政治、经济、文化和司法体制等方面与我国有较大差异，但其城市管理经验仍值得我们研究和参考。以下是归纳的值得我们借鉴参考的几点简要管理执法经验。

1. 城市管理透明度和信息化程度高。

温哥华当地治安情况、违法犯罪数据和内部机构设置完全公开透明，每一管理章程都可以在政府官网上查找到（但不保证通俗易懂），从网上就可以获取城市的各类官方数据资料。城市管理执法人员开具罚单手续简便，罚单通常就是一张表，填写内容数据即可。被执法者若有异议只需在官方网站上在线填表并打印下来交给执法机构即可完成投诉，不会出现部门间互相"踢皮球"现象。

2. 非对抗执法模式容易获公众配合。

良好的执法效果来自公众愿意主动配合执法。加拿大城市管理主要采取非对抗的劝导式执法，管理活动不以惩罚手段制裁违法违规者为首选，多采取教育劝导方式"修复"社区秩序，让公众理解管理初衷在于社区公共利益，容易消除当事人对立情绪，愿意主动配合执法工作。而且，温哥华城市管理章程执法不包含任何创收提成指标任务，执法管理的目标是为了帮助公众培养自觉守法意识,维护城市社区良好生活秩序。

3. 城市管理执法人员专业素养较高,自我保护意识强。

温哥华城市管理章程执法官在上岗之前基本都要经过专业培训,大多具备了较强的沟通能力和纠纷处理能力。他们在日常工作中不是板着脸严肃警戒他人的黑面执法官,而更像是社区中的热心人士,展现出亲民友好的态度。城市管理人员也没有特权思想。一个最常见的例子是,若非执行紧急公务,温哥华执法人员不会打开警灯警笛,罔顾交通信号灯驾驶。当然,城市管理章程执法官在巡逻或是执法时也非常注意自己的人身安全。在面对人身攻击时会采取自卫反击措施,绝不会出现因担心被投诉就不采取强制手段的情况,因为法律已经为执法者提供了强有力的保障后盾。

4. 多重机制保障城市管理执法效率。

得益于体系化的社会信用、刑事法律等保障机制,公众一般不愿意或不敢轻易违反行政执法指令。加拿大建立有比较健全的信用记录和信用评分制度,妨碍或拒不执行城市管理执法行为会产生不良信用记录,不仅使生活、经营面临巨大风险,而且会导致高昂代价。在加拿大,个人申请信用卡、租房、买车买房和找工作等大小事务无不与本人的信用记录密切关联,企业单位失信则会受到严厉的法律规制,阻扰、暴力抗拒城市管理执法更是会带来严厉的刑事法律后果,也许这才是温哥华城市管理执法效率高的根本原因。

代结语　构建科学生态环境法治实施评估体系,提高生态环境法治实效

　　深入研究生态环境法治实施评估体系,建立以"压力-状态-应对"(PSR)框架为基础的生态环境法治实施评估体系,对生态环境法律规范、法治等的实施有效性进行有效评估,也可以用于比较不同地方生态环境法治实施的成效差异,这对于精准改进我国生态环境法治实施能力建设能够提供一定参考性帮助。在 PSR 模型框架下,按照评估目的和调查目标指向筛选出作为法治实施应对的严格执法指标、全民守法指标,此二指标与环境质量状态指标和环境压力指标系列共同构建生态环境法治实施评估指标体系。在此体系下对生态环境法治实施有效性等方面进行定性分析,并在此基础上还可以按照特定步骤与技术线路实现对各指标赋值和设立不同权重系数,从而形成量化评估系统。总之,经过多轮次测试验证和调整完善构建法治评估体系基本可以实现评估模型科学性和评估结果准确性目标,依照此评估模型开展定性分析和定量分析,加工研究收集的指标数据信息,最终应当能够发现生态环境法治实施中存在的主要问题和须改进的地方。

一、建立科学有效的生态环境法治评估体系

　　在理论研究的基础上,通过问卷调查、文献研究、比较分析、大数据分析等多种研究方法,对生态环境法治实施评估问题从不同视角进行不同形式的实证考察,可得出以下提高我国生态环境法治实施评估水

平的若干建议：

第一，加强对生态环境法治评估框架体系样板的理论研究，确立评估生态环境执法、司法和守法的共通性指标体系和权重系数设置原理，有助于构建科学可行的生态环境法治实施评估框架体系；

第二，应当在较广泛范围的对象中调查收集生态环境执法、司法和守法方面的数据信息，包括生态环境立法部门、监管机关、专家学者、企事业单位和一般公众等多方生态环境法律关系主体的资料，由此可确定法治实施评估所需要的相关指标，从而建立适当之评估指标系统；

第三，应当抓紧建立包含生态环境数据的综合信息共享平台，在国家、区域和地方等各层级分别建立互通共享的统一信息平台，实现生态环保数据的信息化规范管理，提倡企业单位建立生态环保数据档案并予以适当公开；

第四，要尽量利用政府生态管理部门力量，组织安排专门研讨会，邀请各方专家学者、企事业单位代表和居民代表，共同探讨加强生态环境执法能力建设、信息交流传递和生态意识培育等议题，如此可为拓展生态环境法治实施评估实践成效创造有利条件；

第五，应当针对生态环境法治评估具体目的开展法治实施评估示范性实证研究，梳理归纳其中规律性的评估分析方式方法，建立操作性好的法治评估工作指引（类似上海市为规范规章立法后评估工作，促进规章有效实施而出台的《上海市规章立法后评估办法》），为其他生态环境法治实施评估活动提供可借鉴的参考；

第六，要把生态环境法治实施评估与法治实施评估、法治评估的研究相关联，从更高视野审视生态环境法治实施评估思路，这将有利于保障生态环境法治评估指标体系、评估模型框架的合理性和可行性，避免过度扩张生态环境法治评估指标系统，使评估模型架构过于复杂。

此外，还可鼓励第三方专业评估机构进入法治实施评估领域，以便从各个不同视角评估生态环境法治实施状况，如此可以为建立健全生态环境法治体系提供有益帮助。除此之外，还必须从三个方面认识构建高效生态环境法治实施体系：一是生态环境法律规范和生态环境法治建设都分别是属于法律体系和法治建设的一部分，建立完善生态环境法治体系需要与其他法律范畴共同协作才能取得有效的实绩，民法、行政法、刑法中有关生态环境的规则也都应当作为生态环境法治评估研究的重要对象；二是生态环境法治实施也是一个系统性的问题，它不仅仅需要严格执行各项法律制度规定、公正司法裁断和全民普遍自觉守法，生态环境法治的有效实施还需要得到政策、社会、经济、环境等多重背景的全面配合，并在强有力且充分落实之生态治理规划指引下向前推进；三是在生态环境保护与治理中，法律不可能脱离行政、经济、教育等其他手段，如果法治实施的环境条件等不理想，或者法治实施主体不积极主动，再完备的法律体系、法律手段都无法正常执行。因此，生态环境领域的法治实施评估，必须与社会、经济、文化等因素相关联。唯有创造万事俱备的条件，才能在法治东风下获得生态环境法治高效实施的理想结果。

二、新时代加强生态环境领域事中事后监管改革的思考

党的十八大以来，我国生态环境政策和法治形势进入以高水平、大保护为指导理念的新时期，无论是生态文明战略顶层设计、综合性环境保护基础法修订，还是"放管服"改革、综合执法改革、地方生态环境垂直管理制度改革等行政监管执法领域的系列改革，都对我国生态环境法治实施产生了重大和深远的影响。在当前新时代行政监管改革的大背景下，包括生态环境领域在内的行政监督管理实践，都有不少值得进一步思考的地方。在此将其作为生态环境法治实施评估研究下的心得体会作为结语之一。

1. 关于加强与规范事中事后监管的思考。

2019 年 9 月国务院印发《关于加强和规范事中事后监管的指导意见》(以下简称《意见》)，旨在深刻转变政府职能、深化简政放权、放管结合、优化服务改革，进一步加强和规范事中事后监管，以公正监管促进公平竞争，加快打造市场化法治化国际化营商环境。《意见》比较全面

地规定了加强事中事后监管制度措施与机制要求,提出要持续深化"放管服"改革,坚持放管结合、并重,把更多行政资源从事前审批转到加强事中事后监管上来,加快构建权责明确、公平公正、公开透明、简约高效的事中事后监管体系,形成市场自律、政府监管、社会监督互为支撑的协同监管格局,促进提高市场主体竞争力和市场效率,推动经济社会持续健康发展。这一关于"放管服"改革的重要文件至少有几点值得深思。一是《意见》提出要明确监管对象和范围,严格按照法律法规和"三定"规定明确的监管职责和监管事项,依法对市场主体进行监管,做到监管全覆盖,杜绝监管盲区和真空。以上精神比以往过多使用"专业监管""综合监管"等术语,至少在概念上更加清晰,更加容易理解和操作。二是《意见》在"夯实监管责任"章节的"明确监管对象和范围"部分虽然提出依职责监管,但列举的场景几乎都是以具体的许可(备案)管理事项存在为前提。事实上,当前我国市场运行中各种新问题层出不穷,"事中事后监管"似乎并不能完全覆盖市场主管领域的市场监测、风险控制等行政监管职责。三是"事中事后监管"提法本身似乎仍隐含了政府许可管理思维模式,行政部门在执行时还是会习惯性倾向以具体事项而非管理领域为基础组织自己的监管活动。在目前行政管理改革环境中,这可能并不利于引导各类行政主管部门正视、思考和全面履行自己的监管职责。

2. 关于行政审批改革的思考。

调研发现,部分实务部门工作人员对于加强事中事后监管依然存在一些疑虑,有人认为加强事中事后监管的逻辑起点应是行政审批制度改革,但这似乎产生两个逻辑悖论:(1)加强监管的参照系是什么?(2)在放弃我国政府部门最擅长的监管方式—审批这一工具后,新的手段能较快得到顺利运用么? 行政审批制度改革的大背景是经济下行风险控制和国家机构改革,为了扭转经济下行的局面必须对既有行政管理模式进行一定改变,确实需要靠放松管制来获取活力。行政管理机构改革,改变的第一步是部门,第二步是事业单位,第三步则是人。加强事中事后监管,需要引入两个衡量工具:经济学工具和人力资源管理工具。也就是说，探索加强事中事后监管不宜仅仅局限在法律思维里，还需要借用经济学、管理学等理论工具，依靠包括有效数据决策法、成本效益分析法和管理方式更新法等理论支撑研究构建科学有效的分析模型。实践中一直沿用的人力资源配备实际上是无法完全满足现实要求的。社会分工的专业化特点越来越明显，要求政府管理也要越来越精细化，否则无法应对复杂的形势和局面。20世纪60—70年代，美国经济领域高速发展，与之配套的是放松管制风起。但要注意到，与此同时社会领域的监管呼声也在日益增长，美国的环境保护局、食药监管理局、职业安全与健康管理局等监管机构随之应运而生。经济和社会两类管理规则从这个阶段分道扬镳，并各自沿着不同轨迹向前发展。这应当对我们的现今行政监管制度的改革设计有一定启示。另外，当下加强事中事后监管还需要进一步厘清以下问题：监管与执法是什么关系？监管与立法是什么关系？监管工具有哪些？因为监管并不只等于执法，宣传、培训、公开、经济杠杆都只是监管的手段。今后执法以外监管工具的发掘将决定加强监管的方向。

3. 关于政府机构改革下数据信息系统的思考。

随着十八大后政府机构改革方案的确定，从国家到地方各级政府各部门进行了机构融合和职能重组，原先的职能构架失效，政府监管部门各科室、人员处于磨合梳理阶段，新数据的搜集、分析、更新速度较为迟缓，原先不同的监管系统和数据相互交叉，部分系统网站被搁置在一旁，导致很多数据过时、失效，对构建大数据市场监管和进行决策产生了较大的消极影响。政府部门内不少工作人员的传统观念根深蒂固，难以适应大数据"全面、综合、关联"的运行模式。同时，部门的领导者往往依靠工作经验和个人主观意识引导决策，重概况而轻数字，制约了大数据的有效开展。[①] 实践证明，对于应用于监管的数据来说，各级政府部门及其官方网站是主要的数据来源。由于管理体制的差异，不同

---

① 周傲群：《依托大数据构建新型信用监管机制的思考》，《中国市场监管研究》，2017(2)：73—74、79。

部门在建设信息系统时,缺乏宏观上的顶层设计和整体发展的构架,数据的标准不一致,导致不同部门的信息系统难以兼容整合,容易形成信息孤岛。各部门出于自身规则和利益方面的考虑,往往以需要保密为由拒绝进行信息共享,从而阻碍了数据在监管部门间的交互,影响了数据的共享利用。这是当前和今后相当长一段时间里,建设适应行政监管改革需求的大数据信息系统所必须解决的问题。

附件一　生态环境规范性文件清单（国家、上海）①

1	中共中央　国务院《乡村振兴战略规划（2018—2022 年）》
2	中共中央　国务院《关于全面加强生态环境保护　坚决打好污染防治攻坚战的意见》
3	中共中央办公厅　国务院办公厅《农村人居环境整治三年行动方案》
4	中共中央办公厅　国务院办公厅《关于在湖泊实施湖长制的指导意见》
5	中共中央办公厅　国务院办公厅《生态环境损害赔偿制度改革方案》
6	中共中央办公厅　国务院办公厅《关于创新体制机制推进农业绿色发展的意见》
7	中共中央办公厅　国务院办公厅《关于深化环境监测改革提高环境监测数据质量的意见》
8	中共中央办公厅　国务院办公厅《关于建立资源环境承载能力监测预警长效机制的若干意见》
9	中共中央办公厅　国务院办公厅《关于划定并严守生态保护红线的若干意见》
10	中共中央办公厅　国务院办公厅《关于加强耕地保护和改进占补平衡的意见》
11	中共中央办公厅　国务院办公厅《省级空间规划试点方案》
12	中共中央办公厅　国务院办公厅《生态文明建设目标评价考核办法》

---

① 附件中各相关文件的颁布时间截止到 2020 年 6 月。

13	中共中央办公厅 国务院办公厅《关于全面推行河长制的意见》
14	中共中央办公厅 国务院办公厅《关于省以下环保机构监测监察执法垂直管理制度改革试点工作的指导意见》
15	中共中央办公厅 国务院办公厅《党政领导干部生态环境损害责任追究办法(试行)》
16	中共中央 国务院《关于加快推进生态文明建设的意见》
17	国务院办公厅《关于开展生态环境保护法规、规章、规范性文件清理工作的通知》
18	国务院《关于加强滨海湿地保护严格管控围填海的通知》
19	国务院《关于印发打赢蓝天保卫战三年行动计划的通知》
20	国务院办公厅《关于印发禁止洋垃圾入境推进固体废物进口管理制度改革实施方案的通知》
21	国务院办公厅《关于转发国家发展改革委住房城乡建设部生活垃圾分类制度实施方案》
22	国务院《关于印发全国国土规划纲要(2016—2030年)的通知》
23	国务院《关于全民所有自然资源资产有偿使用制度改革的指导意见》
24	国务院《关于印发"十三五"生态环境保护规划的通知》
25	国务院《关于印发土壤污染防治行动计划的通知》
26	国务院办公厅《关于健全生态保护补偿机制的意见》
27	国务院办公厅《关于印发编制自然资源资产负债表试点方案的通知》
28	国务院《关于印发全国海洋主体功能区规划的通知》
29	国务院办公厅《关于印发生态环境监测网络建设方案的通知》
30	国务院办公厅《关于印发国家突发环境事件应急预案的通知》
31	国务院办公厅《关于加强环境监管执法的通知》
32	国务院《关于印发全国资源型城市可持续发展规划(2013—2020年)的通知》

33	国务院《关于加快发展节能环保产业的意见》
34	国务院办公厅《关于印发国家环境保护"十二五"规划重点工作部门分工方案的通知》
35	《环境影响评价公众参与办法》
36	《排污许可管理办法（试行）》
37	《农用地土壤环境管理办法》
38	《污染地块土壤环境管理办法》
39	《环境保护档案管理办法》
40	《建设项目环境影响登记表备案管理办法》
41	《建设项目环境影响后评价管理办法（试行）》
42	《环境保护公众参与办法》
43	《突发环境事件应急管理办法》
44	《环境保护主管部门实施限制生产、停产整治办法》
45	《企业事业单位环境信息公开办法》
46	《环境保护主管部门实施按日连续处罚办法》
47	《环境保护主管部门实施查封、扣押办法》
48	《突发环境事件调查处理办法》
49	《环境监察执法证件管理办法》
50	《环境监察办法》
51	《环境污染治理设施运营资质许可管理办法》
52	《关于生态环境领域进一步深化"放管服"改革，推动经济高质量发展的指导意见》
53	《关于强化建设项目环境影响评价事中事后监管的实施意见》
54	《关于加强对环保社会组织引导发展和规范管理的指导意见》
55	《环境保护行政执法与刑事司法衔接工作办法》

56	《关于落实〈水污染防治行动计划〉实施区域差别化环境准入的指导意见》
57	《关于进一步加强涉及自然保护区开发建设活动监督管理的通知》
58	《全国生态保护"十二五"规划》 274
59	《关于加强国家重点生态功能区环境保护和管理的意见》
60	《关于发展环保服务业的指导意见》
61	《关于推进本市绿色生态城区建设的指导意见》
62	上海市人民政府办公厅关于成立《上海市生态环境损害赔偿制度改革工作领导小组》的通知
63	上海市人民政府关于修改《上海市崇明东滩鸟类自然保护区管理办法》的决定
64	上海市人民政府关于修改《上海市九段沙湿地自然保护区管理办法》的决定
65	《上海市崇明禁猎区管理规定》
66	《上海市建筑垃圾处理管理规定》
67	《上海港船舶污染防治办法》
68	《上海市促进生活垃圾分类减量办法》
69	《上海市碳排放管理试行办法》
70	《上海市餐厨废弃油脂处理管理办法》
71	《上海市社会生活噪声污染防治办法》
72	《上海市再生资源回收管理办法》
73	《上海市生活垃圾管理条例》
74	上海市人民政府《关于发布上海市生态保护红线》的通知
75	上海市人民政府办公厅关于印发《上海市"十三五"节能减排和控制温室气体排放综合性工作方案》的通知
76	上海市人民政府办公厅关于印发《上海市 2018—2020 年环境保护和建设三年行动计划》的通知

77	上海市人民政府办公厅关于印发《上海市海洋"十三五"规划》的通知（沪府办发〔2018〕1号）（2018.1.2）　371
78	上海市人民政府关于同意《上海市金山三岛海洋生态自然保护区功能区划》的批复（沪府〔2018〕13号）（2018.2.8）　378
79	上海市人民政府办公厅转发《市发展改革委等四部门关于建立健全本市生活垃圾可回收物回收体系实施意见》的通知
80	上海市人民政府办公厅印发《关于建立完善本市生活垃圾全程分类体系的实施方案》的通知
81	市政府关于印发《崇明世界级生态岛发展"十三五"规划》的通知
82	上海市人民政府关于印发《上海市环境保护和生态建设"十三五"规划》的通知
83	《上海市大气污染防治条例》
84	《上海市环境保护条例》
85	上海市生态环境局、市农业农村委关于加强本市农用地土壤环境管理工作的通知
86	上海市环保局、市水务局关于印发《上海市防汛泵站污染物放江监管办法（暂行）》和《上海市防汛泵站污染物放江监管办法实施细则（暂行）》的通知
87	上海市环境保护局关于印发《上海市燃煤发电机组环保排序办法》的通知
88	上海市环境保护局关于进一步加强一类水污染物排放企业监管工作的通知
89	上海市环境保护局关于印发《上海市环境保护约谈规定（试行）》的通知

附件二　党的十八大以来我国生态环境保护主要文件选编

文件名称	主要涉及领域	主要内容或管理措施	备注
1. 中共中央 国务院印发《乡村振兴战略规划（2018—2022年）》[节选]（2018.9.26）	优化乡村生产、生活、生态空间布局	1. 统筹利用生产空间,落实农业功能区制度,严格保护农业生产空间 2. 合理布局生活空间,划定生态管控边界,充分保护原生态村居风貌 3. 严格保护生态空间,构建国家生态安全屏障,修复改善乡村生态环境;实施产业准入负面清单制度	对十九大报告中加大生态系统保护力度的任务的具体落实
2. 国务院关于加强滨海湿地保护严格管控围填海的通知[国发〔2018〕24号]（2018.7.25）	海域生态系统保护	1. 严控新增围填海造地,严格审批,严控新增项目 2. 处理围填海历史遗留问题,合法合规处理围填海项目 3. 加强海洋生态保护修复,严守生态保护红线,强化整治修复 4. 建立长效的监督机制,加强用途管制监督	

文件名称	主要涉及领域	主要内容或管理措施	备注
3. 国务院关于印发打赢蓝天保卫战三年行动计划的通知〔国发〔2018〕22 号〕（2018.7.3）	大气污染防治	1. 加强对"两高"行业管控,整治"散乱污"企业,培育绿色环保产业 2. 改进北方取暖体系,重点区域煤炭消费总量控制,开展燃煤锅炉综合整治,提升能源利用效率 3. 调整运输结构,搭建绿色交通体系,强化移动污染源防治 4. 推动面源污染治理（防风固沙、露天矿山、扬尘、秸秆） 5. 开展秋冬季攻坚行动、柴油货车污染治理攻坚、工业炉窑治理 6. 区域联防联控 7. 健全法律法规,鼓励各地制定实施更严格的污染物排放标准	
4. 中共中央　国务院关于全面加强生态环境保护坚决打好污染防治攻坚战的意见（2018.6.16）	大气、水、土壤污染防治	1. 蓝天保卫战（工业企业大气污染综合治理;散煤治理;柴油车污染治理行动;扬尘管控;国土绿化） 2. 碧水保卫战（城市黑臭水体整治;长江保护修复攻坚;农业农村污染治理） 3. 净土保卫战（土壤污染修复和管控;垃圾分类处理;固废污染防治）	

文件名称	主要涉及领域	主要内容或管理措施	备注
5. 中共中央办公厅国务院办公厅印发《农村人居环境整治三年行动方案》(2018.2.5)	解决突出环境问题,加强农村环境整治(十九大报告中明确提出)	1. 农村生活垃圾治理 2. 厕所粪污治理 3. 农村生活污水治理 4. 村庄规划管理 5. 发挥村民主体作用 6. 政策支持(政府投入;社会力量参与)	
6. 中共中央办公厅国务院办公厅印发《关于在湖泊实施湖长制的指导意见》(2018.1.4)	湖泊管理保护	1. 健全湖长体系 2. 界定湖长职责("一湖一策") 3. 完善行政执法与刑事司法衔接机制 4. 严格考核问责	
7. 中共中央办公厅国务院办公厅印发《生态环境损害赔偿制度改革方案》(2017.12.17)	生态系统保护与修复	1. 明确赔偿权利人、义务人、赔偿范围 2. 开展赔偿磋商 3. 完善赔偿诉讼规则 4. 生态环境损害赔偿资金管理	
8. 中共中央办公厅国务院办公厅印发《关于创新体制机制推进农业绿色发展的意见》(2017.9.30)	农业绿色发展	1. 健全约束激励机制(完善农业生态补贴;建立绿色农业标准体系;完善绿色农业法律法规体系) 2. 构建农业生态系统修复及养护机制 3. 强化资源保护和节约利用(耕地轮休、节约高效的农业用水、健全农业生物资源保护与利益)	

文件名称	主要涉及领域	主要内容或管理措施	备注
9. 中共中央办公厅国务院办公厅印发《建立国家公园体制总体方案》(2017.9.26)	国土空间与自然生态系统保护	1. 建立统一事权、分级管理体制 2. 建立资金保障制度 3. 完善自然生态系统保护制度(责任追究,全面实行"党政同责、一岗双责")	
10. 中共中央办公厅国务院办公厅印发《关于深化环境监测改革提高环境监测数据质量的意见》(2017.9.21)	提升环境监测数据质量	1. 环境监测协作 2. 明确污染源监测要求;落实监测数据质量主体责任 3. 准确界定环境监测机构数据质量责任 4. 惩处环境监测数据作假行为,推进联合惩戒	
11. 国务院办公厅关于印发禁止洋垃圾入境推进固体废物进口管理制度改革实施方案的通知〔国办发〔2017〕70号〕(2017.7.27)	固体废物管控	1. 深入开展专项打击非法走私固体废物行动 2. 建立堵住固体废物入境长效机制(落实企业主体责任) 3. 规范国内固体废物加工利用产业发展	
12. 国务院办公厅关于转发国家发展改革委住房城乡建设部生活垃圾分类制度实施方案〔国办发〔2017〕26号〕(2017.3.30)	垃圾分类	1. 部分地区先行先试 2. 健全法律法规 3. 生活垃圾分类配套体系建设	

文件名称	主要涉及领域	主要内容或管理措施	备注
13. 国务院关于印发全国国土规划纲要（2016—2030年)的通知［国发〔2017〕3号］（2017.2.4）	优化国土空间开发格局	1. 实施区域发展总体战略、主体功能区战略,形成协调高效的战略格局 2. 综合国土空间用途管制、资源配置、环境准入、重大基础设施建设等手段 3. 综合运用管控性、激励性和建设性措施,分类分级推进国土全域保护	
14. 中共中央办公厅 国务院办公厅印发《关于划定并严守生态保护红线的若干意见》（2017.2.7）	生态空间管控	1. 生态环境部、国家发展改革委会同有关部门提出各省（自治区、直辖市)生态保护红线空间格局和分布意见,做好跨省域的衔接与协调,指导各地划定生态保护红线 2. 明确属地管理责任;实行严格管控;建立考核机制,按照有关法律法规和《党政领导干部责任追究办法》实行责任追究 3. 加快制定利于提升和保障生态功能的政策	
15. 中共中央 国务院关于加强耕地保护和改进占补平衡的意见（2017.1.23）	耕地保护与管控	1. 严格控制永久基本农田划定和保护,审批阶段严格论证,农用地专用和土地征收依法依规报国务院批准 2. 健全耕地保护补偿机制 3. 完善责任目标考核制度	

文件名称	主要涉及领域	主要内容或管理措施	备注
16. 中共中央办公厅国务院办公厅印发《省级空间规划试点方案》(2017.1.9)	国土空间规划	1. 推进规划管理体制改革 2. 探索空间规划立法	
17. 国务院关于全民所有自然资源资产有偿使用制度改革的指导意见〔国发〔2016〕82号〕(2016.12.29)	自然资源资产有偿使用制度	1. 推进全民所有自然资源资产有偿使用的法律法规体系 2. 推进矿业权出让制度改革试点 3. 协同开展资产清查核算	
18. 中共中央办公厅国务院办公厅印发《生态文明建设目标评价考核办法》(2016.12.22)	生态文明制度建设考核	1. 实行党政同责，建设一岗双责 2. 采取评价和考核相结合的方式，实行年度评价、五年考核 3. 推进激励与约束，约谈党政主要负责人	
19. 中共中央办公厅国务院办公厅印发《关于全面推行河长制的意见》(2016.12.11)	解决复杂水问题，维护河湖健康	1. 建立河长会议制度、信息共享制度、工作督察制度 2. 实行差异化绩效评价考核 3. 建立河湖管理保护信息发布平台	

文件名称	主要涉及领域	主要内容或管理措施	备注
20. 国务院关于印发"十三五"生态环境保护规划的通知［国发〔2016〕65号］(2016.12.5)	生态环境保护规划	1. 强化源头防控,夯实绿色发展基础 2. 大力实施三大行动计划 3. 专项治理,全面推进达标排放与污染减排 4. 全程管控,有效防范和降低环境风险 5. 强化生态修复 6. 统筹推进生态环境治理体系建设,以环保督察巡视、编制自然资源资产负债表、领导干部自然资源资产离任审计、生态环境损害责任追究等落实地方环境保护责任,以环境司法、排污许可、损害赔偿等落实企业主体责任,加强信息公开,推进公益诉讼,强化绿色金融等市场激励机制,形成政府、企业、公众共治的治理体系	
21. 中共中央办公厅 国务院办公厅印发《关于省以下环保机构监测监察执法垂直管理制度改革试点工作的指导意见》(2016.9.22)	环保管理体制改革		

文件名称	主要涉及领域	主要内容或管理措施	备注
22. 国务院关于印发土壤污染防治行动计划的通知［国发〔2016〕31号］(2016.5.31)	土壤污染防治		2018 年 8 月 31 日 十 三届 全 国人 大 常委 会 第五 次 会议 全 票通 过 了土 壤 污染 防 治法， 自2019 年1 月 1 日起施行
23. 国务院办公厅关于健全生态保护补偿机制的意见［国办发〔2016〕31 号］(2016.5.13)	生态保护补偿	1. 完善重点生态区域补偿机制 2. 推进横向生态保护补偿 3. 研究制定生态保护补偿条例 4. 健全配套制度体系	
24. 国务院办公厅关于印发编制自然资源资产负债表试点方案的通知［国办发〔2015〕82 号］(2015.11.17)	自然资源保护和管控		

文件名称	主要涉及领域	主要内容或管理措施	备注
25. 国务院关于印发全国海洋主体功能区规划的通知〔国发〔2015〕42号〕(2015.8.20)	优化海洋空间开发格局	1. 政策保障 2. 财税政策	
26. 国务院办公厅关于印发生态环境监测网络建设方案的通知〔国办发〔2015〕56号〕(2015.8.12)	生态环境监测网络建设	1. 健全生态环境监测制度与保障体系 2. 明确生态环境监测事权 3. 培育生态监测市场	
27. 中共中央办公厅、国务院办公厅印发《党政领导干部生态环境损害责任追究办法(试行)》(2015.8.17)	党政领导干部生态环境和资源保护职责	1. 党政领导干部生态环境损害责任追究形式有:诫勉、责令公开道歉;组织处理,包括调离岗位、引咎辞职、责令辞职、免职、降职等;党纪政纪处分。 2. 司法机关在生态环境和资源损害等案件处理过程中发现有本办法规定的追责情形的,应当向有关纪检监察机关或者组织(人事)部门提出处理建议 3. 生态环境损害责任终身追究制	

文件名称	主要涉及领域	主要内容或管理措施	备注
28. 中共中央 国务院关于加快推进生态文明建设的意见(2015.4.25)	生态文明建设	1. 全面清理现行法律法规中与加快推进生态文明建设不相适应的内容,加强法律法规间的衔接。 2. 加快制定修订一批能耗、水耗、地耗、污染物排放、环境质量等方面的标准,实施能效和排污强度"领跑者"制度,加快标准升级步伐。 3. 健全自然资源资产产权制度和用途管制制度 4. 完善生态环境监管制度。 5. 严守资源环境生态红线	
29. 国务院办公厅关于印发国家突发环境事件应急预案的通知[国办函〔2014〕119号](2015.2.3)	突发环境事件应对机制健全		
30. 国务院办公厅关于加强环境监管执法的通知[国办发〔2014〕56号](2014.11.27)	环境监管执法	1. 严格依法保护环境,推动监管执法全覆盖,完善环境法律法规 2. 全面实施行政执法与刑事司法联动 3. 强化环境监管 4. 清理违法违规建设项目 5. 执法信息公开	

文件名称	主要涉及领域	主要内容或管理措施	备注
31. 国务院关于印发全国资源型城市可持续发展规划（2013—2020 年）的通知〔国发〔2013〕45 号〕（2013.11.21）	促进节约资源利用		
32. 国务院关于加快发展节能环保产业的意见〔国发〔2013〕30 号〕（2013.8.12）	节能环保产业发展、绿色发展	1. 加快制（修）定节能环保标准，逐步提高终端用能产品能效标准和重点行业单位产品能耗限额标准 2. 完善节能减排统计、监测、考核体系，健全节能减排预警机制，强化节能减排目标进度考核 3. 完善价格、收费和土地政策	
33. 国务院办公厅关于印发国家环境保护"十二五"规划重点工作部门分工方案的通知〔国办函〔2012〕147 号〕（2012.10.19）	生态文明部门分工		

附件三 生态环境政策文件制订
情况(国家、上海)

中共中央及国务院文件名称	上海市相对应的文件名称
1. 国务院关于加强滨海湿地保护严格管控围填海的通知[国发〔2018〕24 号](2018.7.25)	上海市贯彻落实国家海洋督察反馈意见整改方案(2019.1.18)
2. 国务院关于印发打赢蓝天保卫战三年行动计划的通知[国发〔2018〕22 号](2018.7.3)	上海市大气污染防治条例(2019.1.29)
3. 中共中央 国务院关于全面加强生态环境保护坚决打好污染防治攻坚战的意见(2018.6.16)	上海市人民政府办公厅关于印发上海市 2018—2020 年环境保护和建设三年行动计划的通知(沪府办发〔2018〕11 号)(2018.3.29) 上海市人民政府办公厅关于印发《上海市清洁空气行动计划(2018—2022 年)》的通知(2018.7.3) 上海市生态环境局、市农业农村委关于加强本市农用地土壤环境管理工作的通知(沪环保自〔2018〕419 号)(2019.1.2)
4. 中共中央办公厅 国务院办公厅印发《农村人居环境整治三年行动方案》(2018.2.5)	上海市健康促进委员会关于印发《上海市建设健康城市三年行动计划(2018—2020 年)》的通知(2018.10.16)
5. 中共中央办公厅 国务院办公厅印发《关于在湖泊实施湖长制的指导意见》(2018.1.4)	《关于进一步深化完善河长制落实湖泊湖长制的实施方案》(2018.4.2)

中共中央及国务院文件名称	上海市相对应的文件名称
6. 中共中央办公厅　国务院办公厅印发《生态环境损害赔偿制度改革方案》(2017.12.17)	上海市人民政府办公厅关于成立上海市生态环境损害赔偿制度改革工作领导小组的通知(沪府办〔2018〕17号)(2018.3.9)
7. 中共中央办公厅　国务院办公厅印发《关于创新体制机制推进农业绿色发展的意见》(2017.9.30)	《上海市都市现代绿色农业发展三年行动计划(2018—2020年)》(2018.6.8)
8. 中共中央办公厅　国务院办公厅印发《建立国家公园体制总体方案》(2017.9.26)	/
9. 中共中央办公厅　国务院办公厅印发《关于深化环境监测改革提高环境监测数据质量的意见》(2017.9.21)	上海市生态环境局关于加强本市生态环境监测机构监督管理工作的通知(2019.1.2)
10. 国务院办公厅关于印发禁止洋垃圾入境推进固体废物进口管理制度改革实施方案的通知〔国办发〔2017〕70号〕(2017.7.27)	上海市环境保护局关于转发环境保护部《限制进口类可用作原料的固体废物环境保护管理规定》的通知(2018.1.17)
11. 国务院办公厅关于转发国家发展改革委住房城乡建设部生活垃圾分类制度实施方案〔国办发〔2017〕26号〕(2017.3.30)	上海市餐厨废弃油脂处理管理办法(沪府令97号)(2012.12.26) 上海市促进生活垃圾分类减量办法(沪府令14号)(2014.2.22) 《上海市建筑垃圾处理管理规定》(沪府令57号)(2017.9.18) 上海市人民政府办公厅印发《关于建立完善本市生活垃圾全程分类体系的实施方案》的通知(沪府办规〔2018〕8号)(2018.2.7) 上海市人民政府办公厅转发市发展改革委等四部门关于建立健全本市生活垃圾可回收物回收体系实施意见的通知(沪府办〔2018〕20号)(2018.3.21) 《上海市生活垃圾管理条例》沪府办发〔2019〕3号(2019.2.18)

中共中央及国务院文件名称	上海市相对应的文件名称
12. 国务院关于印发全国国土规划纲要（2016—2030年）的通知〔国发〔2017〕3号〕（2017.2.4）	上海市人民政府关于同意《上海市金山三岛海洋生态自然保护区功能区划》的批复（沪府〔2018〕13号）（2018.2.8） 上海市人民政府关于修改《上海市崇明东滩鸟类自然保护区管理办法》的决定（沪府令11号）（2018.10.25） 上海市人民政府关于修改《上海市九段沙湿地自然保护区管理办法》的决定（沪府令10号）（2018.10.25）
13. 中共中央办公厅　国务院办公厅印发《关于划定并严守生态保护红线的若干意见》（2017.2.7）	上海市人民政府关于发布上海市生态保护红线的通知（沪府发〔2018〕30号）（2018.8.10）
14. 中共中央　国务院关于加强耕地保护和改进占补平衡的意见（2017.1.23）	上海市发展和改革委员会、上海市财政局关于调整本市永久基本农田耕地开垦费标准的通知（2018.4.20）
15. 中共中央办公厅　国务院办公厅印发《省级空间规划试点方案》（2017.1.9）	／
16. 国务院关于全民所有自然资源资产有偿使用制度改革的指导意见〔国发〔2016〕82号〕（2016.12.29）	／
17. 中共中央办公厅　国务院办公厅印发《生态文明建设目标评价考核办法》（2016.12.22）	关于印发《上海市生态文明建设考核目标体系》的通知（2018.11.23）
18. 中共中央办公厅　国务院办公厅印发《关于全面推行河长制的意见》（2016.12.11）	中共上海市委办公厅　上海市人民政府办公厅印发《关于本市全面推行河长制的实施方案》的通知（2017.2.6）
19. 国务院关于印发"十三五"生态环境保护规划的通知〔国发〔2016〕65号〕（2016.12.5）	上海市环境保护和生态建设"十三五"规划（2016.10.19） 上海市人民政府关于印发《崇明世界级生态岛发展"十三五"规划》的通知（2016.12.16）

中共中央及国务院文件名称	上海市相对应的文件名称
20. 中共中央办公厅 国务院办公厅印发《关于省以下环保机构监测监察执法垂直管理制度改革试点工作的指导意见》(2016.9.22)	/
21. 国务院关于印发土壤污染防治行动计划的通知[国发〔2016〕31号](2016.5.31)	市政府关于印发《上海市土壤污染防治行动计划实施方案》的通知(2017.1.6)
22. 国务院办公厅关于健全生态保护补偿机制的意见[国办发〔2016〕31号](2016.5.13)	上海市人民政府关于发布上海市生态保护红线的通知(2018.8.13)
23. 国务院办公厅关于印发编制自然资源资产负债表试点方案的通知[国办发〔2015〕82号](2015.11.17)	/
24. 国务院关于印发全国海洋主体功能区规划的通知[国发〔2015〕42号](2015.8.20)	《上海市海洋"十三五"规划》的通知(沪府办发〔2018〕1号)(2018.1.2)
25. 国务院办公厅关于印发生态环境监测网络建设方案的通知[国办发〔2015〕56号](2015.8.12)	上海市人民政府办公厅关于印发《上海市生态环境监测网络建设实施方案》的通知(2016.12.16)
26. 中共中央办公厅国务院办公厅印发《党政领导干部生态环境损害责任追究办法(试行)》(2015.8.17)	/
27. 中共中央 国务院关于加快推进生态文明建设的意见(2015.4.25)	/
28. 国务院办公厅关于印发国家突发环境事件应急预案的通知[国办函〔2014〕119号](2015.2.3)	上海市突发环境事件应急预案(2016版)(2016.12.28)
29. 国务院办公厅关于加强环境监管执法的通知[国办发〔2014〕56号](2014.11.27)	本市贯彻《国务院办公厅关于加强环境监管执法的通知》的实施意见(2015.4.30)

中共中央及国务院文件名称	上海市相对应的文件名称
30. 国务院关于印发全国资源型城市可持续发展规划（2013—2020年）的通知［国发〔2013〕45 号］（2013.11.21）	/
31. 国务院关于加快发展节能环保产业的意见［国发〔2013〕30 号］（2013.8.12）	关于印发上海市 2017 年节能减排和应对气候变化重点工作安排的通知（2017.4.24）
32. 国务院办公厅关于印发国家环境保护"十二五"规划重点工作部门分工方案的通知［国办函〔2012〕147 号］（2012.10.19）	/

附件四　生态环境立法实施效果调查问卷(专家卷)

受访者工作性质：

法学理论研究者（　　） 政府行政管理人员（　　　）

Q1.你对我国环境立法实施效果的总体印象如何？

（1）好（　　） （2）不好（　　　） （3）不好说（　　）

Q2.根据上题你的判断选择下面 Q2.1、Q2.2 或 Q2.3 填答

Q2.1(Q1 选 1 者答)若认为我国环境立法实施效果好,其原因在于：

（按重要程度从高到低依次填入括号）：（　　）（　　）（　　）
（　　）（　　）

（1）环境法律体系完备

（2）法律制度设计科学合理

（3）环境执法严格

（4）环境守法意识强

（5）其他(指明)＿＿＿＿＿＿＿＿＿＿＿＿＿＿＿＿＿＿

Q2.2(Q1 选 2 者答)若认为我国环境立法实施效果不好,其原因在于：

（按重要程度从高到低依次填入括号）：（　　）（　　）
（　　）（　　）

（1）环境立法体系不完备,尚有立法空白

（2）立法质量不高

（3）环境执法不严

（4）其他（指明）＿＿＿＿＿＿＿＿＿＿＿＿＿＿

Q2.3（Q1选3者答）若认为"不好说"，请说明原因＿＿＿＿＿＿＿＿

＿＿＿＿＿

Q3.你认为在立法环节提高地方环境立法的实施效果的措施是：

（按重要程度从高到低依次填入括号）：（　　　）（　　　）（　　　）

（　　　）（　　　）

（1）加强环境法律体系化建设

（2）制定科学合理的管理制度

（3）增强法律规范的可操作性

（4）完善立法程序

（5）其他（指明）＿＿＿＿＿＿＿＿＿＿＿＿＿＿＿

Q4.我国环境立法质量的主要制约因素：

（1）立法过程　（2）条款设计　（3）不知道

Q5.立法过程中影响立法质量的原因有：

（按重要程度从高到低依次填入括号）：（　　　）（　　　）（　　　）

（　　　）

（1）部门立法机制下各方利益难协调

（2）立法受其他因素干扰，不能满足环境保护的客观需要

（3）缺少公众参与

（4）其他（指明）＿＿＿＿＿＿＿＿＿＿＿＿＿＿

Q6.环境规范条款设计影响立法实施效果的原因是：

（按重要程度从高到低依次填入括号）：（　　　）（　　　）（　　　）

（　　　）（　　　）

（1）立法技术不高

（2）条款太抽象和原则化导致可操作性差

（3）法律规范系统性差，缺乏针对性、协调性、完整性和可理解性

（4）立法不符合实际情况

（5）其他（指明）＿＿＿＿＿＿＿＿＿＿＿＿＿＿＿

Q7. 环境执法体制、机制对法律实施效果的影响情况

（按重要程度从高到低依次填入括号）：（　　）（　　）（　　）

（　　）

（1）地方保护干扰环境执法导致环境法律实施效果差

（2）环境执法水平低

（3）环境执法设备差、执法手段落后

（4）其他（指明）_____

Q8. 你对提高环境立法实施效果的建议：_____

_____

_____

附件五　生态环境法治实施调查问卷(公众守法)

一、单选(在选项上打勾)

1. 您的年龄

(1) 30 岁以下;(2) 30—45 岁;(3) 46—60 岁;(4) 60 岁以上。

2. 您认为自己近年来对生态环境重要性的认识是否有明显提高?

(1) 是;(2) 否。

3. 您家里在日常聊天时是否谈论有关生态环境(如气候变化、空气污染、雾霾、噪声、河流污染、垃圾分类)方面的内容?

(1) 经常谈论;(2) 偶尔谈论;(3) 基本不谈论。

4. 您是否愿意参加力所能及的生态环境公益活动?

(1) 是;(2) 否;(3) 不知道。

5. 您家的生活垃圾是否做到分类投放?

(1) 总是分类投放;(2) 有时候分类投放;

(3) 没有分类投放。

6. 您觉得您所在城市的生态环境是否越来越好?

(1) 是;(2) 否;(3) 不知道。

7. 您对维护生态环境合法权益、解决环境方面矛盾纠纷的法律途径是否了解?(参见排序题第 4 问的七个选项)

(1) 很了解;(2) 知道一点但不太清楚;(3) 完全不了解。

二、排序题(请按选择的顺序写出所有选项的编号)

1. 以下社会活动您最愿意参加到最不愿意参加的顺序依次是
( )—( )—( )—( )—( )

(1) 街道、居委等单位组织的各种公益活动;

(2) 涉及动迁、环境影响等事项的听证会;

(3) 法律法规政策制定或修改过程中的征求意见活动;

(4) 其他,例如: _____ ;

(5) 不愿意参加社会活动。

2. 以下生态环境问题您最关心到最不关心的依次顺序是
( )—( )—( )—( )—( )

(1) 空气污染;(2) 水污染;(3) 噪声污染;

(4) 垃圾污染;(5) 其他,例如: _____ 。

3. 您认为居民愿意参与支持保护环境(生活垃圾分类)的最重要原因到最不重要原因的顺序依次是( )—( )—( )—( )—( )

(1) 法律有强制性规定;

(2) 社区有专人监督(如:垃圾分类投放);

(3) 环境保护工作很重要,居民有责任自觉遵守;

(4) 参与后能得到奖励(如:小奖品、积分等);

(5) 其他,例如: _____ 。

4. 当您受到生态环境污染(餐馆油烟、邻里噪声)侵扰时,对于解决矛盾纠纷的方式,您认为最重要到最不重要的顺序依次是
( )—( )—( )—( )—( )—( )

(1) 与造成纠纷的责任人直接交涉,促使其纠错;

(2) 找社区居委干部来制止违法行为或调解矛盾;

(3) 报警,请民警来制止违法行为;

(4) 向 12345 市民热线或其他途径投诉举报,由执法部门调查处理;

(5) 向新闻媒体提供消息,引发舆论监督后促使责任人改正;

（6）到人民法院起诉责任人；

（7）其他,例如：_____。

5. 您认为获取生态环境法律信息从最重要途径到最不重要途径的顺序依次是( )—( )—( )—( )—( )

（1）电视、报纸等传统媒体；

（2）互联网、手机微信等新媒体；

（3）街头和社区层面多种形式的公益活动和普法宣传；

（4）学校对中小学生进行普法教育,或组织学生参与公益活动；

（5）其他,例如：_____。

图书在版编目(CIP)数据

生态环境法治实施：评估体系与实证考察/何卫东著. —上海：上海三联书店，2021.9
（上海社会科学院法学研究所精品文库）
ISBN 978 - 7 - 5426 - 7441 - 8

Ⅰ.①生…　Ⅱ.①何…　Ⅲ.①生态环境－环境保护法－研究－中国　Ⅳ.①D922.684

中国版本图书馆 CIP 数据核字(2021)第 104133 号

生态环境法治实施：评估体系与实证考察

著　　者 / 何卫东

责任编辑 / 郑秀艳
装帧设计 / 一本好书
监　　制 / 姚　军
责任校对 / 张大伟　王凌霄

出版发行 / 上海三联书店
　　　　　（200030）中国上海市漕溪北路 331 号 A 座 6 楼
邮购电话 / 021 - 22895540
印　　刷 / 上海惠敦印务科技有限公司

版　　次 / 2021 年 9 月第 1 版
印　　次 / 2021 年 9 月第 1 次印刷
开　　本 / 640mm×960mm　1/16
字　　数 / 270 千字
印　　张 / 22.75
书　　号 / ISBN 978 - 7 - 5426 - 7441 - 8/D・500
定　　价 / 68.00 元

敬启读者，如发现本书有印装质量问题，请与印刷厂联系 021 - 63779028